江氏操盘手
Jiang Shi Cao Pan Shou

孙艺玮
江海／著

江氏交易战法系列之一

咬定长线白马股

四川人民出版社

图书在版编目（CIP）数据

咬定长线白马股 / 孙艺玮，江海著. —成都：四川人民出版社，2022.9
（江氏交易战法系列 / 江海主编）
ISBN 978-7-220-12796-0

Ⅰ.①咬… Ⅱ.①孙… ②江… Ⅲ.①股票交易－基本知识 Ⅳ.①F830.91

中国版本图书馆CIP数据核字（2022）第152124号

YAODING CHANGXIAN BAIMAGU
咬定长线白马股
孙艺玮　江　海　著

出 品 人	黄立新
策划组稿	王定宇　何佳佳
责任编辑	王定宇
封面设计	陈裕旭
版式设计	戴雨虹
责任校对	李隽薇
责任印制	祝　健
出版发行	四川人民出版社（成都三色路238号）
网　　址	http://www.scpph.com
E-mail	scrmcbs@sina.com
新浪微博	@四川人民出版社
微信公众号	四川人民出版社
发行部业务电话	（028）86361653　86361656
防盗版举报电话	（028）86361661
照　　排	四川胜翔数码印务设计有限公司
印　　刷	成都蜀通印务有限责任公司
成品尺寸	185mm×260mm
印　　张	12.5
字　　数	177千
版　　次	2022年10月第1版
印　　次	2022年10月第1次印刷
书　　号	ISBN 978-7-220-12796-0
定　　价	58.00元

■版权所有·侵权必究
本书若出现印装质量问题，请与我社发行部联系调换
电话：（028）86361653

证券投资的新篇章

北京大学中国金融研究中心证券研究所所长　吕随启

我与江海老师相识已经 7 年，他在股市中的投资经验已 16 年有余，拜访过十几位中国股市中的前辈，跟随其在股票投资上的授业恩师 8 年，加上自己的自律、勤奋，因此在证券投资上取得了非凡的造诣。从 2011 年到今年一路走来，2011 年 7 月 20 日、2011 年 10 月 17 日、2014 年 7 月 24 日、2015 年 6 月 12 日……大盘每次的变盘点都能够提前做出精准预判。

我们早在几年前就有约定，如果江海老师出版股票投资的书籍，我一定会为他作序。因为我见证了中国股市一次又一次的涨涨跌跌起起落落，见证了中国股民在这条道路上所走的弯路，甚至有的人走向了万劫不复的深渊，伤害了自己、伤害了家庭、伤害了周围的朋友。江海老师愿意将他所学、所知、所悟向中国股民公开，对于整个证券市场都是值得庆祝的好事。而且更让我欣慰的是，江海老师会将其所学的证券投资知识通过江氏交易天机系列丛书的方式毫无保留地向读者公布出来。

曾经和江海老师开玩笑时问道：你的这套交易体系已经足够让您轻松地在这个市场中如鱼得水甚至平步青云，为什么还整天不辞辛苦地奔波于全国各地讲课，每天工作时间都超过 14 小时？他回答：我个人以及我的家庭在这个市场

中都不会为财富发愁，我也可以通过我的财富去帮助更多需要的人，但是授人以鱼不如授人以渔，凭一己之力又能帮助多少人呢？我愿意通过讲课的方式将我们交易体系的知识传授给有缘人，愿意帮助他们在这个市场中成长：一方面是将我们交易体系的知识进行传承，成就更多的人一起把爱传递开来；另一方面"法布施得智慧"，生命不息、学习不止，这是我的人生信条，也是我愿意站在讲台上的原因，为证券投资传经布道，启迪他人，修炼自己。

中国证券市场还在不断发展和完善的过程中，上市公司的数量会不断增多，交易规则会不断完善，投资的难度越来越大，如果不通过有效的学习把自己变得更加专业，就很可能让自己变成任人宰割的羔羊。江氏交易天机的整套书籍在经典技术分析的基础上，充分结合了A股市场的特性，从多方位对股票价格的运行进行分析，而且充分考虑到不同水平投资者的需求，从浅入深，充分结合案例进行深度解读。证券投资不是一招一式就能做到稳定盈利的，一定是在对技术有了全方位的研究之上，熟悉了股价运行的结构和逻辑后，才能够"悟"到的，更不是按照自己的思维方式去预测股价。在丛书中，作者会经常提到主力思维的重要性，培养散户要养成这种思维方式，建立自己的交易模型，并且需要严格去执行，不去妄测市场，而是要跟随趋势。

K线是证券投资的基础，是进入证券市场的第一堂课，《买在起涨》对各种K线形态进行了量化的定义，每个形态背后多空资金是如何博弈的，散户的思维方式和主力的思维方式有何不同，同一个形态在股价运行的不同位置出现时的不同含义是什么等问题，都进行了深度解读。在传统的技术分析中，从K线图中只能解读到高开低走有限的信息，《买在起涨》颠覆了这种红买绿卖表象的分析方式，而是从多空博弈的角度解读了股价运行的逻辑。

涨停板是最吸引投资者的一种股价快速上涨的技术形态，因为它可以带来最丰厚的投资利润。从统计学和概率论的角度上来说，风险和收益之间是对称的，获得更大的收益要面临更大的风险，但是对于理解股价运行逻辑的人来说，好的投资机会一定是承受小的风险的同时能够带来更大的收益。《涨停聚金》是针对不同位置的涨停板进行透彻分析，深度剖析什么位置的涨停板最具有小风险大收益的投资机会。

趋势是打开证券交易的一把钥匙。这把钥匙在这个市场中已经传递了近百年，但是能够正确使用这把钥匙打开证券投资这把锁的人却屈指可数。每一位能够正确使用这把钥匙的人都付出了无数的努力和辛酸，所以都不会轻易讲出它的核心在哪里，更不愿意将其公之于众。《趋势为王》是我读过的证券投资类书籍中关于趋势、波段讲解比较透彻的一本，它将道氏理论、波浪理论、时间周期理论等多种定性的理论进行定量分析，一层一层地揭开了股价运行的内部结构，是能够实现投资者同市场进行对话的一本难得的好书。

虽然盘口是股票交易中的最小单位，但是它决定了任何一种行情机会的转变，更是主力资金同散户进行互动的最直接的"战场"。投资者经常以为能够从盘口中看出当下的主力是在建仓、拉升还是出货，但是结果却是事与愿违，股价的真实方向和判断的主力意图是相反的。这就要上升到人性和博弈层面上，并且切实地结合股价运行的位置要素进行综合分析，才能准确地发现主力运作目的。这是市场上众多盘口书籍不能解决的问题，却正是《庄散博弈》这本书最大的亮点。

均线对于交易的辅助作用非常大，但是均线的参数该如何设置，不同的均线参数会直接决定交易的结果。实际上均线和K线的阴阳一样，只代表市场运行过程中的一种表象，均线背后的真实意义才是最具有研究价值的。《黑马在线》立足于从面到点，从整体到局部的分析方式，建立了均线分析之前的位置要素分析模式，跳出"均线参数"的谜团，更注重主力行为和趋势的分析，回归价格结构的本源分析。

本人对《价值爆点》的感触最大，证券市场不仅有股价的起起落落，更有其背后人性上的明争暗斗。西方传统的价值投资经典在A股上难免水土不服，但是有理论支撑的基础上再结合A股的特色，更容易形成一套战无不胜的交易系统。如果说江氏操盘经典系列的其他书籍偏向于对"术"层面上的讲解，那

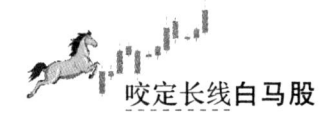

么《价值爆点》则是百尺竿头将整个体系的投资精髓晋升到了"法"和"道"的层面上。

我对国际金融研究得比较多，中国的金融市场和证券市场正在蓬勃发展，严格监管更是为它的健康发展提供了新的机遇，在这个过程中会有无数优秀的投资个体、投机机构快速发展。《江氏交易天机》一定会为想在中国证券市场快速发展的进程中取得优异成绩的您插上双翼，助您快速起航、搏击证券投资的苍穹。

2017年6月1日

趋势之道

西南财经大学中国金融研究中心　潘席龙

作为一名长期开设《公司金融》课程的老师，几乎会本能地相信价值投资而不自觉地排斥技术分析方法。原因是，这门课的核心就是基本面分析。课程中，学生经常提出的问题之一就是："老师，书上这些东西究竟能不能直接用来炒股呀？"

我的回答是，书上讲的是"应该如何"，与现实中的"实际如何"常常相去甚远。至于为什么实际不是"应该"那样，我给出的理由之一常常是，这些西方经济学的东西，是以西方市场经济体制为基础的，而我国金融市场具有自己的独特性，与西方发达国家的金融市场之间存在显著差异，因此，将西方金融投资书籍中的结论生搬硬套到我国股市上是行不通的。有时，我还会引用一句俗语"尽信书不如无书"来给他们做说明。

对西方教科书进行质疑很简单，却产生了新的问题，那就是：在我国这样特殊的金融市场上，究竟应该如何分析和判断股票呢？众所周知，对股票的分析方法，常用的无非是基本面和技术分析两类。如果基本面分析本身在我国股市上效果不理想，难道我们只能靠技术分析法？

很多学院派人士都不太赞同技术分析法，普遍的理由是，技术分析法没有

充分的理论依据或者缺乏足够的理论支持，通俗地讲，就是这些方法背后缺乏"有必然性"的原理来支撑。尽管计量经济学、统计学和大量实证研究提供了许多证据，但从学院派来看，这些所谓的证据也只不过是统计学或计量经济学上的"巧合"，未必代表经济学之"必然"。正如波普尔在《科学发现的逻辑》中所说："单个观察事实足以证伪全称陈述，科学与非科学的划界标准是经验证伪原则。"对于倍受争议的技术分析法及其不同流派，我们肯定没办法使用"全称陈述"擅下结论，也就是难以直接全面地证实其对错，也许，这才是市场最有意思的地方，否则，市场反而失去了其固有的魅力和经济作用。

偶然的机会，看到江海老师的"江氏交易战法"系列丛书，看到了江海老师反复在努力证明：技术分析本身是有价值的、有用的；感觉其没用，主要原因还是没学到家，只学到了皮毛，没学到实质。这些书中显示，他至少从以下几个方面，做出了有益的探索和努力。

一是"以资金动向为核心"。K线图红红绿绿、股价上上下下，有许多刚入门的投资者喜欢凭直觉或感觉，认为"长跌必涨、长涨必跌"，看线的高低就贸然地投进去，一段时间后发现实际走势并不是当初想象那样，于是开始学习诸如波浪理论之类的分析方法。刚学了几个概念就又信心满满地准备大赚一把，市场却几乎无一例外地再给他们上了一课，那就是"反着看，波浪无比清晰，面向未来需要预测和分析时却一片茫然"。为什么会这样呢？按江海老师的观点，这些投资者都犯了一个共同的错误，那就是"只见到了现象，而没触及现象背后的本质"。股市信息满天飞，究竟什么才是股市波动的本质呢？市场永远不缺的就是各种各样的"信息"，甚至所谓的"内幕信息"，然而，真正让我们困惑的不是有没有信息，而是哪些信息是真的、哪些信息是假的。众所周知，我国股市的信息质量长期以来是难以令人满意的，比如蓝田股份事件、万福生科事件等。每次交易完成后或者相关事件公开后，回头一看，信息的真假总是那么一目了然，但面对还没有发生的未来，一切又是那么难以判断。对此，江海老师认为，"不要只听别人怎么说，关键要看怎么做；而要看清别人怎么做，关键则是看资金在如何动，看清真金白银在如何进出"。仔细想来，这与西方经济学家提出的市场有效理论中"价格包含了当前所有的信息"，在本质上是一致的。而江海老师认为，透过价格看到真正的信息，关键就在于牢牢掌握资金的运动轨迹、趋势和规律，分析出主力资金的动向和投资策略。

二是"高者谋势、下者谋点"。初学投资的人，总是奢望能在最低点买入，在最高点卖出。而江海老师在书中指出，这种想法并不现实，也不是投资能否持续成功的关键。投资的成败，不是追求某一次抓住了某个点，而是要保持相对稳定的成功率。所以，他认为，比抓住某个具体点位更重要的是能否找准发展的趋势以及判断这一点位未来的发展方向。仔细想来，同一个点位，在未来既可能向上也可能向下，同时还不能完全排除不变，那未来究竟会如何变？这就是趋势分析才能回答的问题。正如《孙子兵法》所讲，"善胜者，先为己之不可胜"，真正的投资人应该先学会判断方向，避免犯方向性错误，而不是过分拘泥于某个点位的高低。只有将点位置于趋势之中，其分析才有意义，否则，就不是投资，而只是凭运气在赌博。

三是"回归人性和人心"。股市的复杂，人人皆知。然而，无论多么复杂，也只是在一定市场规则下，市场参与者行为的综合结果，更简单地讲，是人的行为的结果。即使是机构投资者，背后也是一个个的人。既然是人，就必然脱不了共有的人性和人心，比如趋利之心、避险之心、"诡道"之心等，由此，江海老师对趋势成因的分析、人性弱点的讨论等，都是这方面的尝试。初学者看到顶底出现时，常常不知所措、无所适从。其实，大家在学习各种投资策略时，不要过分拘泥于操作本身，而要像江海老师提出的那样，回归人性和人心，"将心比心"，将自己放在机构投资者或主力的位置上进行思考并设计交易策略，这样才能更好地知彼知己并掌握先机，也才有可能百战不殆。

回到最初学生提出的问题，在我国金融市场中基本面分析是否有价值，或者说我们能不能只钻研技术分析的技巧呢？当然不能。仔细研究就会发现，江海老师的书中，对形势、趋势的分析，表面上是"技术"的，背后却无时无刻

不在关注着基本面和公司的真正价值这个"道"。股票的价格，终究会回到其真正的价值水平上来。这也是大家在阅读江海老师这套丛书时要特别注意的地方，也就是，不要"迷于技"，更要"悟于道"。

谨做此序，一方面祝贺江海老师著作等身，感谢他能慷慨地与广大投资者分享他多年的投资心得和经验；另一方面，也祝投资者们阅读此书能收获满满，投有所得、投有所悟、投有所成！

2021 年 7 月 31 日

目 录

第一章　长线白马股的基本特征

第一节　业务清晰易懂　　　　　　　/ 002
第二节　拥有核心竞争优势　　　　　/ 003
第三节　享有独特的行业地位　　　　/ 011
第四节　凝聚优秀的管理层　　　　　/ 014

第二章　如何看财报数据

第一节　净资产收益率　　　　　　　/ 022
第二节　现金流量分析　　　　　　　/ 027
第三节　如何对股票估值　　　　　　/ 038

第三章　白马股的主力思维

第一节　机构抱团取暖　　　　　　　/ 056
第二节　常见的 5 种洗盘方式　　　　/ 070
第三节　慢牛向上　　　　　　　　　/ 081
第四节　主力如何出货　　　　　　　/ 090

第四章　白马股的买入原则

第一节　安全边际三大原则　　　/ 096
第二节　人弃我取的原则　　　　/ 105
第三节　集中投资原则　　　　　/ 110

第五章　白马股趋势量能

第一节　趋势线　　　　　　　　/ 113
第二节　上升趋势线破位　　　　/ 123
第三节　趋势量能特征　　　　　/ 127

第六章　江氏三周期看盘

第一节　大周期看盘方法　　　　/ 139
第二节　主周期看盘方法　　　　/ 144
第三节　小周期看盘方法　　　　/ 153

第七章　白马股的卖点把握

第一节　周期性股票的卖点　　　/ 160
第二节　板块集中爆发后的卖点　/ 168
第三节　股价泡沫化的卖点　　　/ 175
第四节　行业饱和后的卖点　　　/ 178

后　记　　　　　　　　　　　　/ 186

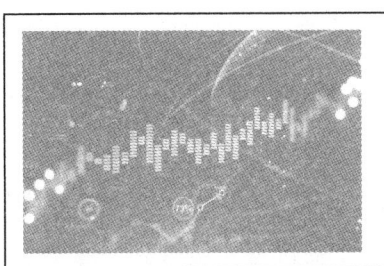

第一章
长线白马股的基本特征

价值投资思想的提出至少已有 80 余年的历史，其理论已经非常完备。近年来，该理论在我国股票投资界几乎无人不知、无人不晓，在股票相关论坛中活跃的投资者也是言必称价值投资，同时还有大批股民宣称自己投资的最高理念就是价值投资。但是，大多数的投资者对价值投资的理念和具体操作存在着许多谬误，往往是一知半解，人云亦云，根本没有明白价值投资的精髓。本书内容，我将系统地讲解价值投资的理论以及具体操作方法。

用一句简短的话来概括价值投资，那就是：以合适的市场价格买入未来有发展前景的好公司股票，然后长时间耐心持有，等待公司发展带来的分红以及股价对企业价值做出反应而上升，直到公司发展到了阶段性的高峰或者股价被非理性炒作到了极高的程度，卖出获利。

从上面这句话来看，价值投资需要把握几个要点：第一，需要判断公司未来具有发展前景；第二，需要判断公司股票价格是否在合理区间；第三，买入后必须长期持有，不能因股价的频繁波动而动摇；第四，判断公司发展到了阶

段性高峰，应该卖出股票；第五，判断公司股价被非理性炒作到了高位，存在很大泡沫，也应该卖出股票。以上五个要点，有两个是关于买入条件的，这两个条件必须同时符合才能决定买入股票；有两个是关于卖出条件的，这两个条件只要符合一个就应该卖出股票；还有一个是关于持股的，主要考验投资者的耐心。第一步，要判断一家公司是不是所谓的好公司，笔者会结合具体案例，从几个方面来分析投资者应该如何判断。

我们在分析一家公司的时候，应该把自己看作这家公司的主人，从企业所有者的角度来看待它，判断其是否进入了正确的发展轨道，是否是一家好公司。好公司必然要求具备几个特征，才能成为我们的投资标的。如果一家公司在这几个方面的表现都极其优秀，那么可以说它是一家伟大的公司，这就是投资者梦寐以求的长线白马股了。

第一节　业务清晰易懂

通常来说，一家好公司的业务最好比较清晰、单一，就是说主业要突出，所有的经营项目和持有的子公司都应该围绕着主要业务展开，和主业不相关的业务最好是外包出去，或者拆分卖掉。

我们平时耳熟能详的著名龙头企业往往都是业务清晰、单一的行业巨头。例如贵州茅台（600519），一年上千亿元的营业收入来自于自己独特的酱香型白酒的酿造、销售，其他业务基本也是涉及自身产品的包装、防伪、运输、广告等，和白酒无关的业务现在已经基本不做，所以成为中国白酒行业当之无愧的龙头老大。再例如宝钢股份（600019），每年3000亿元上下的营业收入都与钢铁冶炼、销售及铁矿石采购等相关的业务有关，其余也都和钢铁冶炼配套的研发、物流等相关，最后发展成为中国钢铁行业的龙头企业。我们再观察其他各行各业的前几名龙头公司或者发展进步最快的公司，基本都是长期深耕主业的公司，用华为公司创始人任正非的话来说，就是要"28年只对准一个城墙口冲锋"，只有具备了这种精神的公司，才是好公司。

反之，那些大搞多元化，同时经营两种甚至更多种互不相关业务的公司，很容易面临经营不善，最终败下阵来。例如，原来的海南航空，现在已经变成ST海航（600221），它原本航空业务在国内独树一帜，发展势头迅猛，早在1993年就成为国内航空公司的业绩冠军，还多次蝉联国际组织评定的"五星航空公司"，并拿到"中国最佳航空公司""世界最佳公务舱洗漱包"等荣誉称号，但公司管理层在经历了一定行业波折后，不再专心经营主业，而是盲目地进行多元化投资，将公司的飞机进行抵押，在国内外疯狂融资，大举并购不同行业的资产，这些业务涉及旅游、商业、物流、金融、地产、酒店、港口等，公司短暂的风光背后却是危机四伏，最终爆发债务危机，导致流动性危机，最后连飞机油料都没钱买了。还有一个典型案例，在香港股市上市的中国恒大（03333），主业是房地产，最近几年却大肆举债进入新能源汽车、矿泉水、网络、医疗健康等行业，最终引爆债务危机，大厦将倾。

此外，还有很多上市公司不务正业，满脑子只想着追逐热点，热衷于炒作概念，盲目介入热门行业，这些公司都不是好的投资标的。

从全球资本市场的潮流来看，那些专注于一个细分行业的龙头公司的估值越来越高，而那些从事多元化发展的公司，由于业务复杂又互不相关，估值反而不太高。例如，只做芯片代工的台积电市值常年超过三星电子。A股市场上，宁德时代（300750）的市值大幅超过比亚迪（002594）。因此，我们选择长线白马股时，最好精选那些专注一个细分行业并做成全国乃至全球龙头的公司，这样的公司长期来看，大多数都是超级大牛股。

第二节　拥有核心竞争优势

聚焦主业是好公司的必备条件，但光有这一个条件是远远不够的。在行业

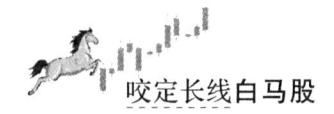

内脱颖而出，企业必须具备独特和核心的竞争优势。用"股神"巴菲特的话来说，就是要有宽阔的护城河，以便将敌人隔绝在城外。

所谓企业的护城河，就是拥有一种有形或者无形的壁垒，可以很好地阻隔竞争对手轻易进入这个市场，使得公司能够持续稳定地获取超过市场平均水平的收益，同时不会轻易受到市场波动的影响。企业拥有护城河既是天赋也是一种能力，也就是说，有的公司拿到了一手好牌但不会出牌，也是枉然。真正的护城河是，别人看到了你的优势，但根本无法模仿。

具体来说，企业的护城河可以分为以下四大类：

一、无形资产

无形资产类的护城河包括三种：品牌护城河、专利护城河、政府授权垄断护城河。

1. 品牌护城河

所谓品牌护城河，是指企业在长期的市场竞争中，通过广告宣传、渠道推广等手段打造出强势品牌。哪怕竞争对手的产品也能达到相同的质量水平，但是消费者已经形成了品牌意识，是一家企业的忠实客户，所以竞争对手很难与其竞争。

最典型的例子就是很多奢侈品牌，大家只要在一二线城市的黄金地段，就能看到这些奢侈品牌的巨幅广告。事实上，这些奢侈品牌售卖的奢侈品大多由我国沿海的一些生产厂家代工生产，其产品本身并无多少含金量可言，同类厂商也可以生产出相同品质的产品，但是由于没有品牌的加持，即使品质相同的产品，其售价也难以企及奢侈品牌，这些奢侈品大牌就是靠着品牌护城河大赚。

在 A 股市场上，真正拥有品牌护城河的公司不多，只有贵州茅台（600519）等为数不多的顶级白酒品牌可以入列。不过，随着我国经济发展从粗放型增长转换为质量型增长，相信这样的公司会越来越多。

2. 专利护城河

专利护城河很好理解，就是企业研发出了独家的高新技术，并成功申请了专利，形成了事实上的垄断，在专利有效期内可以享受独家生产销售该产品的特权，当然能够获取可观的收益。

通常来说，专利都有一定的有效期，比如 10 年或 20 年，相关企业能够依靠专利保护，获得不菲经济效益。比如，华为、中兴通讯（000063）在 5G 通信技术方面的专利权就是很好的例子，这使得华为即使遭受美国的无端制裁，也能继续在通信设备行业保持全球领先，中兴通讯在受到美国制裁后，也能够迅速恢复元气。这充分说明，持续不断地研发创新是企业唯一的出路，这样的企业也是投资者寻找的优质投资标。

还有一类专利护城河比较特殊，那就是 A 股市场的两家上市公司——云南白药（000538）和片仔癀（600436），它们拥有我国唯二的永久保密的国家绝密配方中药，依靠这两个独家中药品种以及不断研发新品种中成药，这两家公司拥有极其宽阔的护城河，成为我国股市价值投资的著名标杆。

此外，在通信、机械、医药、网络等行业中，也广泛存在着各式各样的专利权，这些专利权的拥有者都获得了大大小小的护城河，而专利意识强的企业往往会主动进行三种形式的专利布局：保护性专利布局、进攻性专利布局、储备性专利布局，在研发层面则采取梯队研发模式，即研究一代、储备一代、开发一代。

3. 政府授权垄断护城河

这种护城河就更厉害了，香港股市有一家上市公司，叫香港交易所（00388），该公司就是香港股市的运营主体，包括股票、期货、期权的交易和结算完全一体化。此前，该公司还收购了伦敦金属交易所，成为公司化运作的全球主要交易所。它由香港特区政府授权，独家垄断了香港的股票、期货、期权的交易及结算，从稳定性来说，香港交易所肯定会是香港股市最后一家退市的公司，发展前景毋庸置疑，这就是无可比拟的护城河。

沪深股市和期货交易所都实行会员制，不是公司，所以没有这样的投资机会。不过，A股市场还是存在这一类的公司，例如中国石油（601857）、中国石化（600028），均由政府授权垄断了国内的石油、天然气开采等业务。此外，金融、能源等进入壁垒的许多公司，也可归为这一类。

二、转换成本

转换成本是指消费者从购买某家公司的产品或者服务转换到别的公司提供的同类产品或者服务所需要支付的成本，这个成本包括金钱成本、时间成本、精力成本、情感转换等，如果转换成本太高，就会导致消费者不愿改变，这就是顾客忠诚度。转换成本也可以分为三种：程序性转换成本、财务性转换成本和关系性转换成本。

1. 程序性转换成本

程序性转换成本指消费者在转换产品或服务时主要付出的时间成本和精力成本，包括学习新的使用方法、搜寻新的信息、建立新的服务关系，此外还需要承担潜在的负面结果。例如，某位消费者总是在工商银行（601398）办理存取款支付等业务，现在需要转移到建设银行（601939），两家银行的各种业务办理的操作流程不尽相同，消费者需要花费一定的时间和精力重新学习使用方法，熟悉新的流程，这对于年轻人可能还没有多大困难，但是对于老年人可能就非常麻烦。所以，在现实中，银行存款的跨行转移总体比例是很低的，这是因为各大银行倾力打造的各项服务形成了较高的转换成本。

2. 财务性转换成本

财务性转换成本是指消费者在转换产品或服务时必须付出金钱成本，包括一次性的财务支出。例如，某消费者长期在淘宝网购物，积累了大量积分，享受较大透支额度等，如果突然转换到京东购物，他需要重新注册，还会丧失原有平台的一些利益，从而支付更高的价格，所以很多消费者不太愿意转换平台。

3. 关系性转换成本

关系性转换成本是指消费者在转换产品或服务时，可能带来的情感上或心理上的不悦，包括个人关系的损失、品牌社会认同度的损失、品牌情感认同，以及代言明星偶像认同等。

很多时候，消费者和原有厂家的销售人员经过长期接触，已经建立了个人感情，一旦转换生产商可能会带来个人关系的损失，这是许多消费者难以割舍的。此外，一个品牌的产品往往都会有一定的社会评价，形成一定的身份认同，如果更换产品或者服务可能会带来身份认同方面的改变，这也是众多消费者不得不顾及的。

例如，运动服装品牌阿迪达斯一直被市场普遍看作一流品牌，李宁（02331）虽然早已在香港股市上市，是国产品牌中的佼佼者，但市场普遍认为其品牌档次不高，部分消费者为了彰显身份，就喜欢购买大的品牌。不过，近年来部分国产服饰品牌在宣传上正在迎头赶上，情况已经大为改观。

值得一提的是，一些大企业对高端客户专门设立俱乐部，让消费者体验到公司尊贵客户的各种额外待遇。例如，中国移动（600941）的全球通 VIP 服务，让消费者在享有优质的通信服务之外，还能得到公司为其量身定做的专属商务、休闲等服务。最后，还有一类品牌聘请偶像明星为公司的产品或者服务代言，这种常见的做法也能够迅速为品牌打开局面，因为这些明星认同度很高，拥有巨量粉丝，而且粉丝忠诚度很高。

三、网络效应

网络效应是指用的人越多，产品或者服务就越有吸引力。产品或者服务的吸引力越大，用的人就会更多，形成马太效应，最后赢家通吃，一统江湖。这种情况在互联网行业最为常见。例如，即时通信软件，在个人电脑时代，QQ是最后赢家；在智能手机时代，微信小程序一统江湖。互联网的特点就是：别人都用了，你如果不用，就没法和别人交流，所以也只能跟随使用。网络效应

具有三个特点：

1. 赢家通吃

原理前面已经说过了，这种局面的形成要求产品或者服务的用户先要累积到一个临界点，虽然说这个过程非常困难，但一旦到达临界点后，一切就变得轻松了，客户数量就会出现爆发式增长，只要产品或者服务不犯大的错误，即可享受最大的市场份额。

2. 先下手为强

通常来说，谁先进入市场并将用户累积到临界点，谁就成功了一半，一旦取得先发优势，后来者就难以撼动其地位。例如，微信在即时通信方面的地位，可谓稳如泰山。

3. 份额越大，用户黏性越大

还是以微信为例，其所占市场份额最大，用户黏性也是最大的。如今，在中国，绝大多数人每天必用，几乎到了离不开的程度。

总的来说，网络效应护城河要求眼明手快，看准就立即进入市场，然后拼尽全力积累客户，一定要千方百计越过临界点，在此过程中可以不计亏损，只要达到临界点就意味着成功，后面基本一马平川，公司进入快车道。当确立了护城河后，别的竞争者再想进来分一杯羹就难上加难了，到了最后赢家通吃的阶段，前期的亏损都可以加倍赚回来。

只要回顾一下互联网公司的发展历程，都可以看到很多网络效应护城河的生动案例。例如，滴滴出行前期用巨额资金补贴车主和用户，看似亏损巨大，但是用户就这样慢慢积累起来了，到达临界点之后，用户开始飞速增长，到后来如愿形成一家独大的局面。此后，虽然也有大量后起之秀进入这个赛道，但是要想从滴滴出行手中抢夺用户，就必须付出 10 倍的努力，而且效果并不好，这就是网络效应护城河的威力。

四、成本优势

成本优势护城河适用于生产标准化产品的行业，这类行业因为产品高度同质化、可替代性强，所以极易出现价格战。要想在激烈的价格战之中最后胜出，就必须具备成本优势护城河。成本优势主要来自于以下四个方面：

（一）规模效应

规模优势是相对竞争对手来说的，规模大于竞争对手就可以带来规模效应优势，具体体现在生产和销售活动中的以下几个方面：

1. 生产规模优势

生产规模优势是指企业在生产活动中的产量越大，单位成本就越低，这是因为生产所需的厂房、设备等固定成本不随产量变化，产量越大分摊的固定成本也就越小。这个优势主要适用于工业生产型企业。我国的部分工业生产型企业能够称霸全球，主要就是得益于这一优势，因为我国的市场规模全球最大，生产型企业的产量也最大，这样一来生产成本也是最低的，价格优势明显，所以其他国家很难与我们的企业竞争。例如，A股上市公司福耀玻璃（600660）是一家专门生产汽车玻璃的巨头，国内市场占有率超过了60%，全球市场占有率达到23%，是这一行业当之无愧的全球第一。

2. 渠道规模优势

渠道规模优势是指厂家把产品布局到尽可能多的销售渠道，尽可能下沉到最接近消费者的渠道，让消费者随时随地都能够买到公司的产品。这种优势主要适用于快消品行业，因为消费者对快消品的价格不敏感，多数属于冲动购买或者叫即兴购买，所以，对企业来说，如果能够提供丰富的产品品类并让消费者能够随时随地买到，就显得非常重要，这比成本低一点带来的优势更大。例如，饮料行业的娃哈哈，就是靠着这个优势布局全国各地的小超市和小卖部，从而成为中国饮料龙头企业。

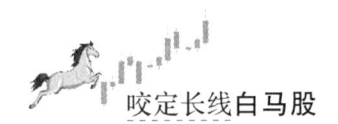

3. 销售规模优势

销售规模优势是指厂家单次卖出尽可能多的商品，相当于向消费者批发，利用降低售价的优惠来提升销售数量，最后提高利润总额，这种优势主要适用于一般消费品。近几年，快速崛起的拼多多就是一个典型例子，多个消费者拼单买入同一商品，可以获得更优惠的价格，商家也因为销售量提高而提升了利润，双方各取所需，这种模式成就了拼多多的快速发展。

4. 协同规模优势

协同规模效应优势是指厂家将用途相同的不同产品打包在一起进行销售，因为消费者也需要系列产品，这样即方便了消费者，也可以促进厂商的销售。例如，家具、建材、家电类企业乐此不疲地构建生态圈，让装修、搬家的消费者实现一站式购买，成为深受欢迎的一种新型业态。如今，遍布各大城市的建材城、家居城等，就是采取了这种做法。

（二）优化流程

优化流程主要是企业内部进行科学的流程管理战略设计，持续提高组织业务绩效，形成高效运转的组织流程体系，从而最大限度地减少内耗、降低成本。例如，A股上市公司格力电器（000651），在集成应用上下狠功夫，通过三步走的战略，打造出多系统集成的统一应用工作台，将所有工作相关的信息咨询、审批待办事项放在一起，打通了各系统间的数据流，实现了一个平台完成所有工作，高效整合了企业内部管理，获得了流程优势，降低了成本。

（三）独占资源

独占资源是指企业拥有得天独厚的自然资源，从而获得了竞争对手无法企及的低成本原材料，能够制造出质优价廉的产品，从而占领市场。例如，贵州茅台（600519）所依附的赤水河、茅台镇的独特水资源，成为酿造茅台酒的绝好原料，让其他地方的酒厂望尘莫及。再比如包钢股份（600010），拥有当地丰富的矿产资源，不仅有巨大的铁矿石储量，还拥有世界第一的稀土资源，这也是企业取之不尽的发展源泉。需要指出的是，资源优势最后必须转化为产品的成本优势，才能发挥出应有的效力。

（四）独特地理位置

独特地理位置是指企业拥有排他性的独特地理位置，处于某种垄断性地位，从而拥有无可比拟的竞争优势，正常情况下能够轻松获得超过市场平均水平的收益。最典型的莫过于水利设施、港口、机场、高速公路类企业。例如，长江电力（600900）就是因为拥有整个三峡水利工程，几乎可以永久性享受无穷无尽的低成本水电资源，成为市场追捧的现金奶牛型蓝筹股。再如，上港集团（600018）、青岛港（601298）、天津港（600717）等大型港口，这些公司因为拥有独特的地理位置，资源优势明显，业绩稳定，一般都是机构青睐的蓝筹股。

第三节　享有独特的行业地位

好公司不仅拥有宽阔的护城河，最好还要在本行业中占有独特的优势地位，这样才能保证企业长期稳定地发展壮大。企业的行业地位主要有垄断者、领先者、跟随者、颠覆者这几类。

一、垄断者

垄断者是一家企业在行业中的地位最高的，公司发展前景也是最有保障的。这一类公司数量不多，值得我们重点研究，一般分为政府授权垄断、自然垄断等。政府授权垄断前文已经讲过了，在此不再赘述。自然垄断则是在某些政策资源或者自然资源垄断基础上形成的，主要分布在公共基础设施领域，如供水、供电、供气、供热、电信、环保设施等。

比如，A股市场上有几家专营供水的上市公司：重庆水务（601158）、江南水务（601199）等；电信领域的三大运营商：中国移动（600941）、中国电

信（601728）、中国联通（600050）也都属于这一类。

在我国内地，一个行业中的垄断者一般都有两三家央企，还有很多区域性地方国企，很少有像香港交易所（00388）一样的独家垄断一个行业的寡头公司。值得注意的是，其中有一家由行政合并而成的寡头——中国中车（601766），在其重组合并的阶段曾创造了一年翻10倍的神话。不过，随着近几年发展高峰期过去，其股价也逐渐回落。在投资市场上，拥有垄断地位的公司极易成为长期上涨的大牛股，其在业绩稳定的增长阶段，都是我们投资的优良标的。

二、领先者

领先者是市场中常见的行业龙头，大部分的竞争性行业最后都会被为数不多的几家公司抢占大部分的市场份额，而在市场上拼杀胜出的几家巨头，占有市场份额最大的那一家就是领先者。

领先者都是在激烈的市场搏杀中艰难取胜的，一旦领先之后就可以享受非常多的好处，成为整个行业的风向标，往往可以率先提出新概念，推出新产品，引领市场潮流，并且在定价、促销等方面先人一步，别的竞争者要么只能模仿，要么干脆避免与之直接竞争，所以领先者一般都可以取得整个行业最好的投资回报，是不可多得的投资标的。

例如，牛奶行业的领先者是伊利股份（600887），家电行业的领先者是美的集团（000333），工程机械行业的领先者是三一重工（600031），等等。行业领先者是最容易出现长线大牛股的一个群体，我们需要重点发掘其中的机会。

三、跟随者

跟随者就是一个行业中地位仅次于龙头股的其他有力竞争者。通常来说，跟随者的地位肯定不如领先者，股价长期的涨幅也小于领先者，但是如果跟随者有自己独特的优势，在某一个特定时期，其股价涨幅也可能会超过领先者。

我们以白酒行业为例（在考察个股历史涨幅时，没有计算分红，只是计算股价的最后涨幅）。洋河股份（002304）是一家区域性著名白酒龙头企业，整个白酒行业的领先者当然是贵州茅台，在2015年至2020年的白酒板块大涨行情中，贵州茅台股价的累计涨幅高达2000%，洋河股份作为跟随者，股价累计涨幅只有490%。但是，如果只考察2020年这一年的股价涨幅，洋河股份涨幅超过了122%，而贵州茅台涨幅只有72%。为什么会这样呢？其实很好理解，考察2015年至2019年这4年的累计涨幅，贵州茅台已经高达1125%，而洋河股份只有165%，相当于前面4年行业领先者的累计涨幅已经远远超过了跟随者，那么在后面一年跟随者的股价表现很可能会超过领先者。背后的原因并不复杂，因为经过长期的充分竞争，领先者和跟随者之间已经达成某种均势，各自的市场占有率、利润率等数据都趋于稳定，长期来看，它们之间的市值也会维持在一个固定比例上下波动，如果某一时段领先者的股价涨幅大幅超过了跟随者，那么在下一个阶段跟随者的股价涨幅很可能也会反超领先者。

由此可见，我们在投资的时候，首选行业领先者，但是过了一个阶段，在领先者的股价涨幅大幅领先同行业个股的情况下，如果继续看好这个行业板块，不妨把持有的领先者的股票换成同行业的其他涨幅落后的个股。

四、颠覆者

颠覆者一般是指某个创新型企业能够以一个新引入的要素、以意想不到的方式改变现有的行业格局，使原来的行业竞争者失去竞争力，从而迅速占领市场，或者开辟出一个新的大市场。行业颠覆者要么是高科技公司，研发出高新技术并投入运用，要么是采用了高效的运营模式极大提高了企业效率，要么是采取全新的营销方式挖掘新的市场，总之就是要打破常规，取得别人没有的巨大优势，也让别人无法轻易模仿。

国家重点扶持的战略性新兴产业最容易出现颠覆者，主要集中在移动互联

网、新能源、生物医药、低碳环保以及高端装备制造行业等。值得注意的是，由于颠覆者进行的是前无古人的开创性工作，风险也非常巨大，稍有不慎就可能彻底失败，最后能够大获成功的只是极少数，所以我们需要持续关注和仔细辨别，其在初期迅速打开市场之后能否继续发展壮大就非常关键了。

翻开A股市场的历史，其实不乏颠覆者，成功的如隆基股份（601012）。该公司虽然地处偏远，但是管理层却具有世界级眼光，在当时全球都看好多晶硅的情况下，坚持选择单晶硅路线，凭借工匠精神始终专注于科技研发，在全球率先实现了硅片金刚线切割技术替代传统砂浆切割技术，并完成了金刚石切割线和切割设备的国产化，极大地降低了硅片切割的成本，并在电池组件方面大幅提升了转换效率，最终发展成为全球最大的单晶光伏产品制造商。

当然，颠覆者失败的例子也有很多。比如，2010年上市的汉王科技（002362）是当年大火的电子书行业领袖，电子书作为当时的新生事物，获得了股市热捧，但是在后续的发展中，电子书行业规模始终难以做大，该股也由于上市初期的过高估值导致了股价持续低迷。另外，最近两年的大热门石头科技（688169）是新生行业扫地机器人的龙头股，但是该股上市后，短期内股价大涨，估值很高，未来能否持续还需要观察。

第四节　凝聚优秀的管理层

前面三节，我们主要探讨了一家好公司在物质方面必须具备的几大特点，但是我们应该明白，一家公司的成败归根结底还是人，主要是企业的高级管理层，公司在物质上的优势最终还要靠他们来经营，才能把这些优势转化为实实在在的盈利。因此，一家好公司还有一个关键条件，就是必须要有优秀的管理层。

我们选择长线白马股进行投资，其实就是把自己辛苦挣来的血汗钱交给这家公司的管理层去经营，因此，对公司管理层的考察和认识是必不可少的一个步骤，价值投资的标杆人物巴菲特就特别重视对拟投资公司的管理层进行评估，然后才决定是否进行投资。

巴菲特说过一句话："我们根据两个准绳来衡量管理层。第一是他们管理的企业到底有多好。第二就是弄明白管理层是如何对待自己的股东的。"这句话告诉我们，对管理层的评估主要分为两个方面，即人品和能力，二者缺一不可。

通过仔细观察，我们不难发现，管理能力很差的企业管理层，往往人品也很难让人信任，通常都不太尊重小股东的利益。而那些管理能力出众的优秀管理者，往往人品也值得信赖，能够尊重和照顾到所有股东的利益。那么，如何分辨一个管理层是否能力和人品兼备呢？巴菲特给出了他的6个标准。

一、以股东利益为导向

这是一个好的管理层必须具备的最基础的品质。以股东利益为导向，就是说优秀的管理层始终不忘记自己的使命是帮助股东经营管理好上市公司，始终把股东利益最大化作为经营管理公司的最高目标，尤其是尊重小股东的利益。对于那些管理层主要由职业经理人构成的公司来说，这方面的品质更加重要，因为公司经营的好坏首先取决于管理层的理念拥有全心全意想把公司搞好的管理层的公司才是我们值得投资的。

在我国股市的早期阶段，由于各方面监督管理体制的不规范，出现了许多企业管理层恶意损害股东利益的案件，包括许多大股东担任管理层损害小股东利益的事件，这样的管理层从根本上来说都是不合格的。国外成熟的资本市场，一方面通过严格细致的立法来惩罚恶意损害股东利益的行为，另一方面则采用与经营业绩挂钩的重奖来鼓励管理层提高公司的业绩。

当前，中国香港股市和国外成熟股市通常采用股票期权的方式对管理层进行奖励，主要是授予公司的主要管理层和关键岗位的职工在未来一定的期限内

以一个优惠的价格购买一定数量本公司股票的权利，但是管理层要行使这个权利就必须达到公司设定的条件。股票期权激励可以很好地把股东的利益和管理层的利益进行绑定，管理层完成了公司设定的条件，那么公司的经营结果必然非常良好，管理层也得到了股票期权的奖励，市场上公司的股票也更容易上涨，这样就可以达到多赢的结果。我国股市上也有越来越多的公司采用股票期权的方式进行管理层激励，这样的公司管理层经营好公司的动力就很强，是我们投资需要考虑的重要一环。

二、较强的资金配置能力

资金配置能力，即让资金进一步增值的能力，也就是说管理层拿到资金后，必须有合适的赚钱项目可以投入，不能让资金闲置。所有股东把钱投入股份公司，就是因为公司有更好的项目可以让资金进一步增值，比把这些钱放在股东的手上赚更多的钱，这才是股份公司成立的最根本的原因。企业管理层的资金配置能力是实现资金增值的关键一步，也是我们投资一家公司最为看重的条件。巴菲特旗下的伯克希尔公司几十年来从不分红，因为巴菲特认为这些钱放在他的公司里面，在他本人的管理下能够实现更高的增值，巴菲特自信这些钱分给股东后不可能实现比他个人投资更高的增值，所以宁愿不分红，如果股东需要用钱可以选择卖出股票。

我国股市上有许多公司这一条都不合格，因为许多公司把费尽千辛万苦募集来的资金放在银行进行理财，或者用于二级市场股票投资，这都是由于公司没有更好的盈利项目造成的，这样的管理层把股东的钱看作没有成本的资金，低效率的使用着，投资者不应该投资这样的公司。现在，我国的金融市场相比过去已经非常发达，一家优秀的公司可以有众多渠道很方便地筹集大量资金，股市上募集的资金看起来是没有成本的，无须支付利息，但这是股东入股的本金，是股东对管理层信任的表现，管理层应该有好的赚钱的项目，急需资金的时候才向股东募集资金，不然的话就是最大的浪费。

三、严格的成本控制

经营好一家公司无非是开源和节流，这两方面缺一不可。公司具备良好的赚钱能力还不够，还必须具备良好的成本控制能力，价值投资的成功者都非常关注企业管理层成本控制的能力。古语说，由俭入奢易，由奢入俭难。对一个人是如此，对一个公司同样如此，只有注重成本控制的企业管理层才能真正把赚到的钱留下来。一旦公司经营取得了一定的成绩，若管理层放松成本管理，不需要太长的时间，公司上下各个部门各项开支都会爆发式增长，很快就会吞噬掉之前累积的利润，而且以后想要重新加强成本控制也会变得极端困难，这样的公司最后往往只能滑向毁灭的深渊。

四、坦诚

企业管理层对股东坦诚是一个必备的要求。在现代社会，普通投资者了解一家上市公司基本都是通过各种公开的渠道，主要是通过财务报表。如果一家公司的管理层使用各种方法对财务报表进行粉饰，其实很难欺骗所有的投资者，因为现在的投资者都拥有畅通的交流渠道，公司的财务报表是否真实，投资者之间很容通过相互交流明白了其中的问题，那些经常在财务报表上面做手脚的管理层很快就会在市场上变得臭名昭著。我们进行价值投资时，一定要选择一个坦诚的管理层，才能放心大胆地进行长期投资。

五、热爱

子曰，"知之者不如好之者，好之者不如乐之者"。仅仅为了完成任务而工作的人，不如因为兴趣而工作的人，因为兴趣而工作的人不如因热爱而工作的人。我们要投资的伟大公司最好是由那些"乐之者"来管理，即由真正热爱这一项事业的人来管理，只有这样的管理层才敢于放弃短期的眼前利益，追求实

现更宏大、更长远的目标，这样的公司才有可能成为伟大的公司。管理层如果没有对事业的热爱，往往会过于关注短期利益，热衷于迎合市场的炒作，最终放弃了公司的长期利益。

六、克制非理性并购的冲动

公司一旦取得一定成功之后，管理层往往很容易进入一个误区，那就是盲目收购兼并。随着我国资本市场的迅速发展，围绕上市公司的收购兼并变得更加容易、更加频繁了，但是其中大多数的并购案例不但没有实现并购双方期望的双赢，反而对并购后的企业形成了拖累，造成公司业绩下滑甚至破产倒闭。

我国许多企业最常见的错误就是盲目多元化。我国经济一直维持很高的增长速度，众多行业都处在高速发展阶段，市场机会很多，许多明星企业在某一个行业取得成功之后仍想要继续高速发展，企业管理层最容易想到的就是进入另一个高速发展的行业，而不是继续在本行业艰苦奋斗、提高技术能力，因为后者是一条坎坷的道路，需要付出巨大的努力才可能成功。

令人遗憾的是，众多选择了多元化的公司最后的结果都不甚理想，除了前面列举的一些例子，市场上还有许多失败案例，在此不再赘述。另外，企业在同行业内的非理性并购，也是失败居多。

我国股市2018年底至2019年初经历了商誉减值风波，就主要是企业溢价并购带来的恶果。例如，甲公司并购乙公司，给出的价格必然高于乙公司的账面价值，高出的这一部分就算作商誉，这是甲乙双方都认可的公允成本。并购以后在甲公司的财务报表中就存在一个商誉价值，如果公司后续经营良好，持续取得盈利，那么就可以用利润慢慢摊销这一部分商誉。如果后续企业经营不及预期，利润没有达到预想的目标，那么就只有通过商誉减值来减少商誉，这样公司的净资产就会突然减少，公司的实际价值也会大打折扣，这就会带来股价的大跌。

2018年，商誉减值的会计准则变革造成当时大量上市公司受到影响，许多公司出现了创纪录的商誉减值，有的公司因为商誉减值一年亏掉过去十年的利润，因而造成股价大面积暴跌，归根结底这是上市公司非理性并购的结果。所以，优秀的管理层一定要克制进行非理性并购的冲动，真正沉下心来用心经营好自己的公司。

第二章
如何看财报数据

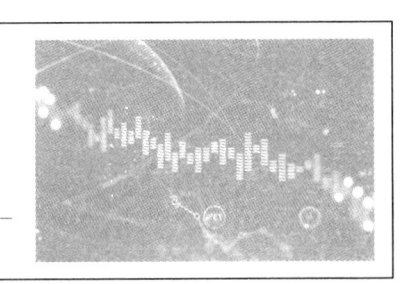

投资股市一个必备的技能就是要会分析财务报表，尤其是对价值投资来说，研究分析财务数据是一个核心的环节，否则我们就无法放心大胆地买入并长期持有股票。

本章内容，笔者将会以几个常用的指标为主，尽可能简洁地介绍如何分析财务数据，以及如何对股票进行估值。从个人的交易习惯来说，笔者对一个企业的财务数据最起码的要求是做到最大限度的公开透明，在这个前提下笔者再仔细分析企业的三大财务报表。

投资者首先需要分析的是资产负债表。一家企业要安全稳定地持续经营，首先必须具备良好的资本结构，也就是在资产和负债方面有非常合理的安排。借助债务杠杆"借鸡生蛋"，是现代企业经常采用的常规操作，但必须注意量力而行，把债务偿付风险控制在企业能够充分承受的范围内。在经济不断高速发展的市场环境下，很少有企业因为发展太慢而很快倒闭，却有许多企业被债务压垮。过去几十年，来每当市场环境出现剧烈波动的时候，就会有一两家知名的大企业因为无法偿付过大的债务而倒下。所以，我们首先要调查清楚一家企业的负债结构，然后再看它有没有符合相应时间期限的偿债能力。

分析一家企业的债务是否合理，归根结底就是必须以审慎的原则来分析其偿付能力是否可以完全覆盖其债务。具体来说就是要对企业负债的金额、期限及还款来源进行详细的考察。相对应的财务指标有两个：一个是流动比率，一个是速动比率，前者是考察企业流动资产和流动负债的比值，后者是流动资产减去存货和预付账款等费用后与流动负债的比值，这两个指标的值都是越高越好，说明企业的资金流足以偿付短期负债。当然，对于不同的行业，负债结构合理性会有一定差别，流动比率和速动比率的要求也不一样。最后，就是要考察公司的融资成本，主要看公司的财务费用和市场平均水平相比是否正常，在总成本中所占比例是否合理，以及财务费用的变化是否正常。

一般投资者经常看的财务数据就是利润表。我国上市公司每个季度都会公布当年截止该季度末期的主要经营数据。目前市面上的各种股票软件都会提供利润表，点击F10可以查看财务分析资料，除了最直观的利润表之外，资产负债表和现金流量表也会在后面详细财务数据中进行公布，本章我们就将讲解如何对其进行分析。

考察企业的盈利能力主要看净资产收益率，下面第一节主要详细讲解这个方面。对利润表来说，主要观察企业每期净利润的变化是否正常，是否符合所在行业的变化趋势，如果一家公司的利润率明显高于行业平均水平，那么我们就应该搞清楚这样的超额利润是如何取得的，重点是未来能不能持续得到这样的高收益。如果可以实现持续性的超额利润，说明企业的护城河发挥了作用，这就是一家难得的好公司；如果是因为一次性收入或者不可持续的短期行为如出售子公司得到的收入，那么就需要排除这种情况，再来分析公司的盈利能力。净利润要看是否收到了现金，应收账款所占的比例应该越少越好，如果能向经销商提前预收货款就更好了，说明公司在行业中具有不可替代的地位。

还有一点需要特别注意，那就是企业主营业务收入的来源和支出的对象都

应该尽可能分散，尽可能避免出现关联交易，因为收入来源越分散说明客户越多，未来越不容易因为大客户的流失造成收入锐减，支出对象越分散说明上游的原材料、供应商越多，这样才不容易被少数上游商家卡脖子，造成公司成本大幅上涨，关联交易越少说明公司不是依靠少数大股东的关系进行经营，而是靠自身实力在市场中开展业务，公司未来也不容易受到股东的影响而出现业务量下降。

在分析一家企业财务数据的时候，我们也许不是相关行业的专家，不了解这个企业的经营逻辑，但是从财务原理上来说，所有的公司都是一样的，都是需要通过经营获得主营收入，减去必要的成本之后取得净利润。我们所要做的就是仔细分析企业的财务报表，尤其是现金流量表，能不能持续获取实实在在的真金白银，最后需要考察的是企业的资金使用效率是否高于行业平均水平，这些都是优秀企业不可或缺的特点。

第一节　净资产收益率

净资产收益率是一个非常重要的数据。净资产收益率又可以称为股东权益报酬率、净值报酬率、权益报酬率、权益利润率。要理解并用好这个数据，首先我们要知道什么是净资产，一家公司拥有的所有总资产（包括物质资产和无形资产）减去总负债，剩下的就是净资产，又称股东权益或权益，一般计算上一个年度年初的数据，然后再计算上一个年度的净利润，最后用年度净利润除以年初净资产，就得到了净资产收益率，公式如下：

净资产收益率＝年度净利润÷年初净资产×100%

该指标反映股东权益的收益水平，是一个综合性指标，主要用来衡量公司运用资金的效率。这个指标值越高，说明投资带来的收益越高。该指标体现了自有资本获得净收益的能力。

举例来说，一家公司年初净资产为1000万元，年末净资产为1300万元，那么净利润就是后者减去前者之差，也就是300万元，然后用300万元除以1000万元，得到净资产收益率为30%。不管公司是做什么的，也不管公司怎么运作，略过了中间经过的所有环节，只看最后的结果是多少，这个数据就可以直观地衡量公司的盈利能力。

一般来说，我们看净资产收益率都是看一个完整会计年度的数据，也就是年报数据，而少看一季报、半年报、三季报的数据，因为很多行业和公司在一年内的经营收益并不均衡，各个季度都有起伏变化，看一年的数据可以规避这些波动。理论上来说，净资产收益率越高的公司，盈利能力也就越强。

不过，值得注意的是，影响净资产收益率的因素很多，我们必须仔细分析，这些因素主要有：销售利润率、负债利息率、企业资本结构、所得税率和非经常性损益等，分析这些数据的最终目的是观察企业的盈利是否正常，是否具有可持续性。当然，为了考察一家公司的长期盈利能力，也可以看连续多年的净资产收益率数据，某一年的数据很高对于研究长期盈利能力来说是没有多大意义的，因为该年数据可能是特殊原因引起的，不可持久。如果历年数据波动较大也不太好，说明公司经营不稳定。如果这个数据多年保持高水平，但是中间有波动，那就要具体分析是什么原因造成的波动，然后关键要看未来能否继续保持较高的盈利能力。

那么，净资产收益率到底多高才算合适呢？根据本人的经验，如果净资产收益率低于5%甚至是负数的，也就是说盈利能力还赶不上贷款利息，基本算是绩差股了；如果达到5%~15%，只能说业绩一般，处在整体市场的平均水平上下；如果这个数据常年稳定达到15%~40%，可以说是绩优股了；如果净资产收益率超过了40%，那么很可能是特殊情况造成的短期超高利润，一般是不可持续的。下面，我们来看几只著名蓝筹股的净资产收益率数据。

咬定长线白马股

```
☆财务分析☆ ◇600519 贵州茅台 更新日期：2022-04-26◇ 港澳资讯 灵通v8.0
☆【港澳资讯】所载文章、数据仅供参考，使用前务请仔细核实，风险自负。☆
★本栏包括【1.财务指标】【2.报表摘要】【3.异动科目】【4.环比分析】★
【1.财务指标】
【主要财务指标】
```

财务指标	2022-03-31	2021-12-31	2020-12-31	2019-12-31	2018-12-31	2017-12-31
审计意见	未经审计	标准无保留意见	标准无保留意见	标准无保留意见	标准无保留意见	标准无保留意见
净利润(元)	172.4497亿	524.6014亿	466.9729亿	412.0647亿	352.0363亿	270.7936亿
净利润增长率(%)	23.5803	12.3409	13.3251	17.0518	30.0017	61.9738
扣非净利润(元)	172.4306亿	525.811亿	470.1642亿	414.0691亿	355.8544亿	272.2408亿
营业总收入(元)	331.8716亿	1094.6428亿	979.9324亿	888.5434亿	771.9938亿	610.6276亿
营业总收入增长率(%)	18.2522	11.7059	10.2853	15.0972	26.4263	52.0673
加权净资产收益率(%)	8.7	29.9	31.41	33.09	34.46	—

图 2-1-1 贵州茅台财务分析

图 2-1-1是某券商通达信软件上贵州茅台（600519）的财务分析数据。可以看到，在"主要财务指标"栏目最下面一栏是"加权净资产收益率（%）"[①]，从图中可以看到贵州茅台这家公司最近几年的数据，其中2017年这一数据缺失，2018年加权净资产收益率为34.46%，2019年为33.09%，2020年为31.41%，2021年为29.9%，2022年一季度为8.7%。仔细分析这些数据，只有2021年略低于30%，2017年数据缺失，2018年至2020年这3年都达到了30%以上，2022年一季度的数据若乘以4，也高于30%以上。很明显，贵州茅台是一家典型的绩优股。

我们再来看一家同板块的跟随者洋河股份（002304）的数据。

图 2-1-2是洋河股份的财务分析数据。可以看到它从2017年至2021年的加权净资产收益率分别为24.08%、25.95%、21.21%、20.2%和18.55%。从这组数据可以看出，洋河股份的盈利能力也是较强的，每年都在20%左右，但也不超过26%，业绩比较平衡。不好的地方是，最近两年有所下滑，总体而言仍是一家不错的蓝筹股。

---

① 加权净资产收益率是对收益和股东权益进行了加权后计算出的企业净资产收益率，简单理解，就是净资产收益率的加权算术平均值。

第二章 如何看财报数据

☆财务分析☆ ◇002304 洋河股份 更新日期：2022-04-29◇ 港澳资讯 灵通v8.0
☆【港澳资讯】所载文章、数据仅供参考，使用前务请仔细核实，风险自负。☆
★本栏包括【1.财务指标】【2.报表摘要】【3.异动科目】【4.环比分析】★

【1.财务指标】
【主要财务指标】

财务指标	2022-03-31	2021-12-31	2020-12-31	2019-12-31	2018-12-31	2017-12-31
审计意见	未经审计	标准无保留意见	标准无保留意见	标准无保留意见	标准无保留意见	标准无保留意见
净利润(元)	49.8524亿	75.0768亿	74.8223亿	73.8282亿	81.1519亿	66.2717亿
净利润增长率(%)	29.0669	0.3402	1.3464	-9.0246	22.4533	13.7288
扣非净利润(元)	48.9788亿	73.7276亿	56.5207亿	65.5589亿	73.6933亿	61.3639亿
营业总收入(元)	130.26亿	253.5018亿	211.0105亿	231.2648亿	241.598亿	199.1794亿
营业总收入增长率(%)	23.8213	20.137	-8.758	-4.277	21.2967	15.9158
加权净资产收益率(%)	11.08	18.55	20.2	21.21	25.95	24.08

图2-1-2　洋河股份财务分析

下面我们再来看一只科技股华大基因（300676）的数据。

☆财务分析☆ ◇300676 华大基因 更新日期：2022-05-24◇ 港澳资讯 灵通v8.0
☆【港澳资讯】所载文章、数据仅供参考，使用前务请仔细核实，风险自负。☆
★本栏包括【1.财务指标】【2.报表摘要】【3.异动科目】【4.环比分析】★

【1.财务指标】
【主要财务指标】

财务指标	2022-03-31	2021-12-31	2020-12-31	2019-12-31	2018-12-31	2017-12-31
审计意见	未经审计	标准无保留意见	标准无保留意见	标准无保留意见	标准无保留意见	标准无保留意见
净利润(元)	3.3042亿	14.6154亿	20.9029亿	2.7633亿	3.8665亿	3.9809亿
净利润增长率(%)	-37.0615	-30.0796	656.4343	-28.5304	-2.8752	19.6581
扣非净利润(元)	3.0342亿	13.5834亿	20.4905亿	2.2148亿	3.0918亿	3.1993亿
营业总收入(元)	14.3014亿	67.6614亿	83.9723亿	28.0041亿	25.3641亿	20.9554亿
营业总收入增长率(%)	-8.5219	-19.4242	199.857	10.4087	21.0381	22.4392
加权净资产收益率(%)	3.55	17.31	40.44	6.27	9.16	10.75

图2-1-3　华大基因财务分析

图2-1-3是华大基因（300676）的财务分析数据。可以看到，该公司从2017年至2021年的加权净资产收益率分别为10.75%、9.16%、6.27%、40.44%和17.31%。从这组数据可以看出，前面3年公司的盈利能力乏善可陈，徘徊在6%~11%，可以说业绩一般，但是2020年公司业绩突然暴涨，营业总收入增长近两倍，净资产收益率达到了40.44%的超高水平，这个数据就非常值得我们研究了。

华大基因作为医学检测、基因测序等方面的世界级龙头企业，业绩确实具

025

备大幅增长的潜力。2020年，新冠肺炎疫情暴发后，医学检测方面的市场需求突然暴增，给公司带来了历史性机遇，这也是公司业绩暴增的一个重大原因。

不过，我们需要重点研究分析的是这样的业绩增长是否可以持续，如果公司的净资产收益率突然飙升然后昙花一现，那么就没有长期投资的价值了；反之，如果净资产收益率就此开始长期稳定保持在高水平，那么这就是一个非常良好的投资机会。

透过主要财务指标，可以看到该公司2021年净资产收益率还有17.31%，数据还是很抢眼。总体上来说，这家公司的盈利能力不太稳定，数据突然暴增能否持续还需要更多的分析和观察，至于能否进行长线投资，还需要继续观察更多的数据以及对股价进行估值分析。

下面我们再来看一只业绩较差的个股数据。

☆财务分析☆ ◇300043 星辉娱乐 更新日期：2022-04-27◇ 港澳资讯 灵通v8.0
☆【港澳资讯】所载文章、数据仅供参考，使用前务请仔细核实，风险自负。☆
★本栏包括【1.财务指标】【2.报表摘要】【3.异动科目】【4.环比分析】★

【1.财务指标】
【主要财务指标】

财务指标	2022-03-31	2021-12-31	2020-12-31	2019-12-31	2018-12-31	2017-12-31
审计意见	未经审计	标准无保留意见	标准无保留意见	标准无保留意见	标准无保留意见	标准无保留意见
净利润(元)	-953.0403万	-6.6261亿	2601.3979万	2.5852亿	2.3846亿	2.3003亿
净利润增长率(%)	87.9(L)	-2647.1116	-89.9372	8.4095	3.6644	-49.7773
扣非净利润(元)	-1200.371万	-6.7041亿	1391.0458万	2.6942亿	1.9563亿	1.5169亿
营业总收入(元)	3.6931亿	14.0689亿	17.4285亿	25.9442亿	28.2033亿	27.5549亿
营业总收入增长率(%)	31.9997	-19.2766	-32.823	-8.0099	2.353	15.1348
加权净资产收益率(%)	-0.45	-25.49	0.88	8.93	8.95	9.31

图2-1-4 星辉娱乐财务分析

图2-1-4是星辉娱乐（300043）的财务分析数据。可以看到，该公司从2017~2021年的加权净资产收益率分别为9.31%、8.95%、8.93%、0.88%和-25.49%。从这组数据可以看出，该公司的盈利能力在2017年还保持较高水平，但此后两年稍有下降，2020年、2021年骤降，一年不如一年，这就是一个典型的绩差股。

在A股市场上，其实还有很多这样的个股，即使相关公司编织出眼花缭乱的概念、噱头进行炒作，但只要打开其财务报表，就可以一目了然地看到公司的盈利能力如何，类似这种股票不太适合作为长期投资的对象，一定要严格规避。

第二节　现金流量分析

优秀的企业都具备许多共同的特点，其中必不可少是拥有健康的现金流状况，它既是企业实现利润的基础，也是企业良好偿债能力的保障。一家企业暂时亏损，可能是因为企业处在艰苦的研发阶段，重要产品还没有投放市场，也可能是因为企业选择了以低价换取市场，但是只要拥有稳定的现金流，企业就可以坚持下去；反之，企业的现金流一旦枯竭，就会马上面临倒闭的危险，所以我们说现金流量决定了企业的生死存亡。最明显的例子就是京东方，在持续多年亏损的情况下，因为能够不断得到大机构的投资，始终拥有稳定的现金流，所以可以有条不紊地加大研发、扩大生产，最终挺过了行业的低谷，成长为世界性的巨头。

现金流量表包含了一家公司最关键的财务信息，主要告诉我们企业的现金包括存款的收支情况，相当于罗列了一家企业的账户余额及其变化情况，我们看现金流量表就等于是在查看企业的钱包。

现金流量表的内容如下。见图 2－2－1。

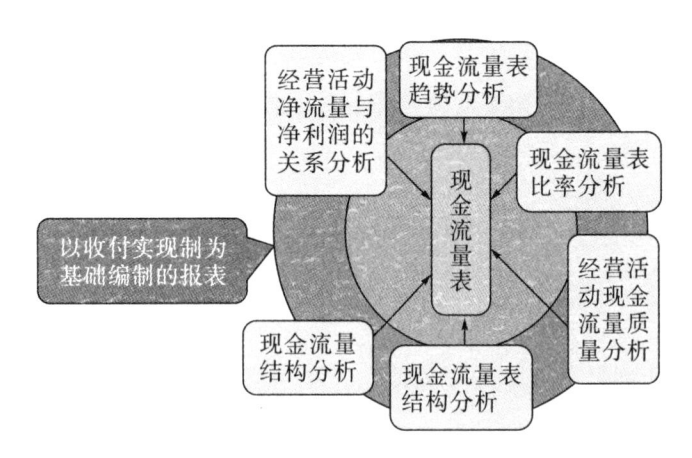

图 2-2-1 现金流量表的各项构成要素

一、经营活动产生的现金流

经营活动产生的现金流就是企业为了经营自身业务需要购买原料或者服务而支出的款项，以及卖出自己的产品或者服务收到的现金，收支相抵如果还有盈余那就是主营业务利润了。当然，支出的现金还包括员工工资、税费等，收入部分还包括税费返还、租金等，总收入减去总支出就是净利润。经营活动产的现金流是一家实业型公司的主要收支来源，能够持续不断创造利润的公司才是优秀的公司；如果经营活动产生的现金流持续下降，就意味着公司所经营的业务出现了问题，如果不能及时改善，公司就可能陷入危机。要了解经营活动的现金流，必须对相关项目进行深入分析。

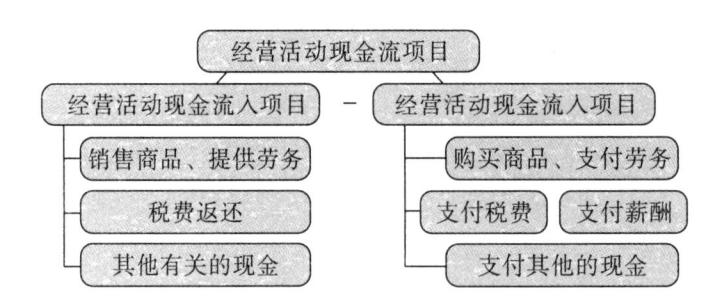

图 2-2-2 经营活动现金流项目

图2-2-2是经营活动现金流项目表，包含了经营活动现金流入和流出的项目构成，具体构成项目如下：

1. 销售商品，提供劳务收到的现金

企业出售产品或者提供服务收到的现金，或者是收回本次财务报表以前的应收账款，加上本期的预收款，再减掉退货的现金。

2. 税费返还

企业收到各级政府部门给予的税费返还现金，包括所得税、增值税、消费税、关税、教育费等各种税。

3. 其他与经营活动有关的现金

比如说出租东西给别人收到的租金，或者是利息。

4. 购买商品、接受劳务支付的现金

企业采购各种原材料或者购买服务等支付的现金，加上支付以前的应付账款。

5. 支付给职工以及为职工支付的现金

企业支付给职工的一切现金，包括工资、福利、奖金等，加上为职工支付的五险一金等。

6. 支付的各项税费

企业支付的税费，包括所得税、增值税、消费税、关税、教育费等各种税。

7. 支付其他与经营活动有关的现金

企业支付的其他现金，例如罚款，另外还有保险、差旅费、租金等。

二、投资活动产生的现金流

投资活动产生的现金流是指企业对外投资的支出和收入，这些叫作资本性的收入和支出。一般来说包括买卖别的企业股权，或者买卖厂房、设备等固定资产。大笔支出意味着企业大举对外扩张，这需要企业注意量力而行。大笔收

入则代表企业进行战略收缩，如果是收回原先的投资，则要看收益是否为正；如果是出售资产，则要考察是否符合公司未来发展战略。具体要观察以下几个项目。

1. 收回投资收到的现金

企业出售、转让或收回投资而收到的现金，包括长期股权投资收回的现金。

2. 取得投资收益收到的现金

企业的各种投资收到的现金，比如利息和股利，或者投资房地产收的租金。

3. 处置固定资产，无形资产和其他长期资产收回的现金净额

企业卖出资产得到的钱，企业得到的保险也算在这里面，比如自然灾害导致固定资产损失了，保险的赔偿就算在这里面。

4. 处置子公司及其他营业单位收到的现金净额

此项为公司处理子公司收到的现金，减去子公司持有的现金和相关费用。

5. 收到其他与投资活动有关的现金

除了前面以外的和投资有关的现金流入，比如工程前期款和工程往来款。一般来说，这个科目没有金额，或者金额很小，如果金额异常大，则要注意。

6. 构建固定资产，无形资产和其他长期资产支付的现金

企业购买资产或者是自己建造资产支出的现金，如果是分期的，首付计入投资活动现金流出，后面的算筹资活动现金流出。

7. 投资支付的现金

企业各种投资花出去的现金和相关费用。

8. 取得子公司及其他营业单位支付的现金净额

收购其他公司或者是一些业务部门花的现金，再减去账上的现金。

9. 支付其他与投资活动有关的现金

除以上所有科目外的支付给投资有关活动的金额汇总，带"其他"二字的

科目，理应数额比较小，数额很大就有问题，要具体看财务报表的附注解释。

三、筹资活动产生的现金流量

筹资活动产生的现金流是指企业融资和还款的相关收入和支出，包括收到借款、支付还款、支付股息、支付债券利息及融资活动需要支付的中介费用。融资是企业经营的重要一环，但是需要注意几点：第一，融资应该符合企业业务的需要；第二，负债额度和期限必须低于企业相应还款能力；第三，融资的成本应该和市场平均水平相差不大。只要是合理的融资，都是对企业发展有利的，应该大力支持。

1. 吸收投资收到的现金

这个项目是发行股票和可转换债券收到的钱减去支付的佣金和发行费用。

2. 取得借款收到的现金

就是企业的短期借款、长期借款获得的现金。

3. 发行债券收到的现金

发行债券收到的现金减掉发行费用。

4. 收到其他与筹资活动有关的现金

比如说公司收到了捐款。

5. 偿还债务支付的现金

就是其他需偿还的现金。

6. 分配股利，利润或偿付利息支付的现金

企业支付的现金股利和支付给其他投资单位的利润，包括用现金偿还借款利息、债券利息的钱。

7. 支付其他与筹资有关的现金

可以认为是捐款给别人，或者付给人家租金、利息、分期付款等。

8. 汇率变动对现金的影响

企业将持有的外币现金和境外子公司的现金折算为人民币，一旦汇率发生

变动，就会引起这些现金的价值发生波动。

四、现金流量表深度分析

现金流量表主要分为三个部分：经营方面——经营活动产生的现金流；投资方面——投资活动产生的现金流；筹资方面——筹资活动产生的现金流。

实业型企业的基础当然是经营活动，投资活动归根到底是为了更好地经营，筹资活动同样如此。投资活动一般是围绕主营业务扩大生产规模，最终也是为了扩大经营活动，这是企业发展壮大必须要走的一步。筹资就是为了经营活动或者投资活动而借钱，所以企业不可能靠投资和筹资持续获得利润，最终必然还是要落实到经营活动上面。

只要经营活动产生的现金流稳定增长，利润也同步增长，企业就处在正常的发展道路上，完全可以正常地偿付债务，也可以继续扩大投资规模。

现金流量表基本都是收入和支出一一对应的，例如销售商品收到的收入对应购买原材料的支出，提供服务收到的收入对应购买服务的支出，收到政府补贴对应缴纳税费，收回投资的收入对应购买资产的支出，收到借款对应归还融资，等等。

我们分析现金流量表就是为了看清楚企业到底有哪些收入、哪些支出，这些收入和支出是从哪里来的，又是到哪里去的，这样才能够采取有针对性的手段继续扩大收入来源，压缩支出项目，最终实现更大的利润。企业的管理层在分析了现金流量表之后，才能够更加清楚企业管理的得失，明白下一步需要改进的地方在哪里，平衡好经营活动、投资活动和筹资活动之间的关系。

企业的生存和发展就在于做好日常管理，这都是一些鸡毛蒜皮的小事，但是只有做好每一件小事、控制好每一笔现金的使用，最后才能管理好企业的成本，在现金流量表上面得到更好的数据，也才能让企业逐步发展壮大。

利润表和资产负债表的数据都是采用权责发生制统计，而现金流量表的数据都是采用收付实现制统计，二者的区别就在于你看见的利润表和资产负债表数据都是理论上的，不一定真实到账，企业很可能采取各种手段美化数据，例如可以把很多未来的利润提前装进来，也可以把很多未来的资产提前在数据中确认，但是现金流量表是记录的真实到账的资金，从中可见企业的账面现金到底是怎么样的，这样就很难作假，可以通过现金流量表确认利润表和资产负债表数据的真实性。

权责发生制：某企业某年实现了3亿元的净利润，计算方式是卖出产品得到的总收入，减去这一年内的全部花销，最后的差值就是净利润了。但是，这里有个问题，我们卖出产品得到的总收入可能并没有马上现金入账，但即便没有入账，也应该计入净利润，也就是说，我们账户上可能只有1亿元，但是计算的净利润却有3亿元。

收付实现制：某企业某年实现了3亿元的现金纯收入，也就是说企业收到的现金总额，减去付出去的现金总额，最后结余3亿元。这里的3亿元是实实在在收到了3亿元的现金，也许企业今年的净利润并没有3亿元，但是可以预收客户明年的货款，或者欠着供货商的货款明年再支付，总之企业的现金收入有可能超过账面的净利润。

这就是二者的差别。收付实现制更加准确，权责发生制则是按照账面计算的理论数据，企业可能没有钱入账。

企业正常经营发展和支付各种开支，一刻也离不开现金。现金流就像是企业的血液，现金流一旦出现问题，企业马上就会出现生存问题。现金流量表就是忠实记录企业现金的流入、流出情况，展现企业的经营是否正常，有没有足够的现金来偿还到期的债务，从现金流量表上可以清楚看到企业在本期内收到了多少现金、花出去多少现金、账面还剩下多少现金。

资产负债表的质量高低需要看利润表，而利润表的实现度就需要看现金流量表。这三张表之间存在着密切的逻辑关系，其中的数据是可以相互对应的。

资产负债表的主要内容是记录企业的资产结构和负债结构，是一家企业拥有的实物资产，资产结构和负债结构可能很好看也可能不好看，但是能不能赚

钱要看利润表，只要能够持续实现利润，结构就是合理的。

但是企业到底是不是赚钱，还要看现金流量表。账户上有足够的现金，并有源源不断的大量现金流进来，那么就证明资产结构和利润都没有问题。若现金流量表没有足够现金，那么这样的企业就是金玉其外败絮其中。利润表上面记录的收入和利润毕竟只是账面数字，支付货款、给员工发工资都得靠现金。漂亮却虚假的利润表唯一的作用就是欺骗投资者从而炒高股价，以及欺骗银行从而骗取贷款，真正踏实经营的企业管理层是绝对不会靠作假利润表来投机取巧的。

我们分析现金流量表不能光看上面的数字，还应该分析现金流入、流出背后的原因，不能看见现金流入就觉得是好事，现金流出就是坏事。现金流量表的分析重点在于流动的实际原因而不是数字本身。比如说，企业有非常好的投资项目需要使用大量的资金，融资力度比较大，投资也比较多，这是很正常也是很合理的。企业需要用大量资金以便在未来实现更大的盈利，这样的资金是值得花的，尽管资金流出比较大也非常划算的。如果企业的现金流入比较多，但是来自于变卖盈利的资产，这就很不划算了，企业失去未来源源不断的收入是得不偿失的！或者企业不积极寻找投资机会，机械地保留了现金，没有盈利项目，未来靠什么赚钱？投资是企业扩大生产、实现稳定发展的利器，只要是符合市场前景的项目，就值得投资。我们分析现金流量表，还是要重点看企业的现金最终用来干什么，以后能不能带来更大的收益，现金流入到底是经营获得的还是投资活动获得的，关键是有没有持续性。

投资活动花费的钱如果太多，远远超过经营活动赚到的钱，说明企业在财务上比较冒险，必须认真分析这样大手笔的投资是否值得。因为一旦投资失误，企业就会元气大伤，很长时间都难以恢复正常。所谓的自由现金流，其实就是账户上面暂时不会动用的剩余资金。也就是企业收到的现金，再减去所有支出需要预留的现金，剩下没有特殊用途的，就是自由现金流，这也是企业可以自由支配的现金。

五、现金流量表综合分析

1. 经营现金净流为正数、投资现金净流为正数、融资现金净流为正数

这种情况说明企业不缺钱，经营可以赚钱，投资也不怎么花钱，融资还在收钱，但这并不是最好的情况。企业各方面都有收入，但最大的问题就是，企业既然经营可以持续赚钱，投资又不花钱，为什么还需要融资呢？最好的情况就是企业正在为了进行一笔大投资而筹集资金，否则这样的情况就完全不合理。如果不是为了未来的投资，那么问题就严重了。企业有可能隐藏了真实的经营情况，实际是缺钱的，要不就是有人在转移上市公司的现金，这种情况需要特别注意，可以向上市公司的投资者关系部门进行询问。

2. 经营现金净流为正数、投资现金净流为正数、融资现金净流为负数

这种情况说明企业的经营活动是可以赚钱的，投资活动也可以有现金流入，融资活动的现金流出，是由于企业还债造成的。这里就需要仔细分析了，企业是在用什么钱还债，是在变卖优质资产，还是用经营活动现金还债？如果企业没有变卖优质资产，投资活动的现金流入来自利息收入，那说明企业非常健康，在正常还债。但是企业投资活动的现金流为正，说明了企业没有更好的投资项目，有了利润也不再继续扩张了，而是选择了偿还债务，这也说明企业目前发展遇到了瓶颈，未来的业绩可能很难继续增长。

3. 经营现金净流为正数、投资现金净流为负数、融资现金净流为正数

这种情况是一家优秀企业最为常见的状态，说明企业经营活动赚到的钱再通过融资借钱的方式，全部投入扩大生产的投资活动当中，所以投资的现金流是负的。这样的企业一般处于稳定扩张期，企业有好的投资项目，需要大量的资金，而且经营获得的利润不够，所以还需要融资来进行投资。我们唯一需要注意的是企业融资的利息和市场平均水平相比高不高，投资的项目也很关键，如果项目盈利前景看好，企业未来有不错的盈利潜力，就非常完美了。

4. 经营现金净流为正数、投资现金净流为负数、融资现金净流为负数

这种情况说明企业的经营活动可以实现非常大的盈利，同时也在投资项目，而且还有多余的资金用来还债。这种企业可以说是最优秀的企业了，经营活动产生的盈利非常丰厚，不仅可以支持投资扩张，还可以还债，证明企业的主营业务非常赚钱。这种企业算是最健康、财务最安全的企业。

5. 经营现金净流为负数、投资现金净流为正数、融资现金净流为正数

这种情况的企业情况就不太好了，作为主要根基的经营活动产生了亏损，在投资方面依靠变卖资产或者是利息收入补贴主业，并且还需要借钱。这种企业并不缺钱，因为不仅仅有投资活动的现金流入，还可以借到钱，但是最大的问题是主业经营不好。这样的企业关键就看经营活动未来能不能得到改善，重新恢复赢利，另外还要分析企业的投资现金流到底是怎么来的，如果是靠变卖优质资产来的，说明企业基本上快倒闭了，因为优质资产卖掉后未来的赢利前景更加暗淡。此外还要注意融资成本是否明显高于市场平均水平，如果是这样，就说明企业为了融资已经不计成本，这种企业已经穷途末路了。

6. 经营现金净流为负数、投资现金净流为正数、融资现金净流为负数

这种情况的企业属于典型的处于非常困难的状态，经营活动不赚钱，同时还需要还债，只能依靠变卖资产筹集资金。需要分析的是，企业经营活动是持续亏损，还是暂时性的困难，未来能不能扭亏为盈？企业在融资方面是彻底借不到钱了，还是主动选择了不借钱？投资方面是不计成本地甩卖资产，还是仅仅依靠利息收入就可以补贴经营活动和偿还贷款？如果这三个问题都是前一个答案，那么情况还不算太糟，企业只是暂时遇到了困难，还有很大的挽回机会。如果这三个问题都是后一个答案，意味着公司就已经穷途末路了。

7. 经营现金净流为负数、投资现金净流为负数、融资现金净流为正数

这种情况的企业也是财务状况很不健康，经营活动亏损，但是还可以在市场上融资，并且企业选择了加大投资。我们要重点分析的是，企业经营活动的亏损能不能得到改善，从而扭亏为盈？投资的项目是为了改善或者扩大主业，还是选择了新项目，准备改变经营主业？企业融资成本是否远高于市场平均水平？如果企业能够以市场平均水平借到钱，投入改善主业的项目，未来公司扭亏为盈的可能性还是很大的。如果企业以过高的代价借钱，投入新项目，那就是主业改善基本无望了，新项目就成为唯一的救命稻草，这种企业最好不要投资。

8. 经营现金净流为负数、投资现金净流为负数、融资现金净流为负数

这种情况的企业可以说到了最危险的地步，选择了孤注一掷，经营活动在亏损，但是还在用仅有的现金进行投资，并且还在还债。这种情况的企业是非常危险的，企业选择的投资项目就是最后希望，危机下的放手一搏如果不能带来奇迹，那就只有破产倒闭一条路了。

此外，处于不同发展阶段的企业，现金流量表分析的侧重点也有所不同。

（1）处于开发期的企业，也就是企业的初创阶段，一般来说现金流都不太好，因为这个阶段需要大力投资研发或者市场开发，企业需要大量招聘新员工，同时也意味着投入大量的现金。所以这个阶段的企业重点要分析其筹资情况，如果企业筹资很顺利，成本也不高，企业经营的项目也有良好的市场前景，那么就能够有不错的发展前途。

（2）处于成长期的企业，一般来说现金流会都比较好，因为企业的经营活动处于高速增长期，利润率也非常高。这个阶段的企业只要能够以合理价格借到钱，那就应该大胆融资，因为此时主要的任务就是加大投资，充分享受主营业务高增长的红利，投资活动和筹资活动现金流为负，是这个阶段的正常状况。

（3）处在成熟期的企业，经营活动进入稳定阶段，通常来说现金流会比较平稳，此时应该考虑的是加强内部成本管理，向管理要利润，对外投资方面最好选择和主业相关的上下游重点难点项目，因为只有这些困难环节才有更大的利润增长点，企业在这个阶段最好不要胡乱融资，尽量使用自有资金和利润进行投资，除非有难得的好项目出现。

（4）处于衰退期的企业，经营活动的现金流基本上都是亏损的，此时需要认真分析公司能否成为这个行业仅剩的龙头公司，如果可以的话，那就重点进

行相关投资或者兼并重组，只有成为最后的龙头，才能在这个行业活下去。如果企业做不到，那就应该壮士断腕，果断退出这个行业，主动去和新兴行业或者新兴企业接轨，争取转型重生。企业在这个阶段的关键是寻找到好的投资方向，要么加强主业项目或实现转型，要么彻底转换新行业。这个阶段尤其需要高效的筹资活动，这样才能保证公司的下一步战略实施。

第三节　如何对股票估值

前面两节讲的都是对公司的经营数据进行分析，考察的是公司的经营状况，和公司股价的涨跌关系不是太大。而本节主要讲对股票进行估值，涉及公司各项数据与股价之间进行比较，以便分析出目前的股价是高估还是低估，从而帮助我们判断出价值被严重低估的股票，择机买入待涨获利，或者坚定持有以获得更高收益；反之，股票价值如果被严重高估，就应该及时卖出锁定盈利。

需要特别指出的是，股票的估值是一门艺术而不是科学，因为我们不可能精确地估算出上市公司的内在价值，而只能估算出一个大致区间，而且未来可能引发股票内在价值发生变化的因素太多了，我们必须适时进行调整。

股票估值的方法主要分为相对估值法和绝对估值法，我们在投资者往往会把二者结合起来使用。具体步骤如下：

步骤一：以相对估值法来寻找看起来比较廉价的投资标的；

步骤二：再用绝对估值法来判断这些廉价标的是否值得投资，以及用多高的资金成本进行投资。

二者联合使用，把相对估值和绝对估值的思路结合起来，对股价进行估值，采用"相对"和"绝对"辩证思考，并用量化数据来做定性参考，以辅助我们认知被估值的股票，抓住股票投资中基本面研究的核心！

值得提醒的是，我们需要对股票估值有更深入的认识，但是不要陷入教条主义，要灵活使用两种方法，根据实际投资来调整对策，并且最重要的是掌握估值的思路，而不是钻牛角尖非要得出一个精确的数字，因为估值是一门艺术，所以它只能给出一个量化参考范围而不是某个精准数字。

下面就分别讲解这两种估值方法。

一、相对估值法

相对估值法包括市盈率、市净率、市销率、市现率等指标，每一只个股都可以计算出这些指标，然后与其他对比系进行对比，如果对比发现指标低于对比系相应指标值的平均值，说明该股票价格被低估，股价未来很有希望上涨，指标向对比系的平均值回归。

可以参照的对比系有三种：一是与该公司自身的历史数据进行对比；二是和 A 股市场上同行业股票的数据进行对比判定它相对估值的高低；三是和国际上主要股市中同行业重点企业数据进行对比。

下面，我们用不同指标进行解析。

1. 市盈率

市盈率（英文简称 PE）是一个简洁有效的估值方法，也是市场上最常见的估值方法。计算公式为：市盈率＝股价÷每股收益（或者：市盈率＝总市值÷年度净利润）。按照每股收益数据的选择不同，市盈率又分为静态市盈率、动态市盈率和滚动市盈率。

（1）采用最近一个完整年度的年报数据的每股收益，带入市盈率公式计算，得出的结果就叫静态市盈率。

（2）用一季报、半年报或者三季报的每股收益来简单计算全年的每股收益，最后带入市盈率公式计算得出的结果叫动态市盈率。其中，每股收益＝一季报每股收益×4＝半年报每股收益×2＝三季报每股收益÷3×4。

（3）打破自然年度的限制，选择最近 4 个季度的每股收益相加的和作为每股收益带入市盈率公式计算，最后得出的结果叫滚动市盈率。例如，截至 2022

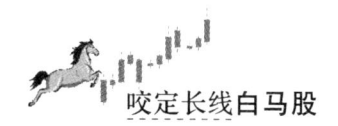

年6月6日，公司已经公布了2022年一季报，那么就应该选择2021年后面3个季度的每股收益之和，再与2022年一季度的每股收益相加，把这个总和作为年度每股收益带入市盈率公式进行计算。

理想状态下，如果公司未来若干年每股收益为恒定值，而且每年赚到的利润都全部进行分红，不考虑红利税的情况下，市盈率的值就代表了投资的钱需要多少年可以收回全部成本。例如，10倍市盈率就代表投资这家公司需要10年可以收回全部投资。不过，实际上保持恒定的收益是不可能的，所以在运用市盈率的时候，未来每股收益可能的变化显得尤为重要，如果公司未来每股收益可以继续增长，那么未来市盈率还会降低，投资价值就会更大。

下面我们以贵州茅台为例计算它的三种市盈率。

```
☆财务分析☆  ◇600519 贵州茅台 更新日期：2022-04-26◇ 港澳资讯 灵通V8.0
☆【港澳资讯】所载文章、数据仅供参考，使用前务请仔细核实，风险自负。☆
★本栏包括【1.财务指标】【2.报表摘要】【3.异动科目】【4.环比分析】★
【1.财务指标】
【主要财务指标】
```

财务指标	2022-03-31	2021-12-31	2020-12-31	2019-12-31	2018-12-31	2017-12-31
审计意见	未经审计	标准无保留意见	标准无保留意见	标准无保留意见	标准无保留意见	标准无保留意见
净利润(元)	172.4497亿	524.6014亿	466.9729亿	412.0647亿	352.0363亿	270.7936亿
净利润增长率(%)	23.5803	12.3409	13.3251	17.0518	30.0017	61.9738
扣非净利润(元)	172.4306亿	525.811亿	470.1642亿	414.0691亿	355.8544亿	272.2408亿
营业总收入(元)	331.8716亿	1094.6428亿	979.9324亿	888.5434亿	771.9938亿	610.6276亿
营业总收入增长率(%)	18.2522	11.7059	10.2853	15.0972	26.4263	52.0673
加权净资产收益率(%)	8.7	29.9	31.41	33.09	34.46	—
资产负债比率(%)	14.482	22.8127	21.4039	22.4899	26.5493	28.6683
净利润现金含量(%)	-39.8728	122.052	110.6468	109.7173	117.5596	81.8078
基本每股收益(元)	13.73	41.76	37.17	32.8	28.02	21.56
每股收益-扣除	—	41.86	37.43	32.96	28.33	21.67
稀释每股收益(元)	13.73	41.76	37.17	32.8	28.02	21.56
每股资本公积金(元)	1.0945	1.0945	1.0945	1.0945	1.0945	1.0945
每股未分配利润(元)	141.667	127.9391	109.5324	92.2564	76.4607	63.6932
每股净资产(元)	164.6102	150.8834	128.4214	108.2714	89.8255	72.8003
每股经营现金流量(元)	-5.4737	50.9702	41.1313	35.99	32.9448	17.635
经营活动现金流量净增长率	-363.1(L)	23.9207	14.2853	9.2433	86.8152	-40.8483

财务指标	2022-03-31	2021-12-31	2021-09-30	2021-06-30	2021-03-31	2020-12-31
审计意见	未经审计	标准无保留意见	未经审计	未经审计	未经审计	标准无保留意见
净利润(元)	172.4497亿	524.6014亿	372.6617亿	246.5399亿	139.5446亿	466.9729亿
净利润增长率(%)	23.5803	12.3409	10.1666	9.0804	6.5733	13.3251
扣非净利润(元)	172.4306亿	525.811亿	373.5703亿	246.4912亿	139.6946亿	470.1642亿
营业总收入(元)	331.8716亿	1094.6428亿	770.5315亿	507.2158亿	280.6474亿	979.9324亿
营业总收入增长率(%)	18.2522	11.7059	10.7485	11.1478	10.9344	10.2853
加权净资产收益率(%)	8.7	29.9	21.68	14.2	8.29	31.41

图2-3-1 贵州茅台财务指标

图2-3-1是某券商通达信软件上贵州茅台的财务指标数据,可以查询到公司2021年的一季报、半年报、三季报以及年报的净利润,还有2022年一季报的净利润数据,我们下面来计算其市盈率。

由于我们有了现成的净利润,可以使用以下公式进行计算:市盈率=总市值÷年度净利润。

由于总市值处在变动之中,我们可以选取2022年一季度波动的平均值进行计算,大致为2.5万亿元,下面进行计算:静态市盈率=总市值÷2021年净利润=2.5万亿元÷524.6014亿元=47.66;动态市盈率=总市值÷(2022年一季度净利润×4)=2.5万亿元÷(172.4497亿元×4)=36.24;滚动市盈率=总市值÷(2021年后三个季度的净利润+2022年一季度净利润)=2.5万亿元÷(524.6014-139.5446+172.4497)=44.84,即用2021年全年的净利润减去2021年一季度的净利润,再加上2022年一季度的净利润,就是滚动最近一年的净利润。

从上面可以看到,动态市盈率最小,静态市盈率和滚动市盈率则相差不大,这是由于动态市盈率只用了1个季度的净利润简单乘以4来计算全年净利润,这样会造成较大的误差,因为公司每个季度的经营情况可能相差很大。

静态市盈率和滚动市盈率都使用了真实的4个季度的净利润数据来计算,所以更准确,市场上一般选择滚动市盈率来进行判断。通常来说,20倍市盈率作为公司是否具备投资价值的分水岭,低于20倍市盈率的公司一般认为具有投资价值,而且市盈率越低,投资价值就越高,高于20倍市盈率的公司则投资价值较低,市盈率越高越不具有投资价值。

需要注意的是,周期性行业的公司不同于别的公司,当公司处在市盈率最高的时候,其正恰好处于周期性低谷,此时公司反而具备投资价值;而其市盈率最低的时候,反而处于周期性高峰,没有投资价值。

2. 市净率

市净率(英文简称PB)是指每股股价与每股净资产的比率,可以衡量上

市公司是否具备投资安全边际。

　　净资产代表全体股东共同享有的权益，也称净值，等于公司总资产减去总负债，包括公司资本金、资本公积金、资本公益金、法定公积金、任意公积金、未分配盈余等项目的合计。净资产是变化的，由公司经营状况决定，公司的经营业绩越好，其资产增值越快，股票净值就越高，因此股东所拥有的权益也越多。市净率越低意味着风险越低，市净率低意味着投资风险小，万一上市公司倒闭，清偿的时候可以收回更多成本。所以，市净率越低越好。市净率计算公式为：市净率＝股价÷每股净资产或者市净率＝总市值÷年度净资产。

　　市净率是一个判断股价极值的方法，可判断股价上升或下降到多少是合理的。比如，对于一个长时期保持有良好净资产收益率的公司，在业务前景不变的情况下，市净率值低于1就属于被明显低估了。如果公司的盈利前景较稳定，没有表现出明显的增长性特征，公司的市净率显著高于行业的平均值，股价高估的可能性就比较大。

　　注意，我们平常说的周期有三个概念：市场的波动周期、股价的变动周期和周期性行业的变动周期。这里的市净率也包括三种：整个市场的总体市净率水平、单一股票的市净率水平和所在行业的市净率变动区间。当然，市净率有效应用的前提是合理评估资产价值。

　　在评估高风险企业，企业资产大量为实物资产的企业时，市净率受到特别重视。考虑到提高负债比率可以扩大公司的总资产，从而可能创造更多的利润，所以在运用市净率估值的时候，需要特别考虑偿债风险。下面，我们以宝钢股份（600019）为例，计算它的市净率。

☆财务分析☆ ◇600019 宝钢股份 更新日期：2022-04-29◇ 港澳资讯 灵通V8.0
☆【港澳资讯】所载文章、数据仅供参考，使用前务请仔细核实，风险自负。☆
★本栏包括【1.财务指标】【2.报表摘要】【3.异动科目】【4.环比分析】★

【1.财务指标】
【主要财务指标】

财务指标	2022-03-31	2021-12-31	2020-12-31	2019-12-31	2018-12-31	2017-12-31
审计意见	未经审计	标准无保留意见	标准无保留意见	标准无保留意见	标准无保留意见	标准无保留意见
净利润(元)	37.32亿	236.32亿	126.95亿	125.6302亿	214.4877亿	191.7034亿
净利润增长率(%)	-30.4098	86.1468	1.0506	-41.4278	11.8852	111.2218
扣非净利润(元)	34.93亿	235.25亿	124.34亿	110.6亿	206.34亿	179.86亿
营业总收入(元)	862.6073亿	3653.4222亿	2822.8131亿	2924.3413亿	3055.0654亿	2894.9779亿
营业总收入增长率(%)	3.8539	29.4249	-3.4718	-4.2789	5.5298	17.4809
加权净资产收益率(%)	1.94	12.36	7.02	7.09	12.68	12.2
资产负债比率(%)	45.6059	44.6052	43.8657	44.4864	43.5533	50.1841
净利润现金含量(%)	238.4512	253.3387	221.7645	263.2625	212.4494	172.544
基本每股收益(元)	0.17	1.07	0.57	0.56	0.96	0.86
每股收益-扣除(元)	-	1.07	0.56	0.5	0.93	0.81
稀释每股收益(元)	0.17	1.07	0.57	0.56	0.96	0.86
每股资本公积金(元)	2.293	2.2915	2.2787	2.2739	2.2306	2.1876
每股未分配利润(元)	3.9474	3.7798	3.4454	3.2586	3.2924	2.8996
每股净资产	8.7456	8.5742	8.2928	7.9989	7.9444	7.3807
每股经营现金流量(元)	0.3996	2.6885	1.2642	1.4848	2.0463	1.4854
经营活动现金净流量增长率(%)	-36.4969	112.6588	-14.8794	-27.4186	37.7616	47.6449

图2-3-2 宝钢股份财务指标

图2-3-2是某券商通达信软件上宝钢股份的财务指标数据，其中可以看到加权净资产收益率及每股净资产等数据，下面我们来计算其市净率。市净率=股价÷每股净资产。

2022年一季度宝钢股份的股价平均大致在7元附近，代入公式后计算如下：市净率=7元÷8.7456元=0.80。

考虑到宝钢股份最近5年的净资产收益率保持在7%~12%的水平，属于市场中流水平，它的市净率低于1倍，这个股价可以算被严重低估了。

3. 市销率

市销率（英文简称PS）越低，说明该公司股票的投资价值越大。收入分析是评估企业经营前景至关重要的一步。没有销售，就不可能有收益。这也是国际上流行的一种估值指标，主要用于创业板、高科技或者网络新兴行业等初期盈利情况不佳的企业。在纳斯达克市场上市的公司不要求一定实现盈利，因

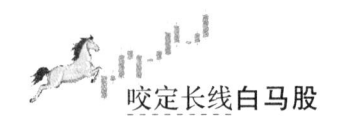

此许多新兴公司都是亏损的，不能用市盈率对股票的价值或风险进行判断，这时候市销率就可以有效对其进行估值了。同时，运用这一指标来选股，可以剔除那些市盈率很低，但主营业务没有核心竞争力，主要依靠非经营性损益而增加利润的股票。因此该项指标既有助于考察公司收益基础的稳定性和可靠性，又能有效把握其收益的质量水平。市销率计算公式为：市销率＝股价÷每股销售额，或市销率＝总市值÷年度销售额。

在基本分析的诸多指标中，市销率是最常用的参考指标之一。可以认为，对于成熟期的企业，通常使用市盈率来估值，而对于尚未盈利的高成长性企业，则使用市销率来估值更加合适。

（1）市销率的优点

一般不会出现负值，对于亏损企业和资不抵债的企业，也可以计算出一个可以参考的估值数据；销售额数据比净利润更稳定、可靠，不容易被操纵；公司销售额的变化对价格政策和企业战略变化敏感，可以反映这种变化的后果。

（2）市销率的缺点

不能反映成本的变化，而成本是影响企业现金流量和价值的重要因素之一；只能用于同行业对比，不同行业的市销率对比没有意义；上市公司关联销售较多，该指标不能剔除关联销售的影响。

市销率主要适用于销售成本率较低的服务类企业，或者销售成本率趋同的传统行业的企业。分母主营业务收入的形成是比较直接的，避免了净利润复杂、曲折的形成过程，同一行业的公司可比性也大幅提高。该项指标最适用于一些毛利率比较稳定的行业，如公用事业、商品零售业。

国外许多奉行价值投资的基金经理选择股票的要求都是市销率小于1的股票，市销率超过10的股票，通常认为风险过大。随着行业的不同，市销率大相径庭，高科技公司或者高增长的公司由于其利润率相对较高，市销率可以达到10左右；而批发零售行业则的市销率通常较低。

利用市销率筛选出目标个股后，不是说这些股票都具有投资价值，最终决定股票是否可以投资，还需要进行综合判断。投资者应该重点考虑目标个股未来发展空间的大小，如公司主营业务竞争力有多大，毛利润是否足够高；公司是否具备核心竞争力，能否建立护城河；公司最近几年主营业务收入是否稳定增长；等等。下面我们来看科创板公司神州细胞（688520）的市销率。

```
☆财务分析☆ ◇688520 神州细胞 更新日期：2022-04-27◇ 港澳资讯 灵通V8.0
☆【港澳资讯】所载文章、数据仅供参考，使用前务请仔细核实，风险自负。☆
★本栏包括【1.财务指标】【2.报表摘要】【3.异动科目】【4.环比分析】★

【1.财务指标】
【主要财务指标】
```

财务指标	2022-03-31	2021-12-31	2020-12-31	2019-12-31	2018-12-31	2017-12-31
审计意见	未经审计	标准无保留意见	标准无保留意见	标准无保留意见	标准无保留意见	标准无保留意见
净利润(元)	-1.4331亿	-8.6685亿	-7.125亿	-7.9472亿	-4.5326亿	-1.4128亿
净利润增长率(%)	25.6(L)	-21.7(L)	10.3(L)	-75.3(L)	-220.8(L)	-1063.5(L)
扣非净利润(元)	-1.1374亿	-8.8621亿	-7.6791亿	-6.6015亿	-3.2055亿	-2.0557亿
营业总收入(元)	1.558亿	1.3439亿	32.8165万	263.8317万	294.5672万	599.273万
营业总收入增长率(%)	-	40852.8088	-87.5616	-10.4341	-50.8459	-93.8928
加权净资产收益率(%)	-	-475.87	-227.33	-433.71	-681	-156
资产负债比率(%)	121.1271	116.8215	64.6312	95.6936	104.4171	65.5318
净利润现金含量(%)	66.5366	99.5355	75.4248	61.0411	19.4192	66.0241
基本每股收益(元)	-0.33	-1.99	-1.74	-2.09	-	-
每股收益-扣除(元)	-	-2.04	-1.87	-1.74	-	-
稀释每股收益(元)	-0.33	-1.99	-1.74	-2.09	-	-
每股资本公积金(元)	5.4174	5.3972	5.2835	2.8107	11.266	5.4212
每股未分配利润(元)	-7.2467	-6.9175	-4.9263	-3.7165	-12.83	-2.3637
每股净资产	-0.8293	-0.5203	1.3572	0.0942	-0.5177	4.1044
每股经营现金流量(元)	-0.219	-1.982	-1.2345	-1.2589	-2.0374	-2.1822
经营活动现金流量净增长率(%)	40.9(L)	-60.6(L)	-10.8(L)	-451.1(L)	5.6(L)	-131.6(L)

图 2-3-3 神州细胞的财务指标

图 2-3-3 是某券商通达信软件上神州细胞的财务指标数据，可以看到，该公司最近几年净利润都是负数，那么市盈率也是负数，已经没有计算的必要了，最近一年每股净资产也成了负数，因此市净率也会是负数，也没有计算的必要。

神州细胞是一家创新型生物制药研发公司，专注于恶性肿瘤、自身免疫性疾病、感染性疾病和遗传病等多个治疗和预防领域的生物药产品研发和产业化。公司所在的医药行业赛道具有高门槛、高风险、大投入和长周期特点，又有着持续发展空间大、长期盈利回报高的长坡厚雪特质。该公司多年坚持研发

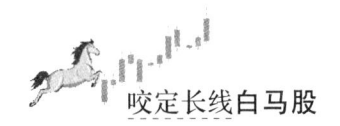

为王，通过查询报表可以得知，公司研发人员占员工总数一半左右，仅2021年一年研发投入就达到7.32亿元，因此公司历年的亏损主要用于研发支出，公司一开始就确立了开创国内国际领先的创新药研发路线，并且已经开始推出国内独有的产品"安佳因"。对这样的公司，用市盈率或者市净率来看都没有任何投资价值，但投资者必须清楚，这样的公司在初期建立自己的核心技术能力时，出现亏损是完全正常的，这样的公司使用市销率来进行估值更为科学。

该公司的营业总收入都是正数，而且2021年年报和2022年一季报的营业总收入还出现了大幅增长，用公式进行计算如下：市销率＝总市值÷年度销售额。

该股2022年一季度平均股价为50元，总股本为4.35亿股，年度销售额就是2021年营业总收入，或者2022年一季度营业总收入的4倍，因此可以计算如下：静态市销率＝50元×4.35亿股÷1.3439亿元＝161.84；动态市销率＝50元×4.35亿股÷（1.558亿元×4）＝34.90。

可以看到，静态市销率达到了161.84，这是一个极高的数据，通常来说代表了股价估值太高，但是考虑到公司处于发展初期，2021年度营业总收入才1亿元出头，未来还有巨大的发展空间。

再看动态市销率，也就是用2022年一季度的营业总收入简单乘以4，计算2022年全年的营业总收入，这样公司的营业总收入就出现了爆发式的增长，这样计算的市销率只有34.90，出现了大幅下降，但是这个数据还是很高。

因此，该股是否具备投资价值，关键就看公司未来的营业总收入能否继续保持高速增长，关心这家公司的投资者可以持续关注公司的新药研发能否取得成功，因为公司目前只有一款新药上市销售，所以公司利润还不能够覆盖研发支出，未来如果公司更多的创新药研发成功，那么公司的发展就会进入快车道，利润很容易会变负为正。如果股价能够进一步降低，公司未来研发能够取得进展，那么最佳投资机会就会出现了。

4. 市现率

市现率（英文简称 PCF）是股票价格与每股现金流量的比率，主要用于评价股票的价格水平和风险水平。市现率越小，表明上市公司的每股现金增加额越多，经营压力越小，公司的投资价值也就越大。对于参与资本运作的投资机构，市现率还意味着其运作资本的增加效率。不过，在对上市公司的经营成果进行分析时，每股的经营现金流量数据更具参考价值。在计算市现率的时候，我们关注的是公司经营、成长和生存能力，采用经营活动现金流即可。市现率计算公式为：市现率＝股价÷每股现金流或市现率＝总市值÷年度现金流。

市盈率和市现率分别以每股收益和每股现金流量作为评估企业价值的基础，都是从盈利的角度为企业估值。在企业的经营活动中，管理者有可能通过虚构合同、放松回款政策等手段，虚假抬高企业利润和每股收益，让企业的市盈率看起来更低。但是虚假合同、未回款收入增加的只是账面利润，并不能给企业带来真金白银的现金流收入。虚假的每股收益反而推动股价上涨，如果现金流没有同步提升，会让市现率呈现过高的状态。

也就是说，当每股收益高于每股现金流量的时候，意味着账面利润高于实际收到的利润，我们需要进一步判断企业盈利的质量。普通投资者很难获取有效信息判断企业是否有虚构合同的行为，但是我们可以通过应收账款和存货数据判断企业的盈利质量。

总之，当一家公司长时间出现每股现金流恶化甚至低于每股收益的时候，其结果就是公司现金流吃紧，偿债能力下降；投资此类公司将面临巨大的风险。反之，如果一家公司的每股现金流量很高，意味着公司回款率和信用度都很高，产品竞争力强，经营发展潜力也很大。

需要注意的是，不同行业的公司市现率相差很大，不能简单比较。从投资者角度来说，市现率可以看作资本的增值效率；市现率越高，说明投资者对这个行业的估值更高，同等收入增长会带来的更多的资产增值。

同行业中市现率越小，意味着股票的价值被低估。但是抛开每股现金流量

绝对值片面追求低市现率也是很危险的。对于一个并非初创期的公司来说，每股现金流量绝对值长期处于低位甚至为负，说明其主营业务面临巨大的困难。但是，低股价完全能够粉饰出一个还不错的市现率。如果我们能结合市销率、市盈率等其他指标一起评估这个公司，就很容易避免被误导。下面我们来看著名电器公司格力电器（000651）的市现率。

☆财务分析☆ ◇000651 格力电器 更新日期: 2022-04-30◇ 港澳资讯 灵通V8.0
☆【港澳资讯】所载文章、数据仅供参考，使用前务请仔细核实，风险自负。☆
★本栏包括【1.财务指标】【2.报表摘要】【3.异动科目】【4.环比分析】★

【1.财务指标】
【主要财务指标】

财务指标	2022-03-31	2021-12-31	2020-12-31	2019-12-31	2018-12-31	2017-12-31
审计意见	未经审计	标准无保留意见	标准无保留意见	标准无保留意见	标准无保留意见	标准无保留意见
净利润(元)	40.0332亿	230.6373亿	221.7511亿	246.9664亿	262.0279亿	224.0048亿
净利润增长率(%)	16.2774	4.0073	-10.21	-5.748	16.9742	44.8592
扣非净利润(元)	37.7475亿	218.5005亿	202.8582亿	241.7151亿	255.8087亿	211.7018亿
营业总收入(元)	355.3463亿	1896.5403亿	1704.9742亿	2005.0833亿	2000.24亿	1500.1955亿
营业总收入增长率(%)	6.0209	11.2357	-14.9674	0.2421	33.332	36.2413
加权净资产收益率(%)	3.83	21.34	18.88	25.72	33.36	37.44
资产负债比率(%)	69.7359	66.2309	58.14	60.4033	63.0963	68.903
净利润现金含量(%)	84.7861	8.2136	86.7578	112.9454	102.8165	72.9363
基本每股收益(元)	0.68	4.04	3.71	4.11	4.36	3.72
每股收益-扣除(元)	-	3.82	3.39	4.02	4.25	3.52
稀释每股收益(元)	0.68	4.04	3.71	4.11	4.36	3.72
每股资本公积金(元)	0.0369	0.0213	0.0203	0.0155	0.0155	0.0208
每股未分配利润(元)	17.1825	17.4953	17.0954	15.5916	13.6209	9.2655
每股净资产(元)	16.4572	17.5251	19.1482	18.3109	15.1814	10.9072
每股经营现金流量(元)	0.5739	0.3203	3.1981	4.6368	4.4784	2.7159
经营活动现金净流量增长率(%)	179.6(P)	-90.1533	-31.0288	3.5371	64.8957	9.9471

图2-3-4 格力电器财务指标

图2-3-4是某券商通达信软件上格力电器的财务指标数据。可以看到，基本每股收益（元）这一栏的数据就是用来计算市盈率的，下面还有一栏叫作：每股经营现金流量（元），这就是现金流数据，把它代入以下公式可以计算市现率：市现率=股价÷每股现金流。

格力电器在2022年一季度的股价平均为35元，因此可以计算静态市盈率和静态市现率如下：静态市盈率=股价÷每股收益=35元÷4.04元=8.66；静态市现率=股价÷每股现金流=35元÷0.3203元=109.27。

可以看到格力电器的静态市盈率为 8.66 倍，是一个极具投资价值的数字，但是静态市现率却达到了 109.27 倍，和市盈率相差太大，这就很不正常了。为什么会出现这种情况呢？主要就是该公司 2021 年度年报的每股收益达到 4.04 元，但是收到的现金流收入却只有每股 0.3203 元，说明公司的利润看起来很高，却没有收到钱，也就是说得到的大部分都是欠账，未来这些欠账能否收回存在很大不确定性，所以需要特别注意。

我们再来看看格力电器前面几年的数据，可以看到 2017 年基本每股收益为 3.72 元，每股经营现金流量为 2.7159 元，差别不是很大，但是还有超过每股 1 元钱的利润没有收到现金。2018 年基本每股收益为 4.36 元，每股经营现金流量为 4.4784 元，这一年的现金收入甚至大于了账面利润，说明这一年收回了前一年没有收到的部分欠款。2019 年基本每股收益为 4.11 元，每股经营现金流量为 4.6368 元，这一年也是现金收入大于账面利润，很好。2020 年基本每股收益为 3.71 元，每股经营现金流量为 3.1981 元，这样又有每股 0.5 元以上的利润没有收回现金。

可以发现从 2017 年到 2020 年的 4 年，公司基本每股收益和每股经营现金流量相差并不是很大，而且其中 2 年基本每股收益大于每股经营现金流量，但是还有 2 年则反过来了，说明这几年公司账面实现的利润基本兑现。但是 2021 年度的每股经营现金流量 0.3203 元和基本每股收益 4.04 元相差太大，这说明公司的经营遇到了很大问题，绝大部分利润都收不回现金。

这种现象是对一家公司来说，不是好事。一旦欠款长时间收不回来，公司现金流跟不上，资金链就可能断裂。当然，对于格力电器这一家全球排名前列的家电巨头来说，一年的现金流异常还不足以造成太大的问题，相信该公司完全可以克服短期的困难，但是我们需要跟进关注公司后续的情况，如果 2022 年情况能够得到改观，那就是一个好的投资机会，否则公司的发展可能陷入困境。

5. PEG 估值法

PEG 估值法（市盈率相对盈利增长比率）是用公司的市盈率除以公司的盈利增长速度。PEG 指标是在市盈率估值的基础上发展起来的，它弥补了市盈率对企业动态成长性估计的不足。PEG 估值法计算公式：PEG = 市盈率 ÷（企业年盈利增长率×100）。

这是投资大师彼得·林奇最爱用的一种估值方法。市盈率只是反映了一只股票当前的价值，PEG 则把股票当前的价值和该股未来的成长联系了起来。比如，一只股票当前的市盈率为 20 倍，其未来 5 年的预期每股收益复合增长率为 20%，那么这只股票的 PEG 就是 1。

当 PEG 等于 1 时，表明市场赋予这只股票的估值已经充分反映了其未来业绩的成长，估值非常合理。如果 PEG 大于 1，则代表这只股票的价值被高估了，或市场普遍认为这家公司的业绩成长性会高于原来的预期。通常那些成长型股票的 PEG 都会高于 1 甚至在 2 以上，投资者愿意给予其高估值，表明这家公司未来很有可能会保持业绩的快速增长，这样的股票就容易有超出想象的市盈率估值。

当 PEG 小于 1 时，要么是市场低估了这只股票的价值，要么是市场认为其业绩成长性可能比预期的要差。通常价值型股票的 PEG 都会低于 1，以反映低业绩增长的预期。投资者需要注意的是，像其他财务指标一样，PEG 也不能单独使用，必须要和其他指标结合起来，这里最关键的还是对公司业绩的预期。

由于 PEG 需要对未来的业绩增长情况作出判断，因此大大提高了准确判断的难度。实际运用的时候，一般我们会参考公司过去数年业绩的增长率，以此为基础再来预测公司未来业绩可能的增长率。所以，我们计算出的结果会是一个预测值，这时候就需要随时关注公司业绩的变化，来修正我们的预测。

此外，投资者还需要参考公司所在行业板块的整体 PEG 值，来判断它是高估还是低估。例如，某公司的 PEG 为 1.2，而同行业成长性类似的公司股票的 PEG 平均都在 1.5 以上，那么即使该公司的 PEG 已经高于 1，但比起同行业的对手来说仍然被低估了。下面我们来看一只典型的成长性股票中芯国际（688981）的 PEG 值。

```
☆财务分析☆ ◇688981 中芯国际 更新日期：2022-04-19◇ 港澳资讯 灵通V8.0
☆【港澳资讯】所载文章、数据仅供参考，使用前务请仔细核实，风险自负。☆
★本栏包括【1.财务指标】【2.报表摘要】【3.异动科目】【4.环比分析】★
【1.财务指标】
【主要财务指标】
```

财务指标	2021-12-31	2020-12-31	2019-12-31	2018-12-31	2017-12-31
审计意见	标准无保留意见	标准无保留意见	标准无保留意见	标准无保留意见	标准无保留意见
净利润(元)	107.331亿	43.3227亿	17.9376亿	7.4728亿	12.4499亿
净利润增长率(%)	147.7477	141.5184	140.0396	-39.9772	-
扣非净利润(元)	53.2542亿	16.969亿	-5.221亿	-6.1685亿	2.7328亿
营业总收入(元)	356.3063亿	274.7071亿	220.1788亿	230.1671亿	213.8982亿
营业总收入增长率(%)	29.7041	24.7654	-4.3396	7.6059	-
加权净资产收益率(%)	10.3	6.5	4.3	1.99	4.26
资产负债比率(%)	29.5556	30.7748	37.9369	38.1831	43.5778
净利润现金含量(%)	194.2123	304.0967	453.7939	697.1845	624.0268
基本每股收益(元)	1.36	0.67	0.34	0.14	0.27
每股收益-扣除(元)	0.67	0.26	-0.12	-0.13	0.06
稀释每股收益(元)	1.35	0.64	0.33	0.14	0.27
每股资本公积金	12.3814	12.231	6.8604	6.8046	6.5962
每股未分配利润(元)	2.3779	1.0464	0.7483	0.4148	0.2542
每股净资产(元)	13.8159	12.6101	7.8771	8.17	6.97
每股经营现金流量(元)	2.6373	1.7102	1.6097	1.0303	1.5363
经营活动现金净流量增长率(%)	58.2248	61.8465	56.2406	-32.9404	-

图 2-3-5 中芯国际财务指标

图 2-3-5 是某券商通达信软件上面中芯国际的财务指标数据。其中，净利润增长率（%）除了 2018 年该数据为负数外，2019 年、2020 年、2021 年这 3 年的数据都在 140% 以上，我们预测未来几年中芯国际的净利润仍然能够保持这样的增长速度，则可以用来计算 PEG。下面的基本每股收益（元），这一栏的数据是用来计算市盈率的，中芯国际的股价 2022 年一季度平均在 45 元左右，把它代入以下公式：PEG = 市盈率 ÷（净利润增长率 × 100）；PEG = 45 元 ÷ 1.36 ÷（140% × 100）= 33.09 ÷ 140 = 0.24。

可以看到，中芯国际的静态市盈率大概是 33 倍，这个数据显得较高，投资价值不大，但是如果用它的市盈率除以业绩增长率，那么 PEG 值只有 0.24，那就非常具有投资价值了。

退一步说，就算中芯国际未来无法一直保持140%的业绩增长率，但是只要能够保持33%以上的净利润增长率，那么它的PEG值就会小于1，在国际形势复杂的当下，国家大力扶持芯片行业，根据公开的新闻，该公司未来2年的订单已经排满，要实现33%的净利润增长率也不是难事，所以这样计算公司是具备较强的投资价值的。

二、绝对估值法

上市公司的绝对估值法主要采用的是现金流贴现定价模型。该模型是通过对上市公司历史及当前的现金流进行计算，然后估算出未来每年的自由现金流，按某贴现率逐步折现，最后把所有年份现金流折现值加总，就得到了该企业的内在价值。

现金流贴现法适用于产品变化小，需求偏好稳定，具有持续竞争优势，未来自由现金流可以预测的企业，主要作为一种选择企业原则和大致估算方法。

值得注意的是，此方法不适合初创业或科技企业，因为这类企业未来的发展变化太大，不确定性因素较多，很难准确地预测其自由现金流。现金流贴现定价模型的公式为：

$$P = \sum_{t=1}^{n} \frac{CF_t}{(1+r)^t}$$

公式中P代表公司的评估值；n代表公司的预期寿命；CF_t代表企业在t时刻产生的现金流；r代表预期现金流的折现率。

要理解现金流贴现法，我们首先要明白两个概念：自由现金流和贴现率。

一家公司的自由现金流，可以简单理解为，扣除公司正常经营所必需的所有开支以后可以自由支配的钱。如果把公司理解为一个人，自由现金流就是我们每个人的储蓄，我们每年的税后收入扣除房贷、车贷、各项生活费用等各种开销之后，剩下的这个部分就是自由现金流。所以一家公司未来自由现金流的总和，就相当于一个人未来储蓄的总和。

巴菲特称其为"股东盈余",就是说一家公司未来可以为股东赚到的所有钱。但是这里有个问题,未来的钱需要时间到了才能一笔一笔兑现,而且还存在不确定的风险,未来这些钱能不能按时兑现还是个未知数。所以,我们在对企业进行估值的时候,就需要给未来的现金流打一个折扣,这个折扣率就叫贴现率。其中,那些不确定性大的现金流,折扣就打大一点,反之折扣就打小一点。最后,我们把未来每一年经过折现后的这些现金流加起来,就可以估计公司现在有多少现金流,这就是现金流贴现法的公司估值。

目前,现金流贴现法已经成为证券市场上价值投资的必备手段,几乎所有崇尚价值投资的人都相信这种方法。

实战中,我们要灵活运用现金流贴现法。首先,需要确定一家公司的现金流增长率,一般要有两个时间区间的现金流平均增长率,一个是未来10年的现金流平均增长率,一个是10年之后的现金流平均增长率。未来10年的现金流平均增长率可以是一个较高的水平,10年之后就降低为一个较低水平的永续增长率。确定现金流增长率以后,还要确定贴现率,通常来说,贴现率可以选择当时的长期国债利率,目前我国10年期国债利率大概在2.85%左右。

确定了增长率、贴现率,以后的工作就比较简单了。可以直接用一家公司2021年的自由现金流为起点,按照未来10年的增长率,预估出未来10年每一年的自由现金流。然后,再用2.85%的贴现率,算出这些钱折算到现在的价格。接着按照10年后的增长率用一个永续现金流的公式,就可以算出这家公司在第11年以后的现金流。这个算术并不复杂,用一个简单的Excel表就可以算出来。

我们要给一家公司估值,增长率方面不妨参考它前几年的平均增长率,然后给出一个相对保守的估计。贴现率则可以看一看整个市场的平均回报率,然后以平均回报率作为贴现率的参考值。例如,一家公司前几年的平均增长率在30%左右,我们可以保守一点估计,确定未来10年它的增长率为20%,10年后的增长率为5%,贴现率为3%,然后就可以计算它的理论价值了。如果我们

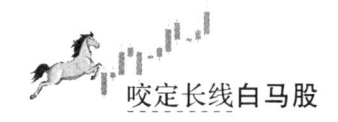

计算得出的理论价值明显大于目前该公司的总市值，那么就代表这家公司的股价被严重低估了，可以大胆买入它的股票；反之，如果理论价值远低于目前的总市值，就说明股价严重高估了，应该卖出股票。

这个方法不仅仅为股票，也可以为几乎所有的资产提供了一个估算内在价值的简单框架，包括人力资本。比如说我们去银行贷款的时候，银行会按照你现在的收入、年龄，计算你未来的现金流，然后再确定你的偿债能力，其实这也是变相使用现金流贴现法。正是由于极度简单实用，这个方法就受到了很多人的追捧，使得股票的估值也变得有章可循，这就让我们的投资变成了一个价值发现的游戏。

当然，现金流贴现定价模型也有其局限性，那就是我们永远不可能准确预估公司未来盈利的波动，也就无法准确预测未来的现金流增长率和贴现率。而一旦代入的现金流增长率和贴现率有一点小偏差，其计算结果将差之千里。

市场上的大型证券公司经常会发表包含公司未来增长率的业绩预测报告，如果我们留意一下很快就会发现，各家预测公司对同一家上市公司预测的结果大相径庭，10家预测公司可能有10个不同的预测结果，而且往往没有1家公司预测结果的精准的，仅仅是预测下个季度或者下个年度业绩表现，其数据差别都可能在50%左右。而现金流贴现定价模型要求我们预测一家公司未来10年的业绩增长率，更何况除了搞清楚这家公司每年的业绩表现之外，还要知道它每年的经营现金流，预测准确几乎是不可能的。

所以，我们通过现金流贴现定价模型进行计算得到的公司评估值只能是一个大概的估计值，不能太过于迷信这个结果，还需要结合公司以及其所在行业的发展前景进行综合评估，再对其投资价值进行判断。

自由现金流是一个非常好的财务指标，在分析公司时我们要充分利用这个数据，因为在财务上最难做假的就是自由现金流数据。自由现金流体现的是公司收到的现金，公司账户上面是否收到了这些钱只要检查一下就一目了然，上市公司的报表每年都要经过专业的财务审计机构进行审计，现在这个数据的造假难度越来越大，监管也越来越严格，上市公司造假的风险也比较大。此外，就算个别公司在财务报表上冒着风险耍花招，但是一旦涉及自由现金流，就原形毕露了。

第三章
白马股的主力思维

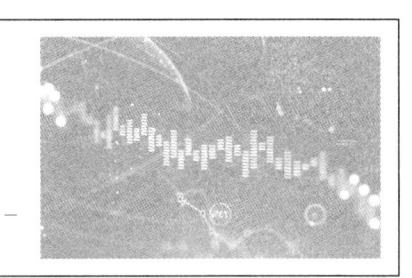

从实战来看,长线白马股是各方追逐的目标,通常有相应的主力资金潜伏其中,了解和分析主力运作白马股的思路,对投资者而言,可以起到事半功倍的作用。

第一节　机构抱团取暖

与中短线个股不同,长线白马股的主力资金全都是集体扎堆买入,也就是俗称的"抱团取暖"。究其原因:一是由于监管层对大资金的监管越来越严,过于明显的坐庄行为在市场中不被允许;二是长线白马股的基本面往往非常优秀,看好的市场主体众多,不少基金等机构投资者会纷纷配置部分仓位;三是长线白马股的运作周期很长,需要长期持股不动,非常适合基金、社保、保险等长线投资者。所以,在 A 股市场上,目前已经形成了一股长线价值投资的潮流,以公募基金、社保基金为首的机构投资者把这一理论奉为圭臬,矢志不渝地践行着价值投资的理念。

基于长线白马股有着以上几大鲜明特征,我们在投资选股的时候,就可以首先观察公募基金、社保基金等专业机构投资者对目标个股的态度。那些被众多公募基金、社保基金等机构投资者大举买入的个股,才是我们优先选择的目标。另外,如果最近一段时间机构投资者还在继续增持目标股的话,就更好了。

一、贵州茅台(600519)的股东变化

下面我们来看一只典型的长线白马股——贵州茅台的股东变化情况,并根据各种变化,做出相应的投资选择。

☆股东研究☆ ◇600519 贵州茅台 更新日期:2022-03-31◇ 港澳资讯 灵通V8.0
★本栏包括【1.控股股东与实际控制人】【2.股东增减持计划】【3.股东持股变动】【4.股东变化】★
★年报季报披露进行时,聪明资金、实力机构、私募牛散相比上季报
★新进增持哪些股票?请到港澳F10网站 www.gaf10.com 查一查!

【1.控股股东与实际控制人】

控股股东	中国贵州茅台酒厂(集团)有限责任公司(54.00%)
实际控制人	贵州省国有资产监督管理委员会(控股比例(上市公司):54.00%)

【2.股东增减持计划】
暂无数据

【3.股东持股变动】
暂无数据

【4.股东变化】
截至日期:2021-12-31 十大流通股东情况 A股户数:15.3535万 户均流通股:8182
累计持有:8.9369亿股,累计占流通股比例:71.14%,较上期变化:48.37万股↑

股东名称 (单位:股)	持股数	占流通股比(%)	股东性质	增减情况
中国贵州茅台酒厂(集团)有限责任公司	6.7829亿	54.00 A股	其他	未变
香港中央结算有限公司	8968.1844万	7.14 A股	其他	↑106.4639万
贵州省国有资本运营有限责任公司	5699.6777万	4.54 A股	其他	未变
贵州茅台酒厂集团技术开发公司	2781.2088万	2.21 A股	其他	未变
中央汇金资产管理有限公司	1039.7104万	0.83 A股	其他	↓-39.0196万
中国证券金融股份有限公司	803.9447万	0.64 A股	其他	未变
深圳市金汇荣盛财富管理有限公司-金汇荣盛三号私募证券投资基金	592.935万	0.47 A股	基金	↑31.13万
中国银行股份有限公司-招商中证白酒指数分级证券投资基金	583.8354万	0.46 A股	基金	↓-162.1607万
珠海市瑞丰汇邦资产管理有限公司-瑞丰汇邦三号私募证券投资基金	536.6717万	0.43 A股	其他	↑26.3万
中国工商银行-上证50交易型开放式指数证券投资基金	533.5765万	0.42 A股	基金	↑85.6599万

图3-1-1 贵州茅台的股东变化

图 3-1-1 是某券商通达信软件上贵州茅台的股东数据。具体来说，这是 2021 年年报的数据，我们主要从三个方面分析这个数据：第一，有没有一个稳定、负责任的控股股东；第二，控股股东有没有增持或者减持股份；第三，前十大流通股东之中是不是以机构投资者为主。

从图中可以看到，贵州茅台的第一大股东非常稳定，是贵州省国资委控股的贵州茅台酒厂（集团）有限责任公司，持股比例高达 54%，同时没有增持或者减持的行为和计划，说明该公司完全满足拥有一个稳定的、负责任的大股东这一条，并且大股东没有减持股份，也说明对公司一如既往保持信心。

接下来，我们主要分析前十大流通股东的情况。第二大流通股东香港中央结算有限公司，是代表通过沪港通和深港通渠道买入 A 股的所有投资者统一持股，也就是俗称的"北上资金"，代表外资机构为主的投资者，其能排名第二位，说明外资机构非常看好贵州茅台这家公司。第三大和第四大流通股东是贵州省国有资本运营有限责任公司和茅台酒厂相关方，可以看作控股股东的一致行动人。第五大流通股东中央汇金资产管理有限责任公司来头很大，是一家专门投资控股的央企，说明随着贵州茅台的发展壮大，央企也需要配置其股份。第六大流通股东中国证券金融股份有限公司也是一家央企，主要为证券公司提供融资融券的资金和股份，所以其买入贵州茅台的股份应该是为了给券商提供融券卖空的股票。排名第七大、第八大、第九大、第十大流通股东的都是基金，其中有两家私募基金和两家公募基金，看起来平分秋色。事实上，因为贵州茅台吸引了众多的机构投资者，还有很多机构在前十大流通股东中看不到他们的身影，要分析机构投资者的全貌，我们还需要看下一个栏目——主力追踪。

第三章 白马股的主力思维

☆主力追踪☆ ◇600519 贵州茅台 更新日期：2022-04-01◇ 港澳资讯 灵通V8.0
★本栏包括【1.机构持股汇总】【2.股东户数变化】【3.北向资金持股明细】【4.机构持股明细】★

【1.机构持股汇总】

报告日期	2021-12-31	2021-09-30	2021-06-30	2021-03-31	2020-12-31	2020-09-30
机构数量（家）	2253	1524	2247	1786	2163	1455
累计持有（股）	9.8193亿	9.769亿	9.9084亿	9.8043亿	9.8885亿	9.8971亿
较上期变化（股）	503.4548万	-1394.5473万	1041.0615万	-841.7273万	-85.705万	-1953.6557万
累计持仓比例	78.17%	77.77%	78.88%	78.05%	78.72%	78.79%
基金持股（股）	9941.7408万	9563.1603万	9942.9738万	8903.8987万	8766.5329万	6735.0617万
基金持仓比例	7.91%	7.61%	7.92%	7.09%	6.98%	5.36%

注：以上数据取自基金持股和公司十大流通股东，季度数据未包含基金持股明细最近一期数据可能因为基金投资组合或公司定期报告未披露完毕，导致汇总数据不够完整。

图3-1-2 贵州茅台主力追踪1

图3-1-2是某券商通达信软件上贵州茅台的主力追踪栏目数据，可以看到本栏包括机构持股汇总、股东户数变化、北向资金持股明细、机构持股明细。

上图是第一部分——机构持股汇总，从图中可以看到报告的最新统计日期，也就是截至2021年12月31日，该公司股东中共有机构投资者2253家，累计持股占总股份的78.17%，这是包括前十大流通股东在内的数据。

下面我们再看基金持股的情况，最后两栏显示了基金持股9941.7408万股，基金持股比例7.91%，基金持股比例看起来好像并不高，但是我们在图3-1-1中看到了前面六大流通股东持股比例经计算累计已经达到了69.36%，也就是说剩下的股份还有30.64%，其中基金持股达到了7.91%，已经占到了除去前六大流通股东之后剩余股份的25.82%，这个比例已经非常高了。下面我们再看主力追踪栏目的第二部分。

【2.股东户数变化】

截止日期	股东户数(户)	变动户数(户)	变动幅度(%)	股价(元)	户均流通股(股)	较上期变化(%)
2022-02-28	16.2591万	9056	5.90	1790.40	7726.0000	-5.56
2021-12-31	15.3535万	-2.17万	-12.40	2050.00	8181.0000	14.15
2021-09-30	17.5267万	2.9万	19.80	1830.00	7167.0000	-16.53
2021-06-30	14.6298万	9762	7.15	2056.70	8586.0000	-6.67
2021-03-31	13.6536万	1.29万	10.42	2009.00	9200.0000	-9.44
2021-02-28	12.3651万	1.5万	13.79	2122.78	1.0159万	-12.12
2020-12-31	10.8662万	-5605	-4.91	1998.00	1.1560万	5.16
2020-09-30	11.4267万	1.55万	15.75	1668.50	1.0993万	-13.61
2020-06-30	9.87万	-2134	-2.12	1462.88	1.2725万	2.17
2020-03-31	10.0851万	4104	4.24	1111.00	1.2455万	-4.07
2019-12-31	9.6747万	7685	8.63	1183.00	1.2984万	-7.94
2019-09-30	8.9062万	1062	1.21	1150.00	1.4104万	-1.19
2019-06-30	8.8000万	7406	9.19	984.00	1.4274万	-8.42
2019-03-31	8.0594万	-5065	-5.91	853.99	1.5586万	6.28
2019-02-28	8.5659万	-2.2万	-20.43	755.01	1.4665万	25.69
2018-12-31	10.7654万	1.87万	21.05	590.01	1.1668万	-17.39
2018-09-30	8.8932万	913	1.04	730.00	1.4125万	-1.02
2018-06-30	8.8019万	-1.14万	-11.48	731.46	1.4271万	12.96
2018-03-31	9.9429万	4521	4.76	683.62	1.2634万	-4.54
2018-02-28	9.4908万	9924	11.68	725.62	1.3235万	-10.46
2017-12-31	8.4984万	2.1万	32.83	697.49	1.4781万	-24.72
2017-09-30	6.3980万	-1.67万	-20.69	517.64	1.9634万	26.09
2017-06-30	8.0670万	1.26万	18.57	471.85	1.5572万	-15.66
2017-03-31	6.8033万	1.6万	30.71	386.36	1.8464万	-23.50
2016-12-31	5.2048万	-1389	-2.60	334.15	2.4135万	2.67
2016-09-30	5.3437万	1.12万	26.65	297.91	2.3508万	-21.04
2016-06-30	4.2194万	2438	6.13	291.92	2.9771万	-5.78
2016-03-31	3.9756万	-153	-0.38	247.64	3.1597万	0.38
2015-12-31	3.9909万	-6960	-14.85	218.19	3.1476万	17.44
2015-09-30	4.6869万	-	-	190.31	2.6802万	-

图3-1-3 贵州茅台主力追踪2

图3-1-3是某券商通达信软件上面贵州茅台的主力追踪栏目的第二部分——股东户数变化，可以看到图中统计了最近7年以来，每个报告期末贵州茅台的股东户数、户数变化数量、比例等。我们可以直观地看出投资该股的投资者数量以及变化趋势。

总体来说，股东户数减少代表机构大买入，散户退出，股东户数减少到阶段性低位，一般会对应股价的阶段性底部；反之，股东户数增加，则代表机构减持，散户买入，股东户数增加到阶段性高位，则代表股价涨到了高位，接下来可能会出现调整。当然，股东户数和股价之间并不是完美的一一对应关系，但是我们分析一家公司的股东户数及其变化趋势，对判断其股价的位置和趋势有着非常重要的作用。下面我们再看主力追踪栏目的第三部分。

【3.北向资金持股明细】

截止日期	持股数(股)	占总股本比例(%)	变动股数(股)	变动幅度(%)	股价(元)	成交量(股)
2022-03-31	8205.9392万	6.53	38.0662万	0.47	1719.00	251.7386万
2022-03-30	8167.8730万	6.50	53.5590万	0.66	1730.10	424.3343万
2022-03-29	8114.3140万	6.45	7.5688万	0.09	1667.00	259.3498万
2022-03-28	8106.7452万	6.45	-23.3564万	-0.29	1660.80	575.4164万
2022-03-25	8130.1016万	6.47	-36.9758万	-0.45	1690.00	297.0866万
2022-03-24	8167.0774万	6.50	-6.1866万	-0.08	1720.93	258.1532万
2022-03-23	8173.2640万	6.50	-73.4289万	-0.89	1752.19	580.6739万
2022-03-22	8246.6929万	6.56	-6.9125万	-0.08	1695.00	210.5404万
2022-03-21	8253.6054万	6.57	-19.1164万	-0.23	1704.30	278.7716万
2022-03-18	8272.7218万	6.58	-426.0360万	-4.90	1707.79	383.4868万
2022-02-28	8698.7578万	6.92	-168.2752万	-1.90	1790.40	289.2303万
2022-01-28	8867.0330万	7.05	-104.4831万	-1.16	1887.00	410.2011万
2021-12-30	8971.5161万	7.14	163.9313万	1.86	2075.00	352.6136万
2021-11-30	8807.5848万	7.01	12.1722万	0.14	1930.77	369.2487万
2021-10-29	8795.4126万	7.00	-66.3079万	-0.75	1826.08	287.7586万
2021-09-30	8861.7205万	7.05	81.3775万	0.93	1830.00	405.3929万
2021-08-31	8780.3430万	6.98	-608.3747万	-6.48	1558.00	436.7709万
2021-07-30	9388.7177万	7.47	-199.3619万	-2.08	1678.99	777.3589万
2021-06-30	9588.0796万	7.63	-62.9406万	-0.65	2056.70	219.1566万
2021-05-31	9651.0202万	7.68	—	—	2218.00	317.3900万

图3-1-4 贵州茅台主力追踪3

图3-1-4是某券商通达信软件上贵州茅台的主力追踪栏目的第三部分——北向资金持股明细，其中统计了最近10个月截至月底以及本月最近10个交易日北向资金的持股数量及比例变化幅度等数据。由于北向资金主要代表外资机构投资者的动向，凡是北向资金大量持股的公司，往往都是市场普遍看好的行业龙头，这也是长线白马股的典型特征，如果没有北向资金持股，说明公司太小或者公司基本面情况不够好，都不是长线白马股的好标的。如果北向资金长期稳定持股不动，那就代表外资机构长期看好该股，这也是我们选择长线白马股的标准之一。下面我们再看主力追踪栏目的第四部分。

图3-1-5是某券商通达信软件上贵州茅台的主力追踪栏目的第四部分——机构持股明细（前三十）。图中显示了截至2021年12月31日前三十大机构股东的持股，其中前十大机构持股和图3-1-1中的前十大流通股东是完全一样的，我们主要看后面二十大持股机构。

【4.机构持股明细】（前30）
截止日期：2021-12-31

股东名称	持股数(股)	占流通股比(%)	股东性质	增减情况(股)
中国贵州茅台酒厂（集团）有限责任公司	6.7829亿	54%	一般法人	不变
香港中央结算有限公司	8968.1844万	7.14%	一般法人	106.4639万
贵州省国有资本运营有限责任公司	5699.6777万	4.54%	一般法人	不变
贵州茅台酒厂（集团）技术开发有限公司（原名为贵州茅台酒厂集团技术开发公司）	2781.2088万	2.21%	一般法人	不变
中央汇金资产管理有限责任公司	1039.7104万	0.83%	一般法人	-39.0196万
中国证券金融股份有限公司	803.9447万	0.64%	一般法人	不变
深圳市金汇荣盛财富管理有限公司－金汇荣盛三号私募证券投资基金	592.935万	0.47%	投资基金	31.13万
中国银行股份有限公司－招商中证白酒指数分级证券投资基金	583.8354万	0.46%	基金	-162.1607万
招商中证白酒指数证券投资基金	583.8354万	0.46%	基金	-167.1607万
珠海市瑞丰汇邦资产管理有限公司－瑞丰汇邦三号私募证券投资基金	536.6717万	0.43%	一般法人	26.3万
中国工商银行－上证50交易型开放式指数证券投资基金	533.5765万	0.42%	基金	85.6599万
易方达蓝筹精选混合型证券投资基金	320万	0.25%	基金	-58万
景顺长城新兴成长混合型证券投资基金	246.1502万	0.2%	基金	-45.1864万
易方达上证50指数增强型证券投资基金	186.7141万	0.15%	基金	-6.0069万
华泰柏瑞沪深300交易型开放式指数证券投资基金	149.5769万	0.12%	基金	33.3648万
易方达消费行业股票证券投资基金	147.5197万	0.12%	基金	-7.62万
富国天惠精选成长混合型证券投资基金(LOF)	132万	0.11%	基金	16.9309万
上证180交易型开放式指数证券投资基金	110.6923万	0.09%	基金	-5.63万
汇添富消费行业混合型证券投资基金	106万	0.08%	基金	-4万
景顺长城鼎益混合型证券投资基金（LOF）	103.2262万	0.08%	基金	-18.6447万
银华富裕主题混合型证券投资基金	100.3028万	0.08%	基金	-12.699万
易方达优质精选混合型证券投资基金	93.5万	0.07%	基金	-23.5万
华夏沪深300交易型开放式指数证券投资基金	81.4215万	0.06%	基金	5万
嘉实沪深300交易型开放式指数证券投资基金	63.6403万	0.05%	基金	4.4547万
华夏回报证券投资基金	63.1164万	0.05%	基金	-5.09万
汇添富价值精选混合型证券投资基金	59.726万	0.05%	基金	-22.2744万
中证主要消费交易型开放式指数证券投资基金	57.1936万	0.05%	基金	4.73万
前海开源沪港深优势精选灵活配置混合型证券投资基金	54.4407万	0.04%	基金	-8.6411万
东方红启恒三年持有期混合型证券投资基金	52.8794万	0.04%	基金	-21.7617万
易方达高质量严选三年持有期混合型证券投资基金	52.7719万	0.04%	基金	不变

图3-1-5 贵州茅台主力追踪3

可以看到，后面二十大持股机构全部都是证券投资基金，不仅如此，在图3-1-2中显示的机构数量2253家，如无意外其中绝大多数，应该也是这些公募基金。因为经过20多年的飞速发展，我国公募基金规模得到史无前例的壮大，中国基金业协会最新数据显示，截至2022年2月末，我国境内共有基金管理公司138家，公募基金资产净值合计达到26.34万亿元。其中，封闭式基金规模超3.09万亿元，开放式基金规模超23.24万亿元，而在开放式基金中，股票基金和混合基金规模分别为2.45万亿元和5.69万亿元。

也就是说，公募基金可以投资股票的资金总额达到了11.23万亿元，成为目前我国股市各类投资者中最大的一支生力军。基金的投资风格总体来看仍是价值投资，所以选择长线白马股并扎堆买入，是各个基金经理的不二选择。各大基金管理公司基本都拥有实力雄厚的调查研究力量，他们会派出调查人员实地深入上市公司进行调研，然后聘请专业的经济学者进行分析计算，评估上市公司的发展前景以及种类数据，最后判断哪些上市公司能够逐步发展壮大，然后持续买入那些真正具有发展前景的公司股票。

基于此，我们完全可以把基金看作一个风向标，这些基金大规模扎堆买入的股票，绝大多数是优质的公司，这就省去了个人投资者调查研究的辛苦，给我们指明了一条阳光大道，剩下来，只需我们自行判断买入和卖出的时机。

二、美的集团（000333）的股东变化

下面我们再看一只绩优家电龙头股——美的集团的股东变化情况，并根据各种变化做出相应的投资选择。

☆股东研究☆ ◇000333 美的集团 更新日期：2022-04-30◇ 港澳资讯 灵通v8.0
★本栏包括【1.控股股东与实际控制人】【2.股东增减持计划】【3.股东持股变动】【4.股变化】★
★年报季报披露进行时，聪明资金、实力机构、私募牛散相比上季报
★新进增持哪些股票？请到港澳F10网站 www.gaf10.com 查一查！

【1.控股股东与实际控制人】

控股股东	美的控股有限公司(30.78%)
实际控制人	何享健(控股比例(上市公司)：29.54%)

【2.股东增减持计划】
暂无数据

【3.股东持股变动】

股东名称	持股数(股)	变动股数(股)	变动后持股数(股)	变动后占总股本比例(%)	变动类型	变动日期
美的集团股份有限公司-第三期持股计划	284.6445万	284.6445万	0	0.0	员工持股计划	2021-12-31
何享健	3115.6643万	75.3万	3190.9643万	0.4571	二级市场买入	2021-11-20
美的集团股份有限公司回购专用证券账户	1.1881亿	198.5611万	1.1683亿	1.6569	员工持股计划	2021-08-11
美的集团股份有限公司-第四期事业合伙人持股计划	0	198.5611万	198.5611万	0.0282	员工持股计划	2021-08-11
美的集团股份有限公司回购专用证券账户	1.3119亿	243.6518万	1.2875亿	1.8260	员工持股计划	2021-08-03
美的集团股份有限公司-第七期全球合伙人持股计划	0	243.6518万	243.6518万	0.0346	员工持股计划	2021-08-03
何享健	2829.7643万	285.9万	3115.6643万	0.4421	二级市场买入	2021-07-07
何享健	1759.6835万	1070.0808万	2829.7643万	0.4017	二级市场买入	2021-06-22

图3-1-6 美的集团股东研究1

图3-1-6是某券商通达信软件上面美的集团的股东研究栏目的三个部分。可以看到，现公司实际控制人为何享健，其通过美的控股有限公司对上市公司进行控股，说明这是一家民营控股的公司。何享健是美的集团的创始人，他带领公司从一家不起眼的小公司逐步发展壮大，在竞争激烈的市场中生存下来，最终成为我国家电行业的龙头老大，在公司市值方面碾压国内同行。该公司完全符合有一个坚强有力、负责任的领导团队这一条。

其中，第三部分股东持股变化记录了2021年下半年公司相关机构和大股东的持股变化情况，这里有较多的内容需要仔细分析。其中，美的集团股份有限公司第三期持股计划进行了减持，美的集团股份有限公司回购专用证券账户也进行了两次减持，但是美的集团股份有限公司第四期事业合伙人持股计划以及第七期全球合伙人持股计划则进行了增持，而上面这些减持和增持数量都在300万股以下，并不算多，也是公司正常的运作，不必过分担心。

需要重点关注的是，何享健本人连续三次增持公司股份，总计增持了360万股，实际控制人连续增持公司股份，说明他对公司的信心很强，看好公司未来的发展，这是非常好的现象。下面我们再来看股东研究栏目的第四部分。

图3-1-7是某券商通达信软件上美的集团的股东研究栏目的第四部分——十大流通股东情况和十大股东情况。需要说明一点，目前我国A股市场的股票大部分已经实现了全流通，如贵州茅台就是全流通的，所以部分公司的十大流通股东和十大股东完全一样，只需要看其中一个就行了。但是有些上市时间不长的次新股，大股东以及上市前入股的股东持有的股份需要按照上市要求分批解禁，另外一些本已实现了全流通的公司如果进行增发配股，这些新增加的股份也需要按照规定期限限制流通直到解禁。没有到解禁期的股票就叫限售股，对于限售股，我们就需要分别分析十大流通股东和十大股东，看看其中有没有影响公司的重大因素。

【4.股东变化】

截至日期：2022-03-31 十大流通股东情况 A股户数：43.8206万 户均流通股：1.5586万
累计持有：39.5484亿股，累计占流通股比例：57.90%，较上期变化：-7787.77万股↓

股东名称（单位：股）	持股数	占流通股比(%)	股东性质	增减情况
美的控股有限公司	21.6918亿	31.76 A股	其他	未变
香港中央结算有限公司	11.8261亿	17.31 A股	其他	↓-3435.0548万
中国证券金融股份有限公司	1.9815亿	2.90 A股	其他	未变
中央汇金资产管理有限责任公司	8826.046万	1.29 A股	其他	未变
黄健	8614万	1.26 A股	个人	未变
加拿大年金计划投资委员会	7012.6251万	1.03 A股	企业年金	↓-3378.7646万
栗建伟	4785.2845万	0.70 A股	个人	↓-178.0155万
袁利群	3932.0997万	0.58 A股	个人	↑182.4615万
黄晓祥	3783.5332万	0.55 A股	个人	↓-132.34万
美林国际	3536.231万	0.52 A股	其它金融公司	↓-846.0665万

2022-03-31较上个报告期退出前十大流通股东有

截至日期：2022-03-31 十大股东情况 A股户数：43.8206万 户均流通股：1.5586万
累计持有：40.3646亿股，累计占总股本比例：57.65%，较上期变化：-7574.37万股↓

股东名称（单位：股）	持股数	占总股本比(%)	股份性质	增减情况
美的控股有限公司	21.6918亿	31.05	无限售A股	未变
香港中央结算有限公司	11.8261亿	16.93	无限售A股	↓-3435.0548万
中国证券金融股份有限公司	1.9815亿	2.84	无限售A股	未变
方洪波	2924.7623万	0.42	无限售A股	
	8774.2869万	1.26	限售A股	—
中央汇金资产管理有限责任公司	8826.046万	1.26	无限售A股	未变
黄健	8614万	1.23	无限售A股	未变
加拿大年金计划投资委员会	7012.6251万	1.00	无限售A股	↓-3378.7646万
栗建伟	4785.2845万	0.68	无限售A股	↓-178.0155万
袁利群	3932.0997万	0.56	无限售A股	新进
黄晓祥	3783.5332万	0.54	无限售A股	↓-132.34万

股东关联关系或一致行动的说明：
不适用

2022-03-31较上个报告期退出前十大股东有

| 美林国际 | 4382.2975万 | 0.63 | 无限售A股 | 退出 |

图3-1-7 美的集团股东研究2

对比图3-1-7显示的十大流通股东和十大股东，我们可以看到，只有方洪波一个股东持有大量限售股进入了十大股东，所以影响不大。第一大股东美的控股有限公司占总股本比例为31.05%，这个比例不算大，但是考虑到何享健本人以及公司各种相关机构还有相当数量的持股，所以公司大股东对公司的控制力还是难以动摇的，再加上其他股东持股数量都不多，所以不太容易出现争夺控制权的情况。第二大股东香港中央结算有限公司持股16.93%，代表北上资金非常看好该公司，大量买入。第三大股东中国证券金融股份有限公司持股2.84%，这是为证券公司融资融券业务提供股票进行的持股。此外，十大股

东中有五位都是个人,这就是民营控股公司的特点,通常创始人的重要合作伙伴或者家属会有较大比例的持股。十大流通股东中还有三家机构:中央汇金资产管理有限责任公司、加拿大年金计划投资委员会、美林国际,它们都是国内外著名的机构投资者,代表了大型机构对公司很有信心。

值得注意的是,在十大流通股东中,没有看到基金的身影,要分析到底有没有基金对公司进行了投资,还需要看下一个栏目——主力追踪。

☆主力追踪☆ ◇000333 美的集团 更新日期:2022-04-30◇ 港澳资讯 灵通v8.0
★本栏包括【1.机构持股汇总】【2.股东户数变化】【3.北向资金持股明细】【4.机构持股明细】★

【1.机构持股汇总】

报告日期	2022-03-31	2021-12-31	2021-09-30	2021-06-30	2021-03-31	2020-12-31
机构数量(家)	505	1325	537	1265	862	1679
累计持有(股)	41.1641亿	43.0297亿	42.0774亿	43.0569亿	43.453亿	45.2937亿
较上期变化(股)	-1.8656亿	9523.3614万	-9795.001万	-3961.5673万	-1.8407亿	1.1343亿
累计持仓比例	60.27%	63.00%	61.68%	62.52%	—	—
基金持股(股)	3.7273亿	4.8269亿	3.0958亿	5.1218亿	5.7747亿	8.134亿
基金持仓比例	5.46%	7.07%	4.54%	7.44%	—	—

注:以上数据取自基金持股和公司十大流通股东,季度数据未包含基金持股明细。最近一期数据可能因为基金投资组合或公司定期报告未披露完毕,导致汇总数据不够完整。

图 3-1-8 美的集团主力追踪3

图3-1-8是某券商通达信软件上美的集团的主力追踪栏目的第一部分——机构持股汇总,从中可以看到报告的最新统计日期,也就是截至2022年3月31日,该股股东中共有机构投资者505家,累计持股占总股份的60.27%。下面我们再看基金持股的情况,最后两栏显示了基金持股3.7273亿股,基金持股比例5.46%,而在2021年12月31日的时候基金持股比例为7.07%,这个比例不算很高,而且最近一个季度基金还减持了股份,说明基金对公司的发展前景存在分歧。下面我们再来看主力追踪栏目的第二部分。

【2.股东户数变化】

截止日期	股东户数(户)	变动户数(户)	变动幅度(%)	股价(元)	户均流通股(股)	较上期变化(%)
2022-03-31	43.8206万	6.36万	16.99	57.00	1.5579万	-14.52
2021-12-31	37.4562万	-8.11万	-17.79	73.81	1.8226万	21.74
2021-09-30	45.5639万	-6.49万	-12.47	69.60	1.4971万	13.16
2021-06-30	52.0532万	11.65万	28.83	71.37	1.3230万	-22.23
2021-03-31	40.4034万	17.72万	78.09	82.23	1.7011万	-43.57
2020-12-31	22.6871万	4.54万	25.04	98.44	3.0144万	-20.03
2020-09-30	18.1433万	-2776	-1.51	72.60	3.7694万	1.34
2020-06-30	18.4209万	-6.24万	-25.31	59.79	3.7195万	34.40
2020-03-31	24.6617万	7.43万	43.15	48.42	2.7674万	-29.61
2019-12-31	17.2279万	-2.86万	-14.24	58.25	3.9315万	16.61
2019-09-30	20.0887万	-1.22万	-5.73	51.10	3.3716万	5.78
2019-06-30	21.3103万	5.08万	31.27	51.86	3.1874万	-19.56
2019-03-31	16.2344万	-6.59万	-28.88	48.73	3.9627万	39.59
2018-12-31	22.8273万	-1509	-0.66	36.86	2.8388万	0.66
2018-09-30	22.9782万	6.46万	39.11	40.30	2.8201万	-28.12
2018-06-30	16.5179万	2835	1.75	52.22	3.9231万	0.17
2018-03-31	16.2344万	6454	4.14	54.53	3.9164万	-3.97
2018-02-28	15.5890万	1.32万	9.22	54.95	4.0785万	-7.72
2017-12-31	14.2730万	3.65万	34.39	55.43	4.4195万	-25.59
2017-09-30	10.6209万	-3.89万	-26.81	44.19	5.9391万	37.29
2017-06-30	14.5123万	2.63万	22.15	43.04	4.3261万	-16.83
2017-03-31	11.8808万	1.12万	10.44	33.30	5.2014万	-11.29
2016-12-31	10.7577万	1410	1.33	28.17	5.8636万	-1.31
2016-09-30	10.6167万	1.45万	15.83	27.01	5.9415万	62.01
2016-06-30	9.1660万	7954	9.50	23.72	3.6674万	37.02
2016-03-31	8.3706万	8227	10.90	30.85	2.6766万	-9.78
2015-12-31	7.5479万	-1.14万	-13.08	32.82	2.9668万	15.04
2015-09-30	8.6834万	103	0.12	25.23	2.5789万	-0.83
2015-06-30	8.6731万	-3822	-4.22	37.28	2.6006万	5.00
2015-03-31	9.0553万	—	—	32.95	2.4767万	—

图3-1-9 美的集团主力追踪4

图3-1-9是某券商通达信软件上美的集团的主力追踪栏目的第二部分——股东户数变化。可以看到，股东户数从2015年开始大致呈持续增加的状态，先是从2015年一季度的9.0553万户持续减少到2016年一季度的7.5479万户，到达一个最低数值，然后开始持续增加，直到2021年6月30日达到最高值52.0532万户，然后股东户数小幅下降直到2022年一季度。

与此同时，美的集团的股价从2015年9月见底后开始持续上涨，最后到2021年2月见顶，其间股东户数一直在增加，但是见顶之前的2020年12月31日只是增加到了22.6871万户，在此之前股东户数最多只有24.6617万户。到了股价见顶之后的2021年3月31日股东户数突然暴增到40.4034万户，仅一个季度几乎翻倍，紧接着的2021年6月30日又增长到52.532万户。这些数据变化说明，在股价上升阶段，有许多散户投资者买了该股，从而推高了股价，

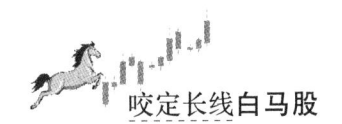

在股价阶段性见顶之后，机构投资者开始悄悄减持，而更多的散户投资者买入了公司股票。再从前面主力追踪栏目的第一部分——机构持股汇总中也可以看到，2020年12月31日基金持股为8.134亿股，但是到了2021年3月31日就只剩下了5.7747亿股，此后几个季度基金总体还是在减持。下面，我们再来看主力追踪栏目的第三部分。

【3.北向资金持股明细】

截止日期	持股数(股)	占总股本比例(%)	变动股数(股)	变动幅度(%)	股价(元)	成交量(股)
2022-04-28	12.0362亿	17.20	574.8741万	0.48	53.28	2525.8916万
2022-04-27	11.9788亿	17.11	567.6234万	0.48	53.10	3757.1041万
2022-04-26	11.9220亿	17.03	-5.9922万	-0.01	51.79	6320.4589万
2022-04-25	11.9226亿	17.03	65.3204万	0.05	55.07	3256.0068万
2022-04-22	11.9161亿	17.03	-74.8218万	-0.06	56.97	2446.9829万
2022-04-21	11.9235亿	17.03	-180.3269万	-0.15	-	-
2022-04-20	11.9416亿	17.05	96.3348万	0.08	57.56	2166.2822万
2022-04-19	11.9319亿	17.04	-198.0516万	-0.17	57.30	1684.9454万
2022-04-14	11.9517亿	17.07	0	0	58.72	4274.1664万
2022-04-13	11.9517亿	17.07	1256.0278万	1.06	56.57	2119.8659万
2022-03-31	11.8261亿	16.89	1930.9056万	1.66	57.00	2513.3597万
2022-02-28	11.6330亿	16.63	-1870.7954万	-1.58	66.72	4836.2395万
2022-01-28	11.8201亿	16.90	-3593.8214万	-2.95	73.20	2692.1924万
2021-12-30	12.1795亿	17.43	-2294.4651万	-1.85	73.96	2182.9008万
2021-11-30	12.4090亿	17.76	-3936.5505万	-3.07	67.78	1954.3671万
2021-10-29	12.8026亿	18.33	-1930.2219万	-1.49	68.77	2820.2116万
2021-09-30	12.9956亿	18.60	7290.4189万	5.94	69.60	2187.9116万
2021-08-31	12.2666亿	17.57	3528.5079万	2.96	66.00	3196.4102万
2021-07-30	11.9137亿	16.89	3531.6295万	3.05	63.51	4197.7874万
2021-06-30	11.5606亿	16.40	-	-	71.37	2844.4413万

图3-1-10　美的集团主力追踪5

图3-1-10是某券商通达信软件上美的集团的主力追踪栏目的第三部分——北向资金持股明细，图表中只显示2021年6月30日到2022年4月28日的数据，可以看到这段时间北向资金对公司的持股数量基本没有太大变动。因为北向资金是统计通过深港通买入公司股份的总额，其中可能有些外资投资者大量卖出，又被另外的外资投资者买入了。那么，到底有无这种情况呢？我们可以通过查看成交量来分析，最右边一栏的成交量基本保持在一天平均3000万股的水平，因此这种情况基本可以排除了，说明北上资金和外资在这段时间之内，对公司的态度没有发生太大变化，还是以坚定持股为主。下面我们再来看主力追踪栏目的第四部分。

第三章 白马股的主力思维

【4.机构持股明细】（前30）
截止日期：2022-03-31

股东名称	持股数(股)	占流通股比(%)	股东性质	增减情况(股)
美的控股有限公司	21.6918亿	31.76%	一般法人	不变
香港中央结算有限公司	11.8261亿	17.31%	一般法人	-3435.0548万
中国证券金融股份有限公司	1.9815亿	2.9%	一般法人	不变
中央汇金资产管理有限责任公司	8826.046万	1.29%	一般法人	不变
加拿大年金计划投资委员会－自有资金（交易所）	7012.6251万	1.03%	RQFII	-3378.7646万
MERRILL LYNCH INTERNATIONAL	3536.231万	0.52%	QFII	-846.0665万
易方达消费行业股票型证券投资基金	3158.1632万	0.46%	基金	1131.1849万
景顺长城新兴成长混合型证券投资基金	2999.9795万	0.44%	基金	不变
易方达竞争优势企业混合型证券投资基金	2144.6206万	0.31%	基金	-38.02万
兴全新视野灵活配置定期开放混合型发起式证券投资基金	1579.2569万	0.23%	基金	1010.0292万
东方红睿玺三年定期开放灵活配置混合型证券投资基金	1545.7003万	0.23%	基金	-106.74万
兴全商业模式优选混合型证券投资基金（LOF）	1453.5366万	0.21%	基金	1112.751万
易方达研究精选股票型证券投资基金	1230.0854万	0.18%	基金	-307.6342万
华泰柏瑞沪深300交易型开放式指数证券投资基金	1127.1415万	0.17%	基金	-106.1273万
易方达稳健收益债券型证券投资基金	874.0682万	0.13%	基金	325.0079万
易方达消费精选股票型证券投资基金	740.1747万	0.11%	基金	527.7921万
易方达核心优势股票型证券投资基金	627.0849万	0.09%	基金	-53.29万
深证红利交易型开放式指数证券投资基金	608.1497万	0.09%	基金	-48.9万
华夏沪深300交易型开放式指数证券投资基金	580.2013万	0.08%	基金	-52.58万
东方红中国优势灵活配置混合型证券投资基金	568.7485万	0.08%	基金	69.4万
东方红睿元三年定期开放灵活配置混合型发起式证券投资基金	489.1534万	0.07%	基金	84.09万
易方达深证100交易型开放式指数证券投资基金	478.8678万	0.07%	基金	2.68万
国泰中证全指家用电器交易型开放式指数证券投资基金	466.7079万	0.07%	基金	79.48万
东方红产业升级灵活配置混合型证券投资基金	449.8796万	0.07%	基金	-35.52万
嘉实沪深300交易型开放式指数证券投资基金	448.1688万	0.07%	基金	-47.5989万
鹏华品质优选混合型证券投资基金	414.06万	0.06%	基金	66.67万
上投摩根科技前沿灵活配置混合型证券投资基金	384.9256万	0.06%	基金	361.2446万
融通深证100指数证券投资基金	348.552万	0.05%	基金	5.01万
华夏兴和混合型证券投资基金	300.696万	0.04%	基金	-125.62万
泰康弘实3个月定期开放混合型发起式证券投资基金	287.4364万	0.04%	基金	不变

图3-1-11 美的集团主力追踪6

图3-1-11是某券商通达信软件上美的集团的主力追踪栏目的第四部分——机构持股明细（前30），图中显示了截至2022年3月31日的前30大机构持股数据，可以看到前五大机构投资者都进入了十大股东，排在第六位的MERRILL LYNCH INTERNATIONAL，其实就是美林国际，进入了十大流通股东最后一名。除此之外，24家机构投资者全部都是投资基金，说明部分基金投资者在减持了美的集团的股份之后，仍然还有相当多的基金继续看好美的集团的未来，继续坚定持有公司股份。

综合分析，美的集团这家公司在行业内仍然具有重要地位，未来还是具备较高的投资价值。

第二节 常见的5种洗盘方式

众所周知，长线白马股的主力资金都是公开大规模建仓，而且短时间内不会卖出，这必然会让整个市场都知道大机构扎堆买入了哪些股票，那么基金等机构投资者是否还要进行洗盘呢？答案是肯定的！

根据本人多年实操经验，长线白马股也会进行必要的洗盘，主要有以下5种方式。

一、长上影线洗盘

长线白马股在上升途中，常见的手段是使用长上影线试盘和洗盘。尤其是在拉升阶段、股价创出新高或者向上冲击阻力位的时候，主力喜欢采用上影线试盘，以试探上方的抛压大小。如果上影线较长，但是股价在随后下跌没有出现放巨量的大阴线，也没有跌破重要的中长期均线支撑位，那么主力试盘的可能性很大。震仓洗盘也是拉出上影线的主要目的，特别是那些刚启动行情不久的个股，主力使用上影线洗盘，可以将不坚定的持股者吓出局，以利于后市的进一步拉升。下面，我们来看一个典型的例子。

图3-2-1是三一重工（600031）的日K线图，图中时间跨度为2020年6月至9月，从图片来看，该股已经进入稳步上升阶段，中长期均线全部形成了多头排列，股价一波比一波高，在进入2020年9月之后，股价继续拉升创新高，在9月3日这一天收出带长上影线的小阳线，随后连续出现三根小阴线下跌，这样的K线组合看起来很像是短期见顶的形态。

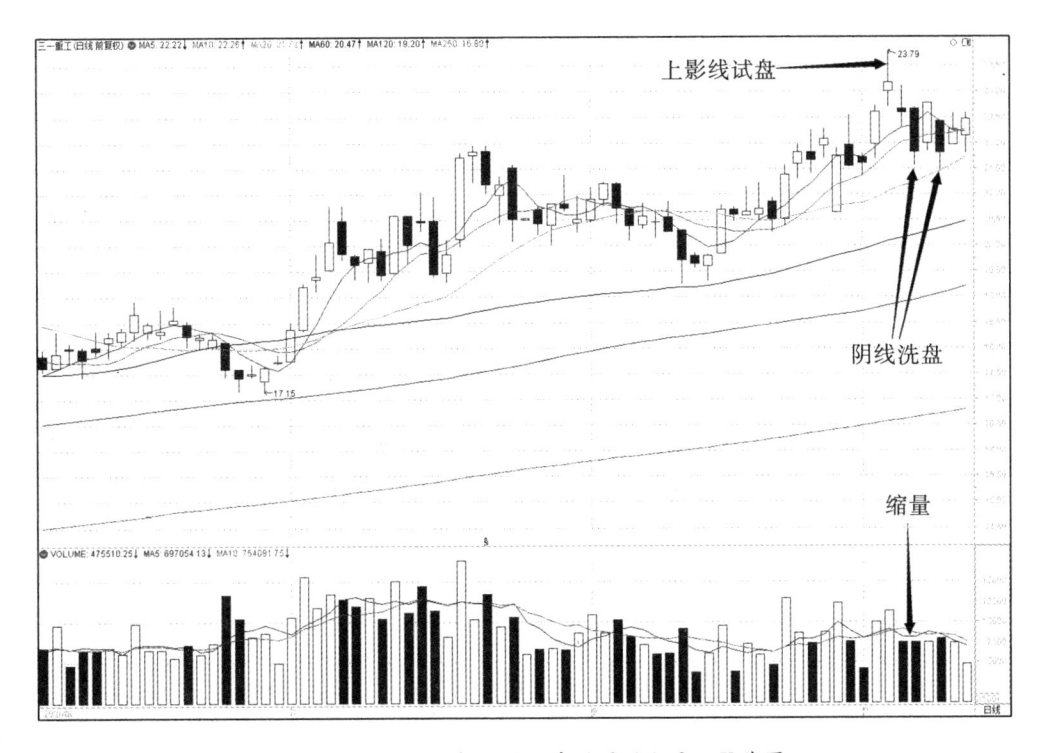

图 3-2-1　三一重工 2020 年 6 月至 9 月日 K 线图

不过，我们只要仔细观察就会发现，阴线下跌的时候成交量并没有明显放大，而且股价下跌也没有跌破 20 日均线，离重要的 60 日均线和 120 日均线也非常远，上升趋势没有受到破坏，所以这样的走势是主力洗盘的可能性很大。下面我们再来看该股其后的走势。

图 3-2-2 是三一重工的日 K 线图，图中时间跨度为 2020 年 5 月至 2021 年 1 月。可以看到，三一重工在 2020 年 9 月 3 日出现长上影线洗盘之后，股价很快调整结束并展开了一轮加速拉升，短短 4 个多月的时间股价再度翻倍。这是因为在股价上涨途中长上影线洗盘成功完成后，主力资金开始了早已计划好的疯狂拉升。

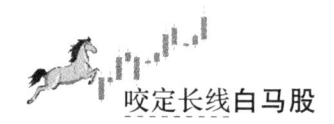

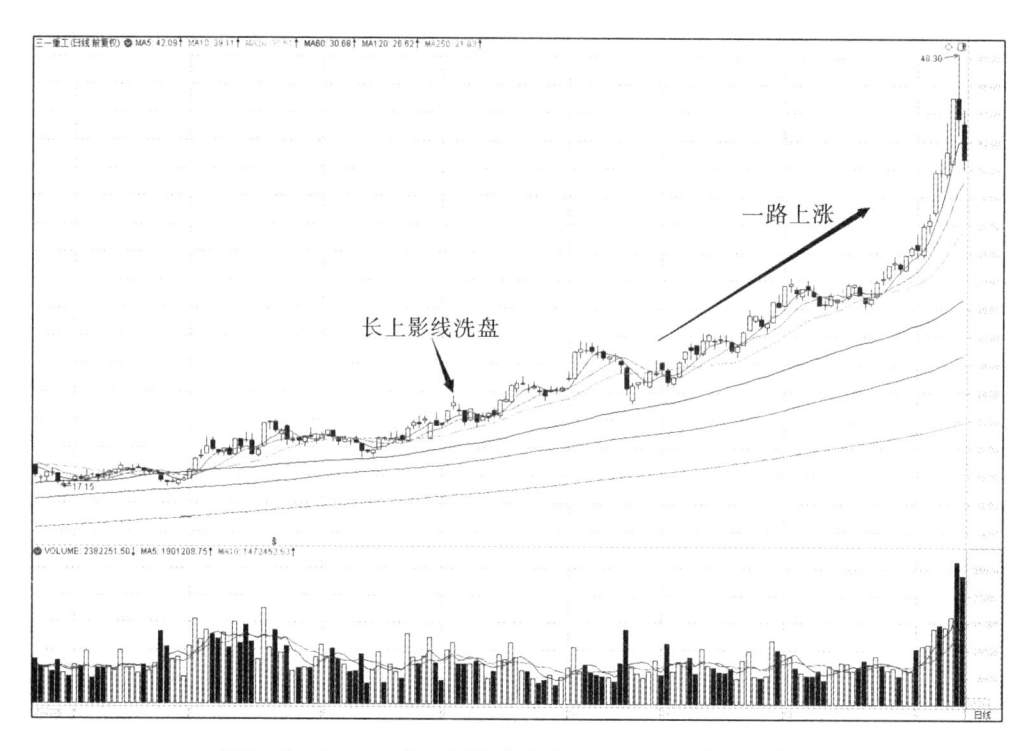

图3-2-2 三一重工2020年5月至2021年1月日K线图

二、上涨途中放量大阴线洗盘

长线白马股一旦进入上涨周期之后，往往都会持续很长时间，股价有反复但总体是上升的，就算大盘出现下降波段，一般也不会打断长线白马股的上升趋势。但是，许多长线白马股在上涨途中经常出现放量大阴线，股价上涨幅度较大的时候。跟进买入的散户非常多，主力需要偶尔打压股价，把不坚定的投资者洗出去。一般来说，出现单日放量大阴线的时候，往往是大盘暴跌或者在公司出现利空消息的时候，这样一来，个股大跌更容易诱使散户投资者大量卖出手中的筹码，从而更容易达到洗盘的目的。

一般来说，长线白马股上涨途中的放量大阴线洗盘，不会跌破中长期的均线支撑，如60日均线、120日均线或者250日均线，即股价仍然会保持中长期上升趋势，并且在洗盘完成之后，股价又会迎来新一轮大涨。下面，我们来看一个典型例子。

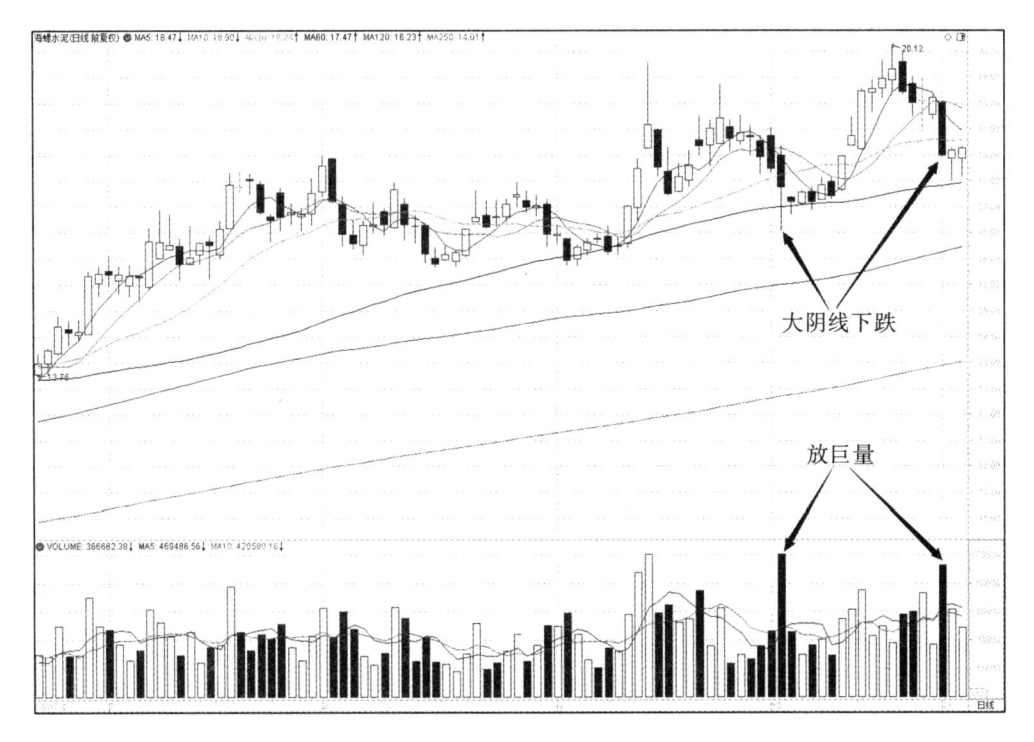

图 3-2-3　海螺水泥 2017 年 6 月至 11 月日 K 线图

图 3-2-3 是海螺水泥（600585）的日 K 线图，图中时间跨度为 2017 年 6 月至 11 月。海螺水泥从 2016 年中期开始进入了持续拉升的阶段，进入 2017 年 9 月后股价再度创新高，但是此后股价在高位反复震荡，到了 2017 年 10 月 10 日这一天，股价放巨量大跌，收出一根带长下影线的大阴线。

由于海螺水泥从 2016 年中期的低点上涨到 2017 年 9 月高点，累计上涨幅度达到了 200% 左右，获利盘较多，此时出现放巨量的大阴线洗盘，会让许多投资者感觉股价可能已经见顶，于是纷纷卖出股票。但这只是大机构在加速拉升之前的洗盘，因为股价下跌刚好在 60 日均线附近得到支撑，大阴线之后，股价在 50 日均线附近连续进行小幅震荡，但基本都没有跌破 60 日均线，上升趋势仍然保持良好。此后股价再次拉升，在 2017 年 10 月下旬后再创新高，但是创新高的幅度不大，且略有回落，到了 2017 年 11 月 1 日，股价再一次出现放量大阴线洗盘，第二天股价最低又一次跌到 60 日均线附近。下面我们再来看

该股其后的走势。

图 3-2-4　海螺水泥 2017 年 6 月至 2018 年 3 月日 K 线图

图 3-2-4 是海螺水泥的日 K 线图，图中时间跨度为 2017 年 6 月至 2018 年 3 月。可以看到，海螺水泥在 2017 年 10 月 10 日和 11 月 1 日连续两次出现放量大阴线洗盘之后，股价都在 60 日均线附近很快企稳，随后展开了一轮加速拉升，短短三个月时间股价最高涨幅超过了 60%。上涨途中放量大阴线已经把很多不坚定的散户洗出去了，因此主力资金可以轻松拉升股价。

三、短线连续暴跌洗盘

这是比较常见的洗盘方式，一般出现在长线白马股经历了一波非常大的上涨之后，此时股价短期涨幅很大，持有该股的投资者获利丰厚，但大多数人已经长时间持股，说明也是非常看好该股，在没有见到明确的顶部信号之前不愿轻易卖出。此时，主力资金会借助短期利空消息，短线连续大幅打压股价，形成技术上的见顶信号，同时营造出一种恐慌性下跌的市场氛围，致使大量长期持有的投资者误判股价见顶，从而卖出股票。

短线连续暴跌的洗盘往往都要跌破日K线图上的重要中长期支撑位、均线等，这样才能营造出股价见顶、破位的技术特征，更好地达到洗盘的效果。

不过，如果我们从更大的周期来看，如从线图上看，短线连续暴跌洗盘往往会在重要的均线或者支撑位附近得到强力支撑，并重新开始一轮新的大涨行情。很多耳熟能详的大牛股在其漫长的上涨阶段中都会出现短线连续暴跌洗盘，这种洗盘往往到了最后都会出现放量，说明确实有相当数量的投资者忍受不了下跌而卖出股票，洗盘完成后股价逐步企稳，甚至迅速展开新一轮的上升行情，下面我们来看一个例子。

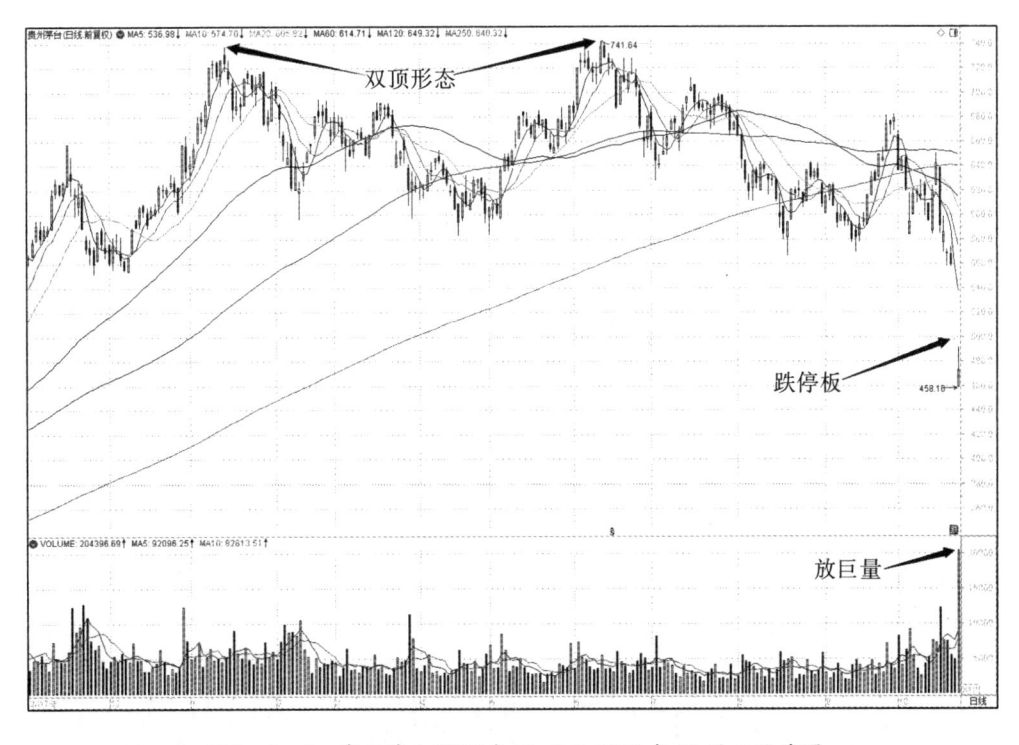

图3-2-5 贵州茅台2017年11月至2018年10月日K线图

图3-2-5是贵州茅台（600519）的日K线图，图中时间跨度为2017年11月至2018年10月。贵州茅台的股价从2014年初见到一个阶段性低点之后，开始持续上升，直到2018年初达到737元附近，经过半年左右回落整理再次创新高741.64元，形成了一个典型的双顶形态。此后，股价开始震荡回落，到了2018年10月下旬，开始加速暴跌，其中10月29日收出一个一字板跌停，这是截至目前贵州茅台历史上唯一的一个跌停板，技术上跌破了双顶形态的颈线位，同时也跌破了包括年线在内的所有中长期均线，从技术上来说就是彻底破位了，市场情绪降到了冰点。

紧接着的10月30日，也就是图中显示的最后一天，跌停板打开，股价收出低开的大阳线，同时放出了阶段性的巨量，说明这一天有很多中长线持有的投资者含泪卖出了股票，如此一来短线连续暴跌洗盘的效果也就达到了。

但是，如果我们切换到更大的周期来看，如周K线图上，就会看到股价跌到了重要的均线支撑位，下面来看贵州茅台的周K线图。

图3-2-6 贵州茅台2017年2月至2019年9月周K线图

图 3-2-6 是贵州茅台的周 K 线图，图中时间跨度为 2017 年 2 月至 2019 年 9 月。可以看到，贵州茅台股价 2018 年 11 月的短线连续暴跌，在日 K 线图上面虽然跌破了所有中长期均线支撑，但是在周 K 线图上面刚好跌到了 120 周均线附近，此处是长期上升趋势的支撑位，股价一旦在这里企稳，意味着短线连续暴跌洗盘结束了。下面我们再来看该股其后的走势。

图 3-2-7　贵州茅台 2018 年 9 月至 2019 年 12 月日 K 线图

图 3-2-7 是贵州茅台的日 K 线图，图中时间跨度为 2018 年 9 月至 2019 年 12 月。可以看到，贵州茅台在 2018 年 10 月 30 日见底之后迅速企稳，经过两个月的震荡，迅速展开了新一轮的持续拉升，大涨接近一年，股价最高达到了 1200 元以上。

四、区间震荡洗盘

长线白马股在经过短期较大幅度的拉升之后，主力通常会选择长时间在一

个固定的区间横盘震荡，以消化短期上涨后的回吐压力。这是一种以时间换空间的策略，也就是说用长时间的区间震荡来代替短线暴跌洗盘，用时间来消磨散户投资者的持股耐心和信心，把那些受不了长时间横盘震荡的投资者洗出去，然后再选择时机向上突破，重新开始一轮新的上涨。

区间震荡洗盘期间，股价一般会反复出现小幅度的上下涨跌，但是向下不会跌破区间支撑区域，向上也不会突破区间压力区域，让短线投资者以为股价难以向上突破，从而卖出股票。

值得注意的是，区间震荡按照股价上下波动的范围，可分为大区间震荡洗盘和小区间震荡洗盘。一般来说，小区间震荡洗盘的股价波动上下幅度小，持续时间也较短，通常不会跌破日K线图上的重要均线支撑，如60日均线或者120日均线。大区间震荡洗盘的股价波动范围更大、时间也更长，往往会跌破日K线图上面的重要均线支撑，但是会在周K线图上的重要均线附近获得支撑。下面我们来看一个典型例子。

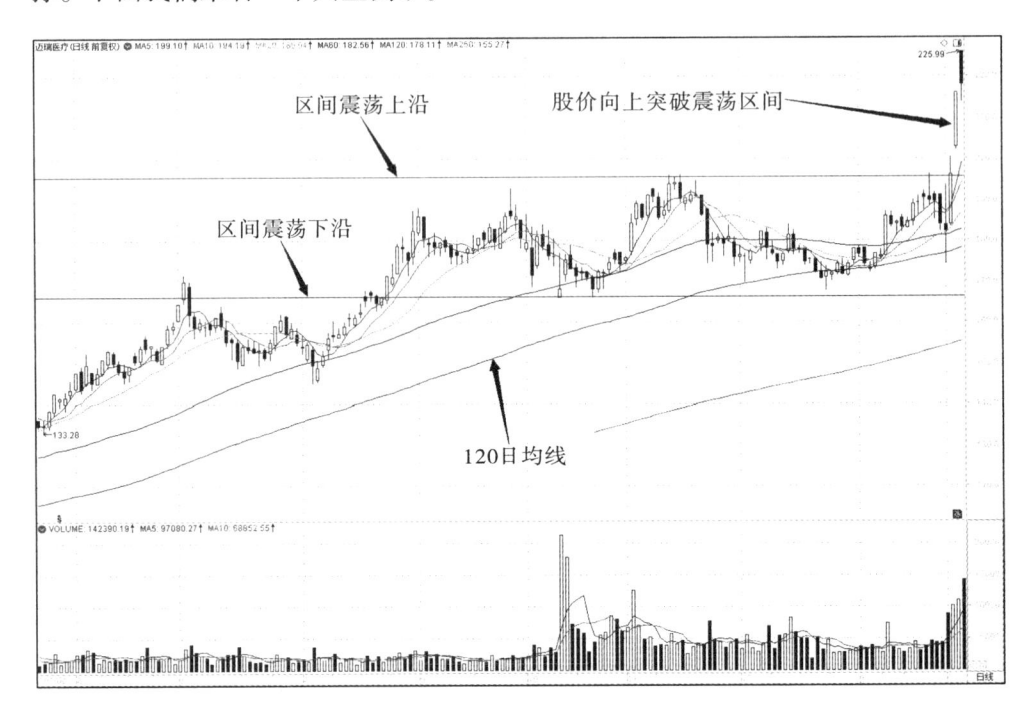

图3-2-8　迈瑞医疗2019年5月至2020年2月日K线图

图3-2-8是迈瑞医疗（300760）的日K线图，图中时间跨度为2019年5月至2020年2月。可以看到，迈瑞医疗在2019年8月上涨到190元附近后开始在上至195元、下至165元的区间内宽幅震荡。其间，股价屡次波动到这个区间的上沿和下沿附近，但是很快又回到区间内。股价在此区间内震荡洗盘的时间达到了5个月，随着中长期均线的缓慢上行，股价在震荡区间的后期跌到了120日均线附近，最后股价在2020年2月初开始向上突破了震荡区间。

从图中可以看到，成交量在区间震荡的时候明显放量，说明有许多投资者忍受不了长时间的折磨而选择了交出筹码。那么，股价向上突破之后，后面会是怎样的走势呢？下面我们来看看该股后面的走势。

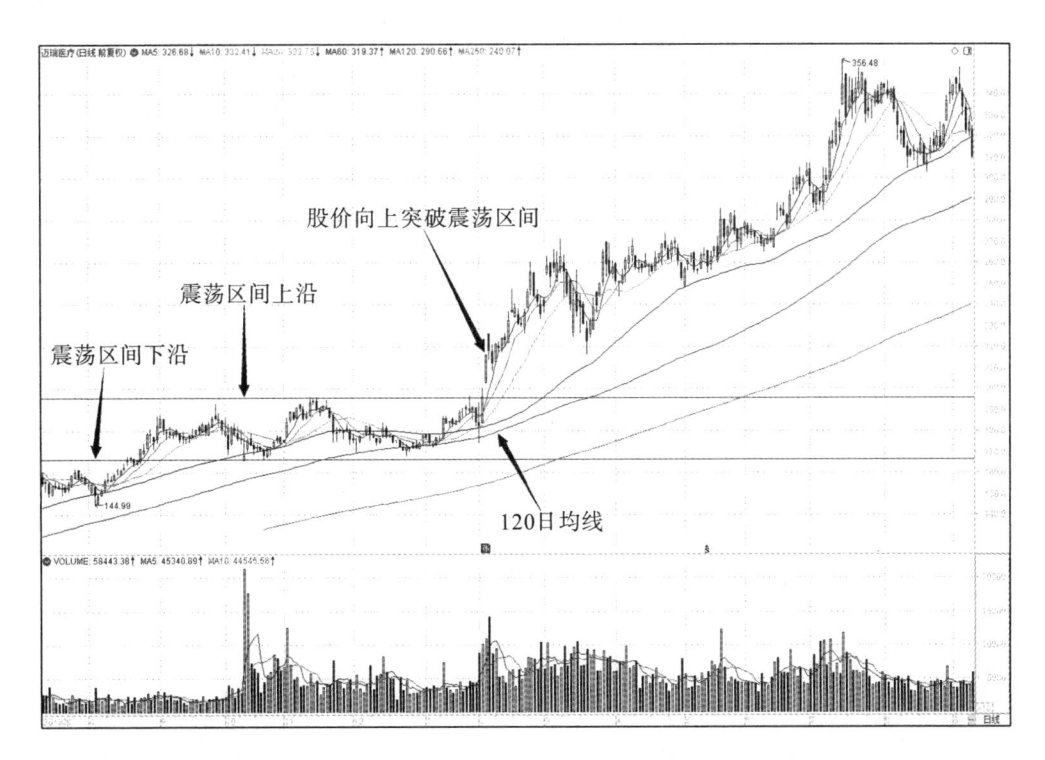

图3-2-9 迈瑞医疗2019年7月至2020年9月日K线图

图3-2-9是迈瑞医疗（300760）的日K线图，图中时间跨度为2019年7月至2020年9月。可以看到，迈瑞医疗自从2020年2月初向上突破震荡区间

之后，很快展开了新一轮的大涨，由于上涨的时间持续很长，截图没有全部展示出来。我们只要记住，长线白马股在经历了较长时间的区间震荡之后，一旦向上突破，很可能会展开新一轮的持续上涨，在突破区间上沿附近，此时就是跟进买入的良好时机。

五、上升三角形洗盘

长线白马股在上升途中，除了前面介绍的几种洗盘方式，还有一种洗盘方式，就是将区间震荡洗盘变换成上升三角形洗盘。震荡的方式变换为：一开始上下震荡的幅度较大，然后越往后上下震荡的幅度越小，股价的低点不断抬高，震荡的形态类似一个三角形，在此过程中成交量一般会逐渐萎缩，逼迫短线投资者卖股离场，到了后期，股价震荡到了三角形的末端，就会选择向上突破，开启新一轮的上升行情。这种形态的股价波动类似飘扬的旗帜，所以也叫作旗形整理。下面我们来看一个典型例子。

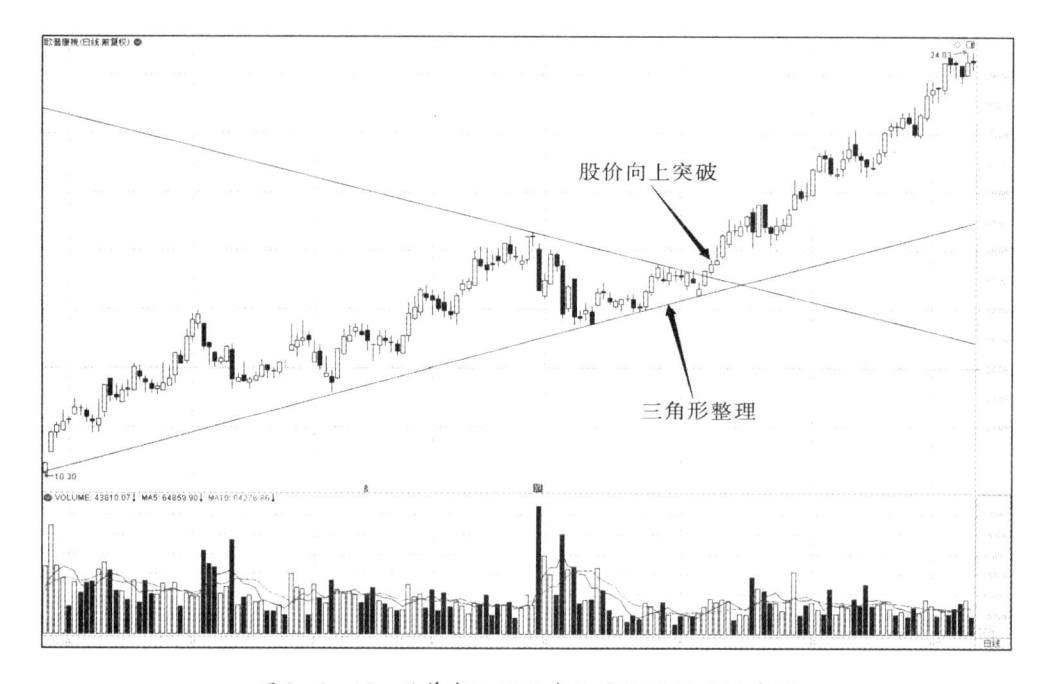

图3-2-10　欧普康视2019年2月至10月日K线图

图3-2-10是欧普康视（300595）的日K线图，图中时间跨度为2019年2月至10月。可以看到，欧普康视在图中这段时间内基本是震荡上涨状态，但是在2019年7月，明显走出了一个三角形整理的形态，股价的低点逐步抬高，高点也逐步降低，最后到了三角形顶端，股价开始向上突破，之后股价一路向上。

第三节　慢牛向上

长线白马股都是被大量机构资金长期持有和深度运作的，它的运作过程往往都是长期的慢牛上涨和短时间的阶段性调整相结合。总体来看，长线白马股会走出持续相当长时间的慢牛行情，时间一般会持续3～5年，如果公司的业务能够长期持续稳定地发展，慢牛行情甚至可以持续10年以上。

从技术上来说，本人喜欢按照20月均线的运行方向来定义长线白马股的一轮牛市上涨行情，只要20月均线开始向上运行，就意味着一波牛市行情开始了，期间不管经历何种调整，只要20月均线没有拐头下行，那么这一波牛市就没有结束。反之，一旦20月均线拐头向下运行，则代表这一轮牛市行情结束了。从波浪理论来看，长线白马股的走势形态大致分为三种浪型：三浪上涨形态、五浪上涨形态、一波连续拉升形态。下面我们分别讲解这三种上涨形态的特点。

一、三浪上涨形态

这种上涨形态是最为常见的，可以看出长期走势明显分为一浪上涨、二浪调整、三浪上涨，总体上涨的时间大概持续3年至5年。这一类的长线白马股和我国经济的发展模式非常契合，改革开放之后的数十年来，我国经济处于高速发展的阶段，但一个行业乃至其中优秀企业的业务集中爆发式增长的时间段

往往也就3~5年。究其原因，现在进入了信息时代，竞争的激烈程度已经达到了白热化，各个行业都不需要太长的时间就能分出胜负，一家优秀的企业一旦取得综合领先的优势，只需要短短几年就可以抢占大部分的市场份额，竞争失败的企业可能每况愈下，最后退出竞争。对于取得竞争胜利的上市公司来说，它在市场上攻城拔寨的同时，也就是它的股价不断高歌猛进的时候，而且股价的上涨幅度往往会超过业绩所取得的增长幅度。这是因为，市场往往是非理性的，当一家公司刚开始显露出竞争优势的时候，股市上只有少数人愿意相信，随着公司的快速发展，股价会有一轮不错的上升，这完全是业绩驱动股价的上涨，属于一浪上涨。此时股价的涨幅一般都会小于公司业绩增长的幅度，因这个时候市场还会保持相当的理性，一旦股价上涨过快，投资者就会大量抛售股票。

当公司的市场份额快速增长的时候，那些在竞争中失败的公司必然会想尽一切办法挽回颓势，要么进行联合或兼并，要么加大力度进行营销，要么对领先者挖墙脚、散布负面消息等，总之可能制造出一定的利空消息。此时，公司的股价经过一浪上涨之后，已经积累了大量的获利盘，如果出现利空消息，再加上主力资金顺势洗盘，或者叠加大盘下跌周期，公司的股价就会出现一波较大幅度的调整，这就是二浪调整。

一般来说，二浪调整的幅度大概是一浪上涨幅度的1/3到1/2左右，调整的低点通常不会跌破重要的均线支撑。例如20月均线，即使有短暂的跌破，20月均线也会继续保持向上运行。二浪调整的时间有两种情况：一种是上一节提到的短线连续暴跌洗盘，这样可以用较短的时间完成调整；还有一种是上一节提到的区间震荡洗盘，这种方式就是以时间换空间，调整的幅度不大，但是调整的时间延长了，但是二浪调整的时间最长一般也不超过一浪上涨的时间。

二浪调整结束后，将迎来了激动人心的三浪上涨，这也是长线白马股的主升浪。这个阶段，对应着公司已经在自己的行业内取得了绝对的优势，其他竞争者再也难以撼动公司的发展步伐，市场上对公司未来的评价也从一浪上涨时期的各持己见转变为一致看好。随着公司的顺利发展，股价也一路飘红，并不断得到相互印证，市场上看好公司的舆论得到不断强化，最后股价会被市场非理性地追捧，上涨到远远超过其真实价值的高位。三浪上涨的幅度一般会大于一浪上涨，上升的斜率也比一浪更加陡峭。

下面我们来看一个典型例子。

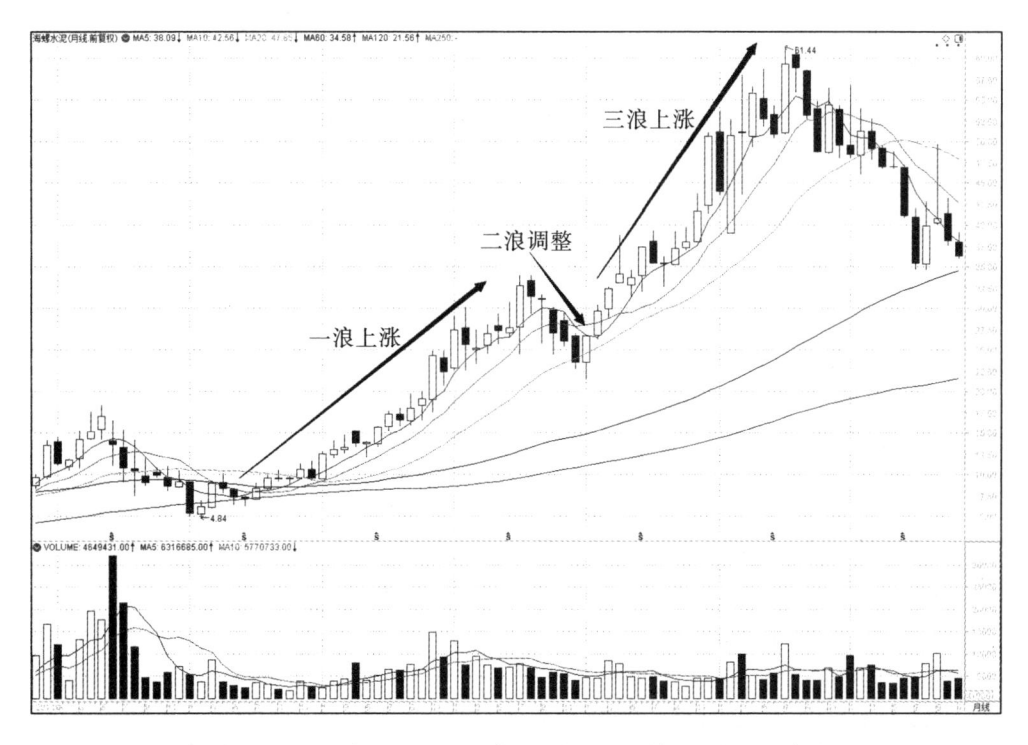

图3-3-1 海螺水泥2014年11月至2021年11月月K线图

图3-3-1是海螺水泥（600585）的月K线图，图中时间跨度为2014年11月至2021年11月。因为长线白马股的上涨往往都是持续数年，我们用月K线可以看得更加清晰。海螺水泥从2016年初的低点开始走出了一波大涨行情，持续时间达到4年半左右，从最低点5元左右涨到最高点60元以上。可以看到它的上涨过程明显分为了三段：从2016年初到2018年8月是一浪上涨，这个阶段经历了两年半的时间，然后是连续5个月的短线连续暴跌洗盘，这就是二

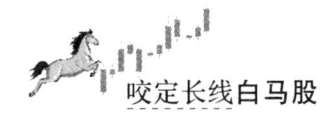

浪调整，二浪调整的低点在 20 月均线左右，最后从 2019 年 1 月到 2020 年 7 月是三浪上涨，可以看到三浪上涨的斜率明显比一浪上涨更加陡峭。

下面再看一个例子。

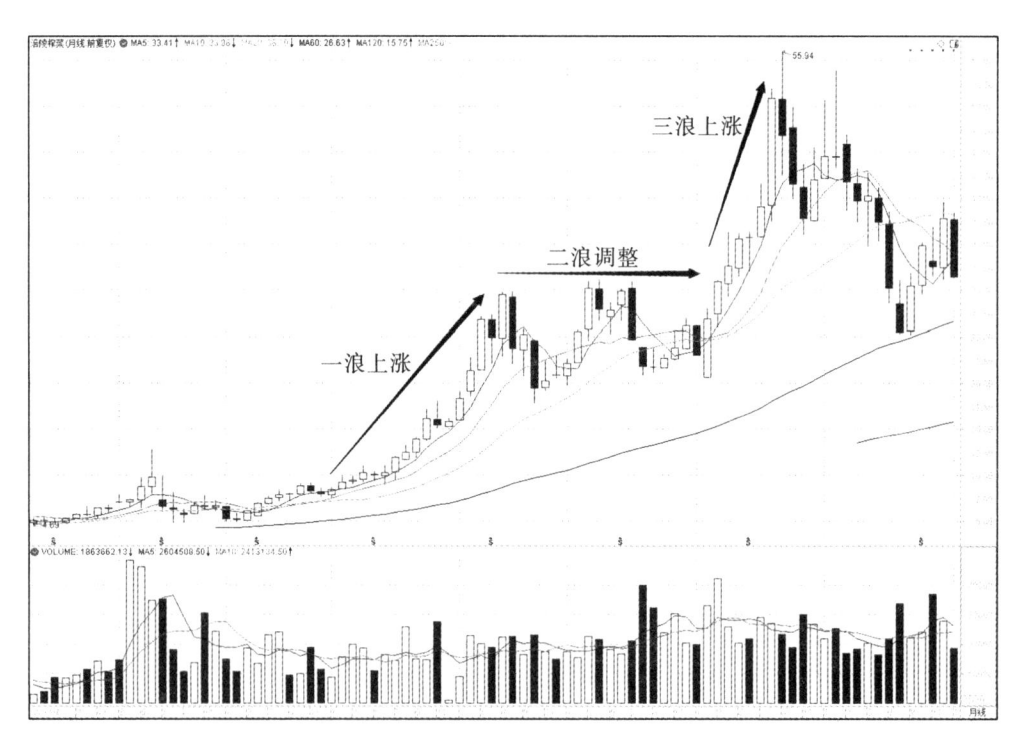

图 3－3－2　涪陵榨菜 2016 年初至 2020 年 9 月月 K 线图

图 3－3－2 是涪陵榨菜（002507）在 2016 年初至 2020 年 9 月走出了一波大涨的行情，它的走势也可以明显划分为三个阶段：2016 年初至 2018 年 7 月是一浪上涨；二浪调整就是典型的期间震荡洗盘了，从 2018 年 8 月至 2020 年 1 月做了一个长达一年半左右的双底形态；然后展开了最后的主升浪，也就是三浪上涨。

二、五浪上涨形态

这种上涨形态比三浪上涨形态多了一个调整浪和一个上升浪，这也意味着五浪上涨形态持续的时间往往比三浪上涨形态更长。这种走势的公司通常稳定发展期更长，大多来自消费类行业，如食品饮料、医药保健等，因为这些公司生产的产品是大众都需要的日常消费品，而这样的商品永远都不会过时，属于刚需，并且还会随着经济的发展、人民生活水平的提高而不断扩大它的市场，所以做价值投资的投资者非常偏爱消费类公司，"股神"巴菲特过去投资的公司有许多也是消费类的公司。

这种形态包括三个上升浪和夹杂其中的两个调整浪，其中一浪上涨的时间最长，上升斜率最为平缓，三浪上涨的上升斜率更大，五浪上涨的斜率最大，最后股价见顶的时候一般会出现加速拉升。二浪调整和四浪调整的低点一般也不会跌破重要的均线支撑，如20月均线，即使有短暂的跌破，20月均线也必须继续保持向上运行，这样上升趋势就不会被破坏。

下面我们来看一个典型例子。

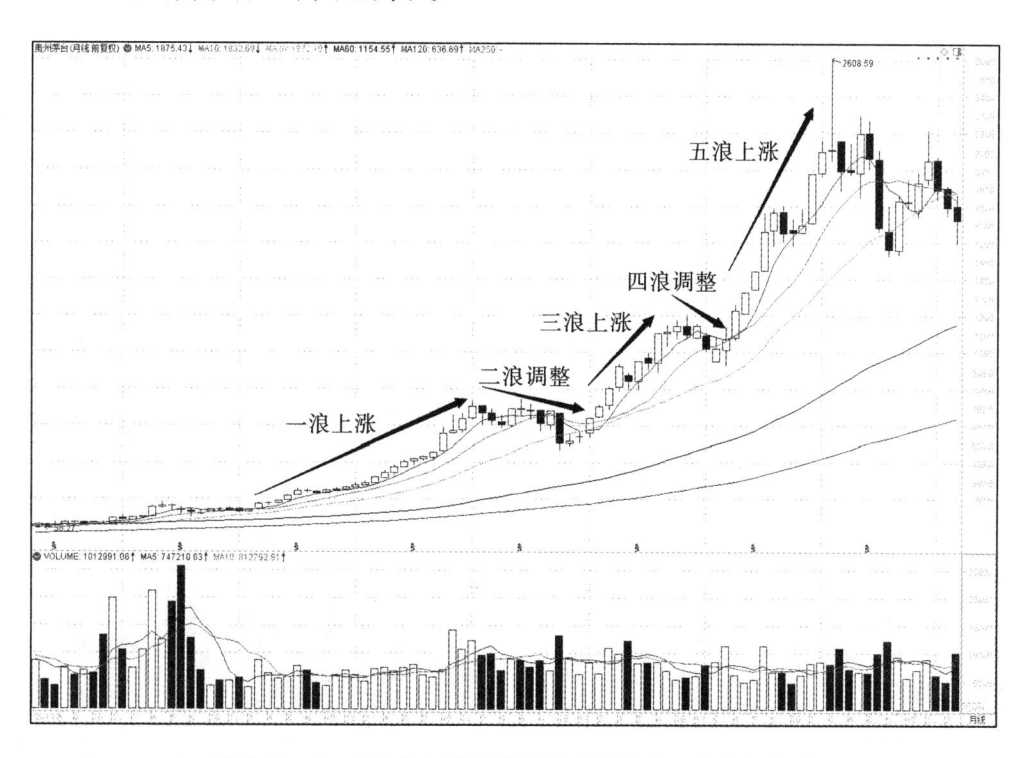

图3-3-3 贵州茅台2014年4月至2022年3月月K线图

图 3-3-3 是贵州茅台（600519）的月 K 线图，图中时间跨度为 2014 年 4 月至 2022 年 3 月。贵州茅台是我国 A 股市场最大市值的公司，也是一个消费类公司，长期来看，该公司基本上处在上升行情当中，最近一波上升行情是从 2014 年初到 2021 年初长达 8 年的连续大涨。可以看到，这一轮上涨行情可以明显分为五段：2014 年至 2018 年 1 月是一浪上涨，总共历经了 4 年，占这一波行情的一半左右；从 2018 年 2 月至同年 10 月是二浪调整，调整最后是一个短线连续暴跌洗盘，调整的低点跌破了 20 月均线，但 20 月均线始终保持了向上运行；从 2018 年 11 月到 2019 年 10 月是三浪上涨，这个阶段的上涨斜率就比一浪上涨更为陡峭；从 2019 年 11 月到 2020 年 2 月，是为期 4 个月的四浪调整，这一次调整的时间比二浪调整更短，调整幅度也比二浪调整更小，调整的低点没有跌破 20 月均线；从 2020 年 3 月至 2021 年 2 月，是长达一年的五浪上涨，在上涨的最后出现了加速拉升见顶的走势。

下面再看一个例子。

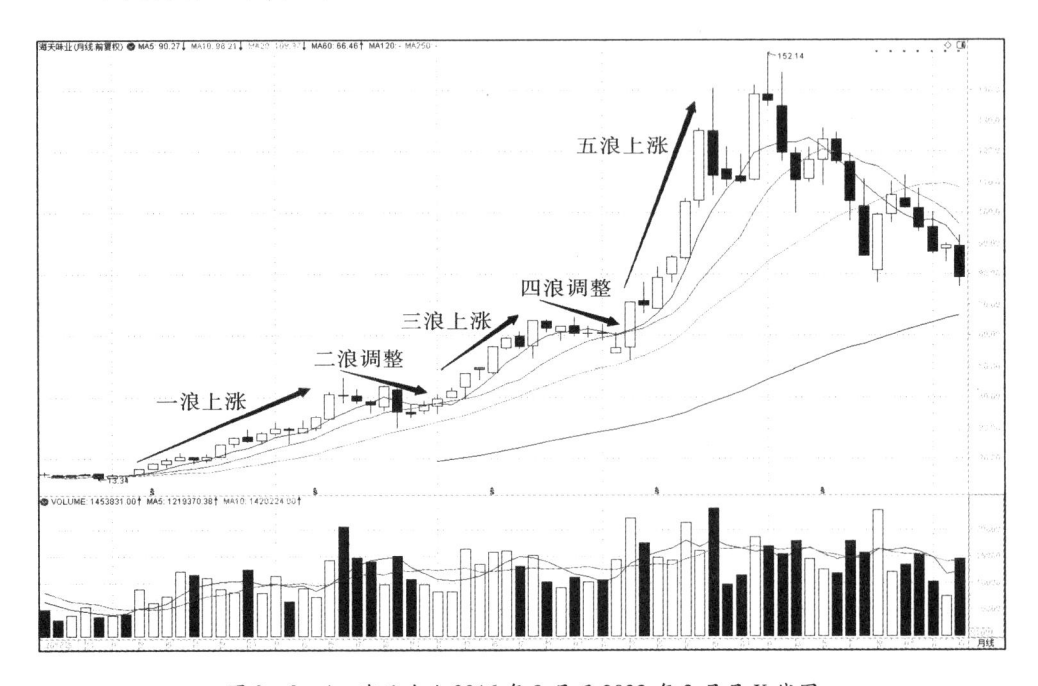

图 3-3-4　海天味业 2016 年 8 月至 2022 年 3 月月 K 线图

图3-3-4是海天味业（603288）的月K线图，图中时间跨度为2016年8月至2022年3月。海天味业是我国调味品行业的龙头企业，也是A股市场著名的消费类大牛股。该股从2017年到2021年，走出了连续4年的大牛市行情，这一波行情可以明显分为五段：2017年3月至2018年5月是一浪上涨，持续时间达到一年零三个月；从2018年6月至同年11月，经历了6个月的二浪调整，调整的低点没有跌破20月均线；紧接着从2018年12月到2019年8月，是持续9个月的三浪上涨；2019年9月至2020年2月，则是持续6个月的四浪调整，调整的低点刚好跌到20月均线附近止跌回升；最后从2020年3月到2020年9月是6个月的五浪上涨，最后两个月明显开始了加速拉升。

虽然后面调整3个月后，2021年1月股价再创新高，但很快又回落了，应该算是一个失败的浪型。

三、一波连续拉升形态

这种上涨形态从头至尾只有一波连续拉升，但是持续时间较短，一般是两年左右，其间调整一般不会跌破10月均线，股价偶尔回踩10月均线，但很快返身向上，从月K线上看上涨非常流畅，没有一点拖泥带水，一旦跌破10月均线上升行情就结束了。造成这种状况的主要原因是，这种公司的行业黄金期比较短，公司业务突然爆发式增长，但是持续时间不长，市场很快就饱和了，公司业务又会遭遇迅速下降。在公司业务爆发式增长的时候，市场各方一拥而上，争相追捧公司的股票，让公司一时之间成为市场明星，各路投资者合力不断推高股价，其间难以出现像样的调整，而当公司业务发展到了鼎盛状态，主力资金开始逐步派发股票，于是股价在疯狂中见顶，很快转为暴跌。

一波连续拉升形态看起来很单调，但是这一波上涨并不是平均上涨的，也就是说一波拉升的走势并不是一条直线，通常来说刚开始的时候股价会有一个突然井喷式的拉升，到了上涨中途速度会适当放缓，上涨斜率略微下降，最后阶段又会加速拉升见顶。

还有一种情况可能出现一波连续拉升形态，那就是次新股，上市不久就碰上了公司业绩进入黄金期，股价直接开始拉升，这样也难以出现像样的调整，最后股价上涨过猛，一波拉升宣告结束。

下面我们来看一个典型例子。

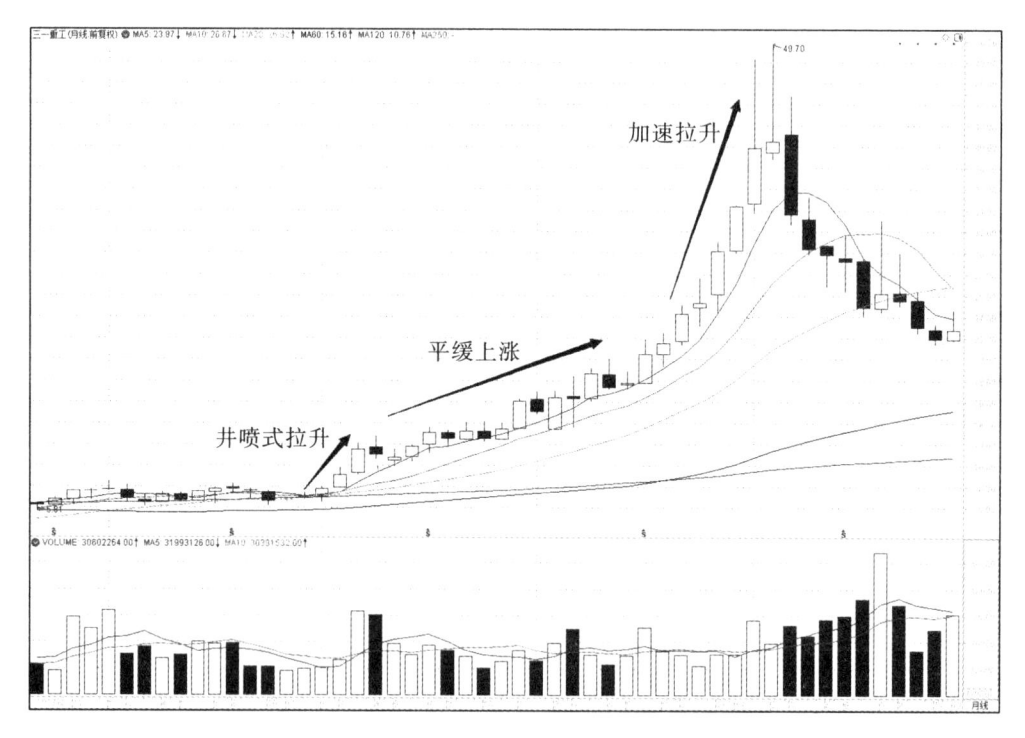

图3-3-5　三一重工2017年9月至2021年12月月K线图

图3-3-5是三一重工（600031）的月K线图，图中时间跨度为2017年9月至2021年12月。三一重工是我国机械工程行业的龙头企业，但是机械工程属于周期性行情，行业高峰期和低谷期转换比较快。该股从2019年1月到2021年2月的两年多时间内，走出了一波大牛市行情，这一波上涨的斜率明显有三个阶段的变化，初期是一个井喷式拉升的阶段，到了上涨中段基本是平缓上涨为主，其间有短暂的调整，但是调整基本没有跌破10月均线，有两个月股价的低点下探到了19月均线附近，但是很快又拉上去了，最后阶段股价又出

现了加速拉升,直到无力再涨后,见顶暴跌。

下面再看一个例子。

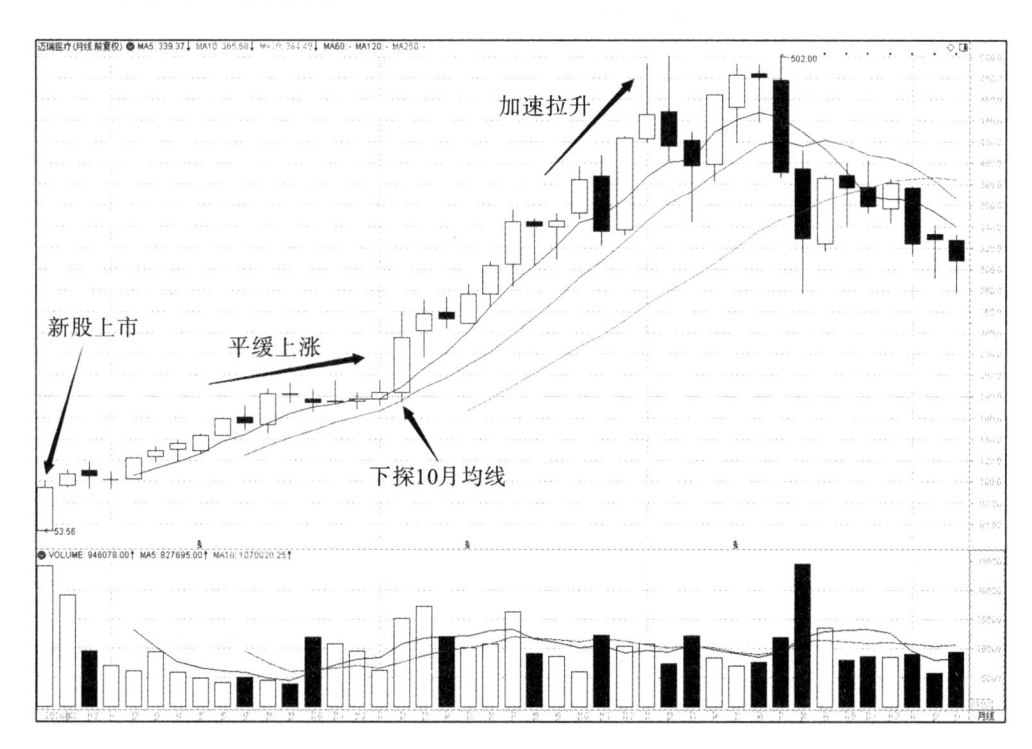

图3-3-6 迈瑞医疗2018年10月至2022年3月月K线图

图3-3-6是迈瑞医疗(300760)的月K线图,图中时间跨度为2018年10月至2022年3月。迈瑞医疗是我国医疗器械行业的龙头企业,属于消费类公司,照理说该公司的发展黄金期是很长的。不过,该公司的股票2018年10月才上市,上市后公司的业绩稳步增长,各路大资金集体看好其股票,不断推高其股价。从走势上来看,其上市之初,股价就开始了井喷式拉升,进入中段有一个平缓上涨的阶段,等到10月均线逐渐上行,股价短暂下探了10月均线附近,很快开始加速拉升,持续上涨一年左右。

第四节 主力如何出货

长线白马股有大批的主力资金在其中抱团运作，在经过长期的上涨之后，股价的累计涨幅往往非常惊人，各路主力资金账面利润都非常丰厚，这时候如何出货，就成为主力资金需要考虑的首要问题。如果不能顺利出货，那么账面的盈利永远都无法兑现，如果股价出现大幅回落，就得不偿失了。

主力要大规模出货必须要满足的条件很多，但有一个最为明显的条件，那就是成交量必须连续放大，以吸引市场上的短线投资者大规模买入股票，而要吸引短线投资者大规模买入，必须让股价短线大涨。主力资金要做到这一点并不难，因为他们早已在低位大规模买入了大量筹码，市场上流通的股票已经很少了，他们不需要花太多钱就可以迅速拉升股价。所以，长线白马股在经过长期上涨之后，到了一定高位，还会继续加速拉升赶顶，因为只有这样才会吸引众多散户跟风买入，主力资金才能顺利出货。另外，加速拉升还有一个好处，就是股价涨得越高，主力资金获利就越大，这样一来，主力资金出货时，即便股价下跌，也有了更大的下跌空间，不至于损失太多利润。

主力资金由于手中的筹码太多，不可能在短时间内全部出货完毕，所以需要在加速拉升后分批出货，不仅在高位会及时出货，之后股价开始下跌也会持续出货，因为长线白马股经过几年的上涨，累计涨幅往往达到数倍甚至十几倍，主力手中的筹码早就获利颇丰，降低一点出货总体还是大赚的。而很多短线投资者，由于买入成本很高，股价下跌后不愿止损，随着股价不断下跌，最后就会被套牢在高位站岗。

上一节我们谈到，不管是三浪上涨形态、五浪上涨形态，还是一波连续拉升形态，到了最后都会有一个加速拉升的过程。我们可以画出一个上升通道线，最后的加速拉升往往都会向上突破上升通道的上沿，如果加速拉升之后再出现放量大阴线，就是主力资金出货的标志了。

下面我们来看一个典型例子。

图3-4-1是迈瑞医疗（300760）的日K线图，图中时间跨度为2020年5月至2021年3月。上一节，我们看了迈瑞医疗的月K线，这里把它见顶前后的日K线放大再看。把股价加速拉升前的两个阶段性高点进行连线，在股价下方低位再画一条平行线，这就是一段时间内股价运行的上升通道，股价运行到上升通道的上沿时，就会遇到技术性阻力，如果无法上破，则会回落到上升通道内；如果股价运行到上升通道的下沿就会遇到支撑，一般会返身向上继续回到上升通道内。

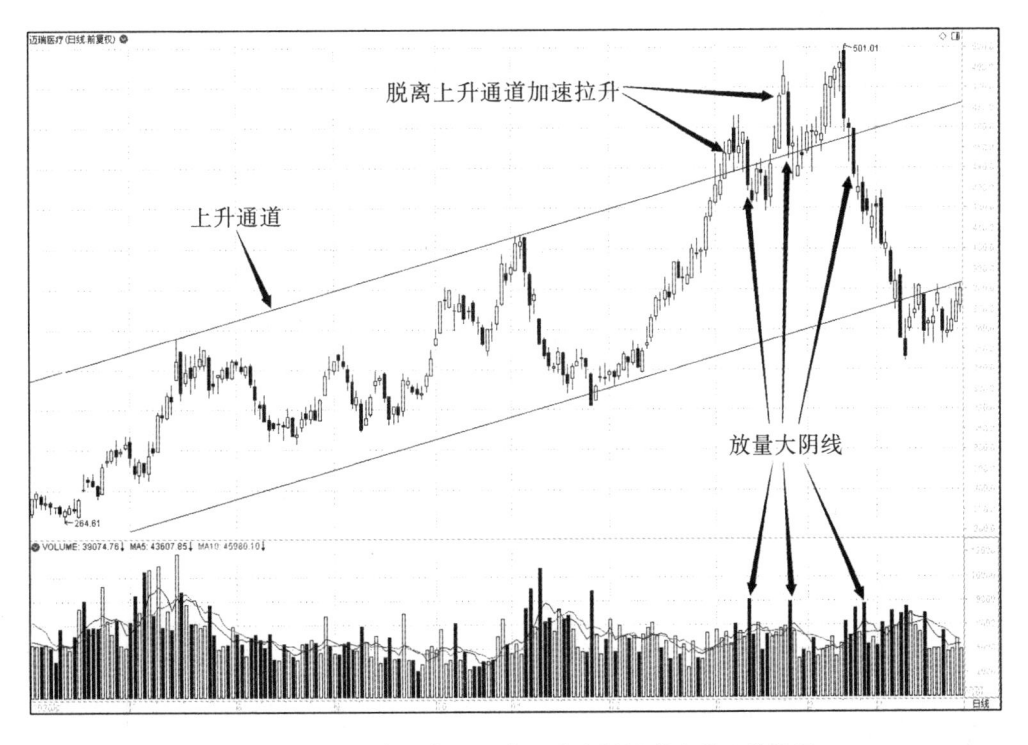

图3-4-1 迈瑞医疗2020年5月至2021年3月日K线图

从图3-4-1可以看到，股价连续上涨，最终上破通道上轨，脱离上升通道，这就是典型的加速拉升，是股价加速赶顶的特征。而在股价到了高位以

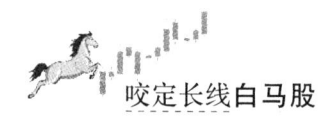

后,连续出现放量大阴线,说明主力资金开始出货了,即使后市股价还有拉高,也是为了继续出货,投资者此时一定要果断出局,因为这个位置一旦被套,股价可能长期下跌。此后股价连续放量大跌,最终跌破上升通道的下沿,上升趋势彻底结束,标志着股价完成了筑顶。

下面再看一个例子。

图3-4-2是涪陵榨菜(002507)的日K线图,图中时间跨度为2020年2月至11月。上一节我们已经看了涪陵榨菜的月K线图,在股价最后见顶的时候有一个明显的加速拉升。我们在日K线图上面画出上升通道,可以看到该股见顶,在日K线上面也明显出现了脱离上升通道的加速拉升。此后,股价很快跌破了上升通道的下沿,并出现了一根放巨量的大阴线,这里的股价看起来已经很低了,但是比起几年前的低位,此时卖出仍然可获利几倍。

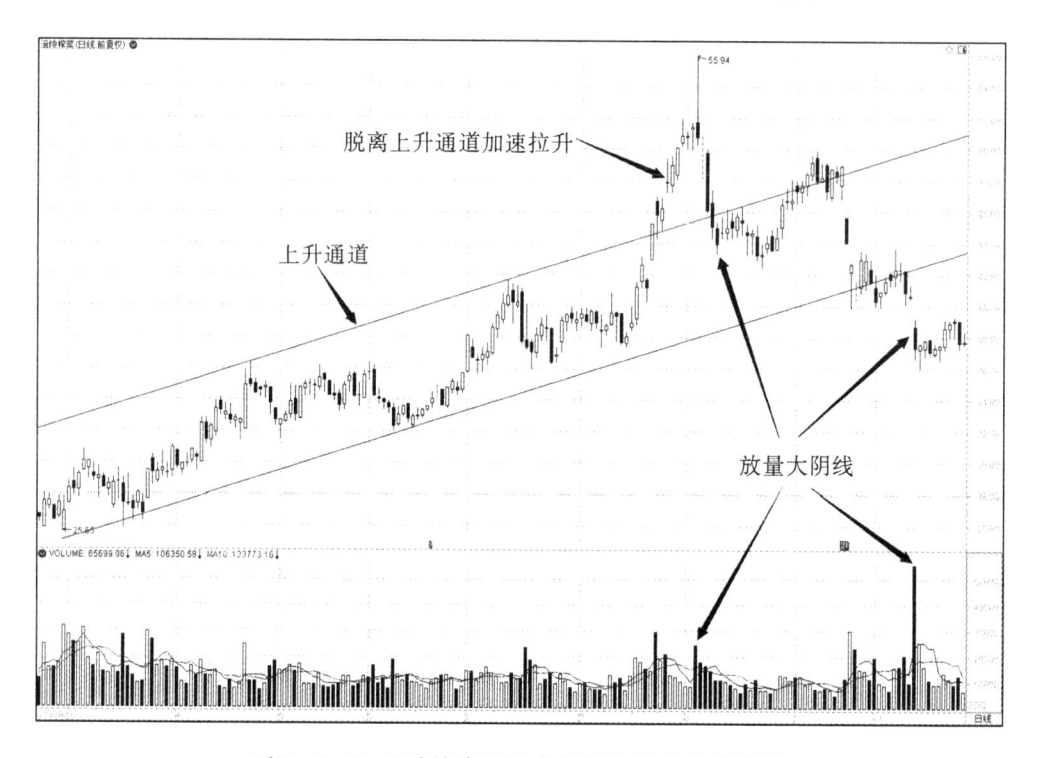

图3-4-2 涪陵榨菜2020年2月至11月日K线图

第三章 白马股的主力思维

下面再看一个例子。

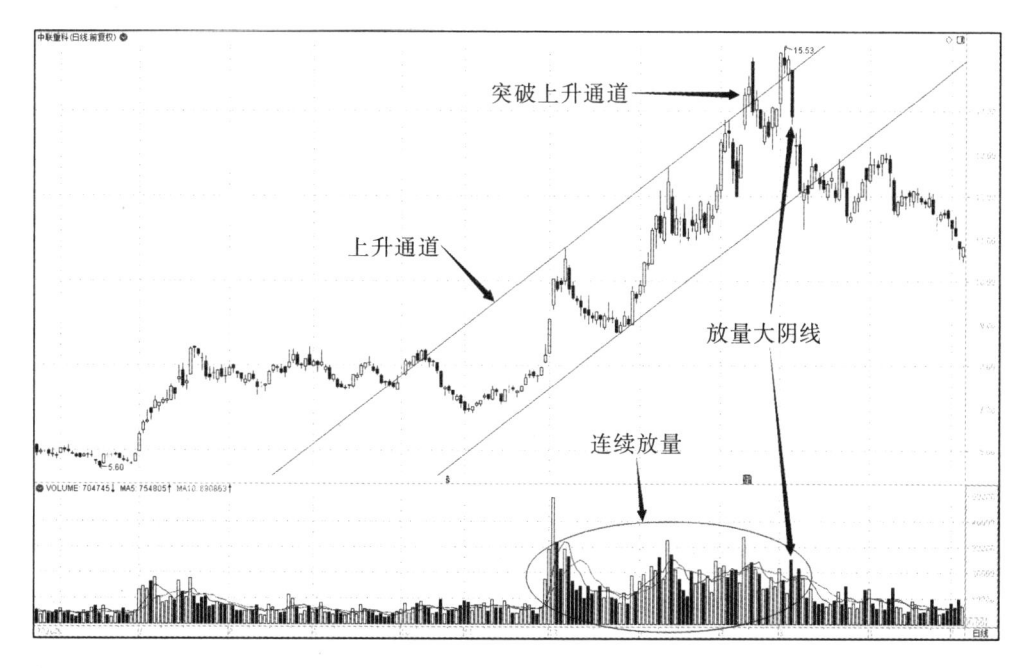

图 3-4-3 中联重科 2020 年 5 月至 2021 年 5 月日 K 线图

图 3-4-3 是中联重科（000157）的日 K 线图，图中时间跨度为 2020 年 5 月至 2021 年 5 月。中联重科从 2018 年四季度见底后展开了一轮持续两年多的连续大涨行情。这里截取了该股最后见顶阶段的走势图，可以看到进入 2020 年 12 月以后，该股再度放量大涨，经过三波拉升最终见顶，其间成交量连续 3 个多月密集放大，三个月左右区间统计累计换手率接近 200%，这就为主力资金在高位出货创造了非常好的条件，股价前两波上涨构成了一个标准的上升通道，第三波拉升在碰到上升通道的时候曾经短暂回落，但很快向上突破了上升通道。在突破上升通道后，成交量也难以超过前面的最大成交量，股价在高位反复震荡后以一根放量大阴线再次回到上升通道之中，此后股价迅速跌破上升通道的下沿，标志着股价完成了筑顶，主力资金在高位出货的目的也顺利完成，最后的结局就是股价持续下跌。

我们继续看一个案例。

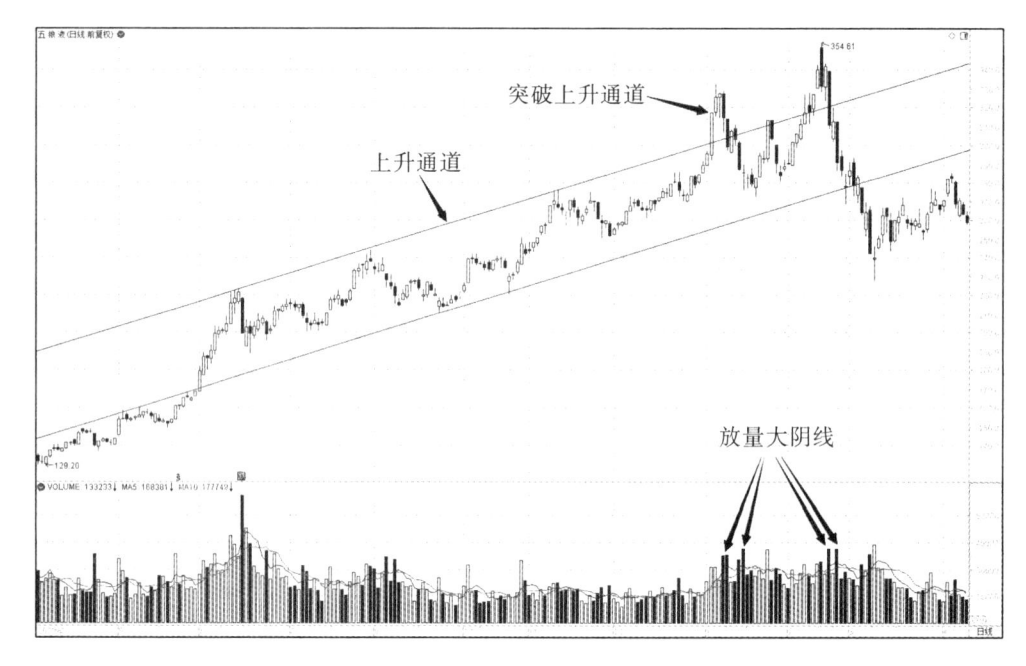

图 3-4-4 五粮液 2020 年 4 月至 2021 年 4 月日 K 线图

图 3-4-4 是五粮液（000858）的日 K 线图，图中时间跨度为 2020 年 4 月至 2021 年 4 月。五粮液在 2020 年 3 月调整到一个低点，然后迅速反转拉升，持续大涨一年左右到达历史最高点。从 2020 年 6 月开始股价加速拉升，经过三波拉升股价走出一个明显的上升通道，进入 2021 年 1 月后股价一举向上突破上升通道的上沿，突破 3 天后股价开始回落，在高位密集出现了 4 根放巨量的大阴线，股价再次回到上升通道之中。在上升通道之内反复震荡后，股价再次于 2021 年 2 月突破上升通道的上沿，并迅速再创新高。2021 年 2 月 18 日五粮液创出历史最高点，但是这一天高开低走，收出放巨量的大阴线，此后股价开始连续下跌，屡屡出现放量大阴线，并迅速跌破上升通道的下沿，标志着股价筑顶成功。

在五粮液两次向上突破上升通道不久，股价都很快出现多次放量大阴线，说明股价在上涨的最后阶段，主力资金在加速拉升后，开始在高位大举出货，完成了最后的利润兑现。

当然，对于许多行业龙头公司，主力资金不会把手中的筹码全部卖完，而是会始终保留一部分仓位，但是他们在历史高位卖出大部分筹码之后，自己的持股成本已经大幅下降，未来继续进行波段操作就没有什么压力了。这个案例是从主力资金出货的角度，对五粮液进行的初步分析，后面我还会从板块和估值的角度对该股进行分析。

第四章 白马股的买入原则

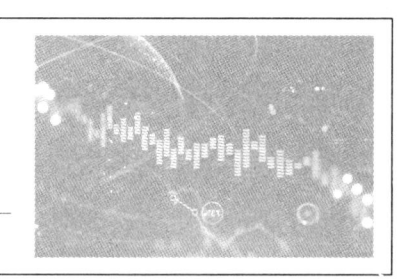

在第三章，我们已经分析了长线白马股的基本特征，那么，接下来我们应该如何寻找买点呢？本章内容，我将与大家分享买入长线白马股应该遵循的三大原则，以及具体案例。

第一节 安全边际三大原则

价值投资理念强调的所谓"安全边际"，简单来说就是买入股票的价格明显低于股票的内在价值，而且买入价格越低，意味着安全边际越大。长期来看，股价总是会回到其内在价值之上的，那么亏损的可能性就很小了，所以这一原则是价值投资的基石。

有一个著名的比喻是这样的：股价和股票的内在价值的关系，就像是一个人牵着一条狗，人代表股票的内在价值，狗代表股价，狗总是会四处乱跑，一会跑到主人前面，一会又会跑到主人后面，但是由于主人始终牵着绳子，狗永远跑不远，只会以绳子的长度为半径围绕着主人活动。安全边际原则就是要求在股价远远落后股票的内在价值的时候买入股票，然后耐心等待股价跑到股票的内在价值前面的时候再卖出股票。

"股神"巴菲特有另一个生动的比喻：市场先生是一个情绪变化无常的人，他每天都会给每一只股票报出一个价格，他报出的价格并不参考股票的内在价值，而是根据他的情绪波动时高时低，我们所要做的就是不要受到他的情绪波动的影响而追涨杀跌，反而应该利用他的情绪波动，在他极度悲观地给出极低价格的时候趁机买入，然后耐心等待市场先生极度亢奋，愿意给出超高价格的时候卖出股票。

安全边际原则的困难有两点：其一就是不要受到市场悲观情绪的影响，这一点和下一条原则的内容重复，所以我们在下一条原则一并阐述；其二在于如何确定股票的内在价值，巴菲特的老师格雷厄姆根据公司现在拥有的资产评估企业内在价值，而巴菲特则主要转向对未来成长盈利的评估，公司未来成长是价值投资的安全边际，这是巴菲特对安全边际原则的重大贡献。

企业内在价值未来的发展方向是增长还是减少非常关键，如果能确定股票的内在价值明显高于其目前的股价，而且未来还有很大的增长空间，那么这就是最好的买入机会。在前文第二章中我们已经简述了市场通行的几种股票估值的方法，但是我们应该明白，任何估值方法都不可能百分之百准确，只能大概确定一个价值区间，而且评估公司价值主要还要对未来进行预测，而得到的结果也具有很大的变动可能，这就要求我们在预测的时候预留很大的空间，也就是说无论我们主观上认为多么有把握的事情都要牢记安全边际，我们买入股票的价格一定要远低于公司的内在价值。安全边际原则的核心其实就是，投资者在这一价格买入股票，已经考虑到企业经营可能的最差情况，也不会亏钱。安全边际是价值投资者最重要的一道防线。

这里我把安全边际细分，总结出 3 个大原则。灵活把握这 3 个原则，是价

值投资的精髓。

一、安全的企业

企业是否安全可以分两部分考察：一是作为一个健康安全的企业应当具备的必备条件。可以以企业的年报作为起点来考察其安全性，简单来说就是一定要财务健康、经营健康，在第二章中我们已经详细叙述了财务报表的分析方法，在此不再赘述。二是作为一个优秀企业的核心竞争力分析，主要包括优秀的人才和独特的资源，以及企业的护城河等。企业的核心竞争力，最好不要听企业的管理层和宣传部门怎么说，而是要问企业的供应商他们的议价能力有多强，问他们的客户是否对企业的产品和服务满意，要去市场中考察企业的主要产品和服务，要在生活中去观察企业的市场占有率有多少。

二、安全的行业

选择安全的行业是价值投资理念中安全边际的第一原则，也是价值投资者考察一家公司是否值得投资的第一步。选择安全的行业就是要选择未来有巨大发展前景的行业，规避那些不可避免走向衰亡的行业，以及由于严重的生产过剩导致利润极低的行业。在分析一个行业的时候，主要考虑整个行业未来的空间有多大，行业发展是否成熟，主导行业的主要技术模式是否存在根本性升级变革的可能，行业中的主要竞争者是否控制了主要的市场份额，公司在行业中的地位如何，等等。事实上，在国民经济中长期存在的行业都有其合理性，只要不发生颠覆性的技术变革，这个行业都将持续存在，关键是企业能否利用自身优势发展出自己的盈利模式，在行业中建立起护城河，最后成为行业龙头的企业，如果企业获得成功，就它就是投资者的最佳投资对象。

许多行业发展都有周期性，我们必须分析行业的周期性特点，了解在上升周期的时候企业有什么样的特点；在下降周期的时候又是什么情况，行业周期一般会持续多久，造成行业周期转变因素有哪些，周期转化的节点有什么特点，等等。例如，著名的"猪周期"，在我国股市上经营食用猪养殖业务的上市公司，它们的股价明显受到"猪周期"的影响，投资者如果分析好猪肉行业以及上游食料行业的兴衰变化、猪肉价格的周期性涨跌，那么就可以抓住周期性的行业机会进行精准投资。

我们应该明白，行业是随时处在变化之中的，现在安全的行业不代表永远都会保持安全，所以我们要分析行业的变化状况，主要分析有没有出现新的替代产品或者服务。例如，商业批发零售行业过去的几年之内受到了网络购物的严重打击，整个行业内大大小小的企业都出现了不同程度的业务下滑，尤其是那些不能及时作出反应，不能进行战略调整的企业，经营状况都每况愈下。

最后，行业分析还有一个重要原则就是只投资那些看得懂的行业，对于看不懂的行业和企业，一定要规避。这里所说的看得懂，主要说的不是一个行业的经营方式和技术等，而是说这个行业的主要收入来源和支出领域，也就是行业的盈利模式。有些新兴的互联网公司，自己都说不清楚自己公司靠什么可以实现盈利，只是靠讲故事、画饼炒高股价，这样的公司我们最好不要碰，市场上永远不缺会讲故事的企业，我们如果完全不懂它们的盈利模式，听信这些故事就贸然买入，未来被高位套牢的概率就很大。

三、安全的价格

价值投资者最为推崇的安全边际原则主要是指安全的价格，就是说股价必需足够低，甚至低于公司的内在价值，我们买入这样的股票才算是安全的。价值投资有一个著名的"烟蒂投资法"，该方法把那些价格极低的股票比喻为烟蒂，也就是别人抽过后丢弃掉的烟，但是还有一小段没有抽完，如果一个烟鬼没有钱的时候就去捡烟蒂来抽，虽然烟蒂可以抽的部分很少，但是因为没有成本，相当于是免费的。烟蒂股就是那些价格已经低于其内在价值的股票，我们投资这一类股票不容易亏损，只要有足够的时间，股价就可能出现可观的

上涨。

因为买入价格已经低于股票内在价值，只要公司没有破产的风险，股价继续大幅下跌的可能性就很小了，这是安全的价格第一个好处。由于价格明显低于内在价值，只要回归价值股价就应该上涨，而且这个概率还很大，所以我们买入烟蒂股盈利的可能性非常大，这是安全的价格第二个好处。因为买入的价格极低，将来股价可能上涨的幅度就会非常大，如一只20元的股票涨到40元，涨幅为100%，而一只3元的股票涨到9元，涨幅为200%，看起来并不起眼的价格，但是后者上涨的幅度远远超过了前者，这就是安全的价格第三个好处。

安全的价格涉及需要计算股票的内在价值，需要使用不同的估值方法，但是不同行业类型的股票适合不同的估值方法。例如非周期性股票的现金流一般来说比较稳定，适合使用现金流折现估值方法，但是周期性股票就不适合采用这个方法，而应该主要采用相对估值法。

由于我国整体经济的发展尚处在社会主义初级阶段，企业的附加值都不高，还处在主要依靠规模效应增加利润的层面，因此原材料成本和人工成本占收入的比重很大，对企业利润的影响也很大，所以我国许多行业和企业都可以看作周期性股票，都应该使用相对估值法。这就要求我们对这些行业的发展周期有所了解，对周期性行业的波动特点了如指掌，同时还需要明白企业的收入和利润在经济周期的各个阶段发生波动的特点，最后在进行估值的时候，还需要结合当时的市场情绪进行综合判断。

总体上来说，只要我们对行业的周期性波动有了一个深入的认识，知道行业变化的大致区间，加上对一个公司的全面研究，对企业的基本情况胸有成竹，就可以比较容易地找到股票的安全边际了。巴菲特投资港股中国石油的案例就是一个典型的安全边际原则的生动实践。

第四章 白马股的买入原则

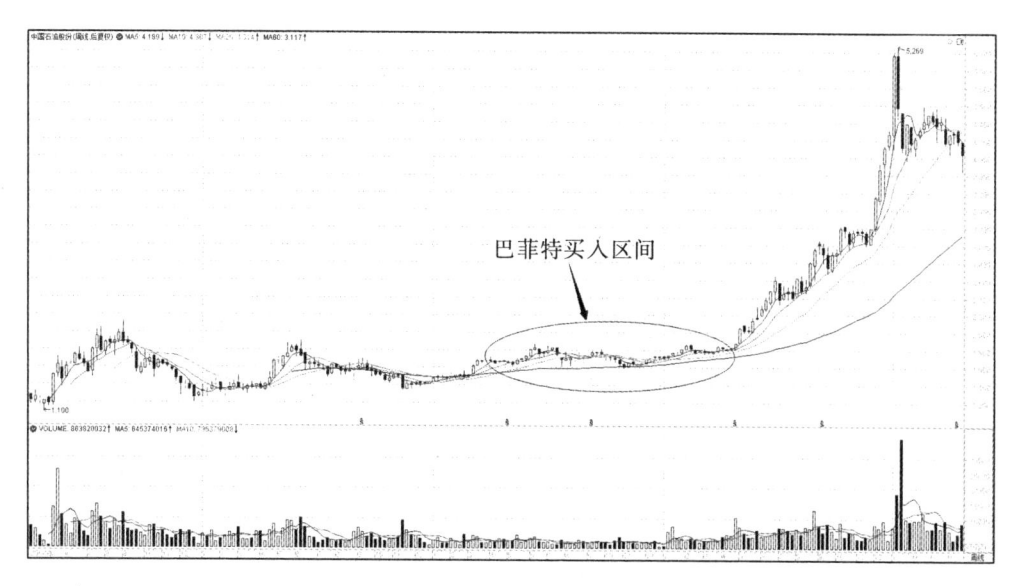

图4-1-1 港股中国石油2000年4月年2004年4月周K线图

图4-1-1是港股中国石油（00857）的周K线图，图中时间跨度为2000年4月至2004年4月。这是中国石油在香港交易所上市最初4年的走势图，2000年4月，中国石油以1.27港元的发行价在香港上市，上市后股价最低跌至1.1港元，然后很快上涨到2港元附近，此后3年左右都进入了一个低迷震荡阶段，股价基本在上至1.8港元、下至1.2港元的很小区间内窄幅震荡，到2003年4月开始向上大幅拉升，不到一年的时间股价涨至5港元以上。

巴菲特在2002年4月仔细分析了中国石油发布的2001年年报之后，开始大举买入，直到2003年4月之前多次分批买入了共计23.39亿股，总成本4.88亿美元，平均买入价为0.208美元，约合1.62港元每股。巴菲特一直持股到2007年，等到股价暴涨数倍才开始分批减持。

下面我们来仔细分析巴菲特买入港股中国石油的理由。由于时间已经过了20多年，一般股票软件上面已经查询不到2001年的财务数据，我们从同花顺软件查询到2001年港股中国石油的主要财务数据，同时我们以巴菲特买入的平均成本1.62港元每股为当时的股价，计算总市值等数据如下：

总股本：1758.24亿股；

股价：1.62 港元；

总市值：2848.35 亿港元；

每股净资产：1.67 港元；

净资产收益率：15.65%；

营业总收入：2413.20 亿港元；

归母净利润：454.69 亿港元；

2000 年归母净利润：552.31 亿港元；

1999 年归母净利润：270.01 亿港元；

经营活动现金流量净额：844.39 亿港元；

投资活动现金流量净额：-614.91 亿港元；

融资活动现金流量净额：-299.06 亿港元。

通过以上基本财务数据，我们可以简单计算中国石油的各项估值指标数据如下：

市盈率：6.26；

市净率：0.97；

市销率：1.18；

市现率：3.37。

由于 2001 年的净利润比 2000 年有所降低，但是比 1999 年还是大幅增长的，因此我们计算 PEG 指标的时候可以使用两年复合增长率来进行计算：

$$PEG = 6.26 \div \{(\sqrt{454.69 \div 270.01} - 1) \times 100\} = 0.21$$

由于绝对估值法的计算过于复杂，而且需要对未来的利润增长做出预测，这里我们有了前面的相对估值法已经足够可以做出判断，所以不再用绝对估值法计算。

首先，中国石油的市盈率为 6.26，这是一个很有吸引力的数字，投资价值非常明显。市净率为 0.97，也就是说巴菲特的平均买入价格低于每股净资产，这也是明显偏低的价格。一般来说，一家公司进行破产清算，把所有的资产全部卖掉，再支付完所有的负债，剩下的就是净资产，中国石油市净率看来是很低的。再来看市销率1.18，也就是说公司的价值只比一年的销售额高18%，也是属于严重被低估的状态。然后再来看市现率3.37，这个数字比市盈率更低，实际到手的现金比账面利润更有说服力，相当于只需要3年多公司收到的现金就超过了公司现在的价值，这个投资价值太明显了。我们在计算PEG指标的时候，因为2001年的净利润比上一年度下降了，所以采用一年的数据进行计算就会得到一个负数，但是2001年的净利润仍然比1999年的数字有很大的增长，所以2000年的净利润增长太快，我们完全可以采用两年复合增长率进行计算，因为软件上面找不到中国石油1998年以及之前的数据，所以不能代入更多历史数据来计算，但是有这两年的数据已经足够了。最后计算得到的结果PEG值为0.21，这个也是非常具有投资价值的数字，一般来说PEG值低于1就表示企业很有吸引力了，中国石油的这个指标代表公司只需要5年的时间就可以赚回相当于现在公司总价值的净利润，这个数据也显示了其股价被严重低估。

然后，我们再来看看公司当年的净资产收益率为15.65%，这也完全达到一只绩优股的水平，再查询1999年和2000年的净资产收益率，可以得到结果分别为12.83%和20.23%，3年下来的平均值在16.24%左右，可以算是非常良好。

下面我们再来分析一下公司的现金流数据。中国石油当年的经营活动现金流量净额为844.39亿港元，这个数字超过当年净利润许多，说明公司实际收到的现金比账面的净利润更高，也就是说公司可以提前预收客户的货款，或者可以拖欠供货商的货款，这都表明了公司在行业中具有非常强势的地位；投资活动现金流量净额为-614.91亿港元，说明公司还在进行大手笔的对外投资，查询可以得知这些投资全部都是围绕着石油开采和冶炼的上下游进行的。中国石油一方面继续扩大生产规模；另一方面加强研发，补齐公司的短板，这就为将来的发展打下了坚实的基础。融资活动现金流量净额为-299.06亿港元，说明公司这一年来总体归还了300亿左右的对外借款。前面第二章在讲如何分析现

金流量表的时候专门讲过，经营活动现金净流为正数、投资活动现金净流为负数、融资活动现金净流为负数，代表这种企业是最健康、财务最安全的企业，也就是最优秀的企业。

中国石油的以上各项数据都说明了公司的投资价值非常高，股价被严重低估了，但是为什么会出现这么低的价格呢？这就不得不说到当时国内外的特殊环境因素了。在2000年，美国的科技网络股泡沫破裂，造成美国股市从2000年高点开始暴跌，此后连续3年基本都处于下跌之中，受此影响香港恒生指数也从2000年的高点18300多点连续大跌，最终在2003年最低跌至8300余点，这一香港股市主要指数已整整跌去了10000点，其间个股下跌更是惨不忍睹。当时的国内A股市场同样在2001年中期见顶，然后开始了长达4年的反复下跌，再加上当时国内A股市场还没有进行股权分置改革，大股东持有的股份一般来说都是不能在二级市场自由买卖的，以当时A股市场的特殊情况来说，还难以接纳中国石油这样的超级大盘股上市，所以中国石油被迫选择了在香港股市上市。中国石油上市的时间正好是全球股市处于阶段性历史高位的时候，为了确保上市成功，中国石油仅仅把10%的股份在香港股市挂牌上市流通，90%的股份并没有在市场上面流通，而是保留下来准备以后在A股市场合适的时候再挂牌上市。但是，中国石油上市之后，国内外股市主要代表性指数都开启了连绵不断的下跌，这就极大地压制了中国石油上涨的势头，所以我们看到中国石油在2003年4月之前的走势基本都是在2元以下反复窄幅震荡，主要就是受到市场整体大环境的影响。但是在全球各大指数都下跌且不断创新低的同时，中国石油的走势也显得非常坚挺，并没有跟随主要指数创新低，说明市场对公司的业绩还是非常认可的，只要股价下跌就会有资金逢低买入，这其中自然包括了巴菲特等价值投资的坚定信徒，正是他们的存在封死了中国石油下跌的空间。

下面我们再来看巴菲特自己是怎样解释对中国石油的投资吧。当时巴菲特中国石油的年报，就很快决定投入4亿多美元，后来他在谈到这次投资的时候强调了几个重点：中国石油拥有超级无敌的业务，拥有中国内地的垄断地位，只有少数几个竞争对手；中国石油的原油产量占全球的3%，相当于埃克森美孚公司的80%，但是中国石油的市值却远远低于埃克森美孚的市值。巴菲特计算中国石油的净利润有120亿美元，总市值只有350亿美元，仅仅是它上年盈利的3倍，巴菲特经过计算认为，中国石油的合理估值应该在1000亿美元，这是他跟其他几家石油公司对比后得出的结果。而且中国石油的负债水平不高，再加上公司计划将45%的净利润用于分红，按照当时的数据计算可以获得15%的现金分红。中国政府持有90%的股份，巴菲特已经买入了总股本的1.3%，按照香港交易所的规定，这个买入量必须进行披露，他本来还想再买更多一些，但是公开披露以后，股价就迅速涨起来了。15%的股息率，这是一个相当有吸引力的投资，所以巴菲特认为这一笔投资不可能赔钱，只是后来股价开始暴涨了，所以就没有买太多。

从巴菲特的描述可以看到，他经过计算后也发现了中国石油的投资价值非常明显，当时的股价处于一个严重被低估的状态，不过他的计算数据是换算成美元的，总体来说和我们计算的结果都一样，都算是一个具备非常宽阔的安全边际的股票，所以巴菲特毫不犹豫地大量买进了，如果不是因为消息披露后股价开始大涨，他或许还想买入更多。从这个经典案例我们可以发现安全边际在投资中的重大作用，按照同样的规律，我们也可以在市场中去寻找符合条件的股票，一旦我们发现了这样的好机会，一定要果断出手，牢牢把握住机会。

第二节　人弃我取的原则

这一条原则告诉我们，千万不能受到市场情绪的影响而做出投资的决策，因为市场情绪往往都是跟随股价的涨跌而起落，股价低的时候市场情绪都非常低迷，此时大部分投资者都在卖出股票。我们应该反过来，在市场情绪极度低

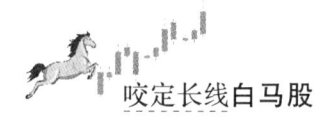

迷的时候买入股票，在市场情绪极度亢奋的时候卖出股票。

这个原则非常重要。因为在符合安全边际的情况下，也就是股价明显低于股票内在价值的时候，往往市场哀鸿遍野，人气极度低迷的时候，在这种时候敢于买入股票就需要我们战胜恐惧心理，而这一点是反人性的，要做到这一点不是那么简单。

这就要求投资者在证券市场有一个长期的经历和沉淀，经过了一轮完整的牛熊市，对股市有了切身的体会；此外，需要投资者树立价值投资的理念，坚定地信奉并贯彻执行价值投资的步骤。这一方面，我们的古人已经有大量的实践，《史记·货殖列传》就有记载："贵上极则反贱，贱下极则反贵，贵出如粪土，贱取如珠玉。"该篇记述了范蠡、白圭、子贡等人的事迹，他们已经深刻理解了这个原则的精髓并利用市场情绪的波动获取了巨大的利润，成为历史上最早的一批民间巨富阶层。

人弃我取的极端情况，就是在企业面临重大利空消息的时候，股票被市场疯狂抛售，股价一泻千里，市场上的氛围一致看空，这样股价就会跌到远低于公司内在价值的极低位置，此时要在整个市场弥漫一片悲观情绪的状态下果断出手买入股票，需要过人的胆识，这样非凡的决策也极有可能带来巨大的收益。巴菲特说过一句话："恐慌气氛是投资者的好朋友。如果你等到知更鸟鸣叫时，反弹时机已经错过了。"

1963年，美国运通卷入了承担巨大担保责任的事件，股价暴跌。几天后，美国总统肯尼迪遭到暗杀身亡，道琼斯指数暴跌，纽约证券交易所紧急休市，运通股价跌幅超过50%。在这种情况下，巴菲特对运通实地调查，认为该事件并没有对美国运通未来的发展造成大的影响。1964~1966年，巴菲特合伙公司投入40%的资金不断买入运通公司股票，在当时的低迷市场中，这种做法与主流看法格格不入。到了1967年，美国运通的股价就出现了上涨翻倍，最后巴菲特分批卖出所有股票，总收益高达2~3倍。

2008年的金融危机造成全球股市暴跌，巴菲特旗下公司伯克希尔向高盛等企业注入了155亿美元,这些交易是在市场一片恐慌之中顺利完成,最后无一例外实现了丰厚的盈利,媒体形容巴菲特是"用大得惊人的桶在危机中接金子"。这样的例子在A股市场也有很多。下面我们来看这样一个经典案例。

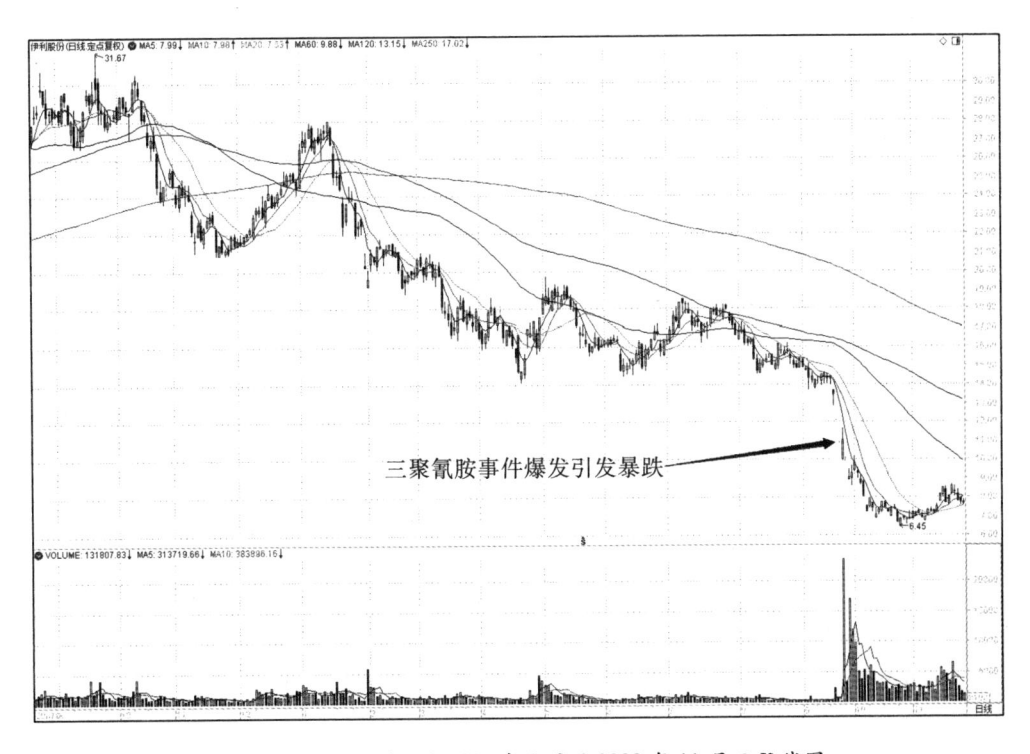

图4-2-1 伊利股份2007年8月于2008年11月日K线图

图4-2-1是伊利股份(600887)的日K线图,图中时间跨度为2007年8月至2008年11月。可以看到,伊利股份从2007年9月见顶31.67元后开始震荡下跌,进入2008年9月,随着三聚氰胺事件爆发,股价再次加速暴跌,从14元上方短短一个多月跌至最低6.45元。当时的情况是,三鹿奶粉发现了大面积非法添加三聚氰胺,国家随后重拳出击,整治奶制品行业,因此引发了伊利股份股价的暴跌,当时的社会上弥漫着一片看空奶制品行业的声音,市场疯狂抛售相关股票。

在这种极端情况下,尤其需要我们的独立思考。我们不妨认真思考几个

问题：

第一个问题，中国人以后是不是再也不吃奶制品了？答案当然是否定的。在漫长的历史中，人类社会的各种食物都会出现或大或小的食品安全问题，但是我们不会因此就放弃一种食物，而是加强对食品加工的管理，防止出现类似事故。

第二个问题，都吃进口奶粉，这样可以吗？我认为这也是不可能的。我国是全球人口第一大国，奶粉是一种很普通的营养食品，如果我国不生产奶粉而全靠进口，就会造成这一市场被外资垄断，价格就会暴涨，广大人民群众的需求得不到满足，这是我们不能承受的。

第三个问题，伊利股份会不会倒闭？我们仔细梳理后不难发现，答案是否定的。因为三聚氰胺的主要肇事者是三鹿集团，其他几家奶制品公司也有类似情况，但是并不严重，属于被动波及方，根本原因是当时的管理手段跟不上，导致进货环节检测不力，混入了不合格的奶源。伊利股份是我国奶制品行业当之无愧的龙头老大，垄断了国内大部分优质奶源，销售渠道也是国内最完善的，可以说我国奶制品行业只要还存在，伊利股份就不会倒闭。

第四个问题，伊利股份的股价是不是严重低于其内在价值？这里我们可以计算一个数据。伊利股份在2008年10月28日最低跌至6.45元，我们就以低位区间平均7元计算，当时伊利股份总股本为7.99亿股，因此其总市值大约56亿元。经查询，伊利股份从2003年到2007年的营业收入分别为：62.99亿元、87.35亿元、121.75亿元、165.80亿元和193.60亿元，可以看到连续5年营业收入保持高速增长，股价暴跌后市销率只有0.289倍，已经严重被低估！再来看2003年到2007年的净利润分别为：2.00亿元、2.39亿元、2.93亿元、3.25亿元和-2059.91万元，可以看到此前连续4年净利润保持良性增长，正常情况下净利润平均达到营业收入的2%~3%，只是2007年出现了小幅亏损，2008年的数据当时可以看到三季报营业收入依然保持增长，但是净利润出现了较大亏损，这是因为出现了三聚氰胺事件，造成了公司短期经营困难。分析完当时的情况，我们主要应该展望一下未来可能出现的情况，此时我们对前面三个问题已经有了答案。未来三聚氰胺事件得到解决之后，伊利股份的经营恢复正常，公司的盈利是否能够继续增长？由于在2008年的时候我国人均奶制品消费量仍然大幅低于世界平均水平，而且我国人口总量继续保持较高增长，随着经济的发展，我国的国民收入也将持续保持增长，我国民众消费奶制品的总量几乎可以确定还将高速增长，作为国内龙头企业的伊利股份，可以确定它的业绩也将继续保持高速增长。如果恢复正常经营，我们以2007年的营业收入继续增长，就算200亿元左右，按照正常的净利润为营业收入2%的比例计算，正常的净利润应该是4亿元左右，按照当时低位区间的总市值56亿元来说，市盈率为14倍，考虑到伊利股份未来10年都有很大可能继续高速增长，这个市盈率指标就明显偏低了。所以综合来看，伊利股份在重大利空消息打压下，股价暴跌后出现了明显的价值洼地，这是我们进行价值投资难得的良机。

但是，这样的绝佳机会只有在具备了高超的理论水平和娴熟的投资手腕时才能果断出手，抓住历史性机会。此后，伊利股份果然出现了连续13年的长期上涨，我们来看该股后面的走势。

图4-2-2是伊利股份（600887）的月K线图，图中时间跨度为2006年至2022年。可以看到，伊利股份股价自从2008年10月见底以后，持续不断地向上拉升，复权后2008年的低点已经成为负数。不过，我们可以计算其高点时的总市值达到3000亿元以上，对比低位时的56亿元，累计上涨了50倍以上，这还没有计算十多年的累计分红。由此可见，真正优质的公司，一旦出现了重大利空消息造成股价暴跌，很容易出现重大的价值投资机会，我们一定要克服人性的弱点，不要受社会舆论的影响，要从价值投资的理念进行分析，然后果断做出投资决策，这样才能真正抓住长线白马股的最佳买点！

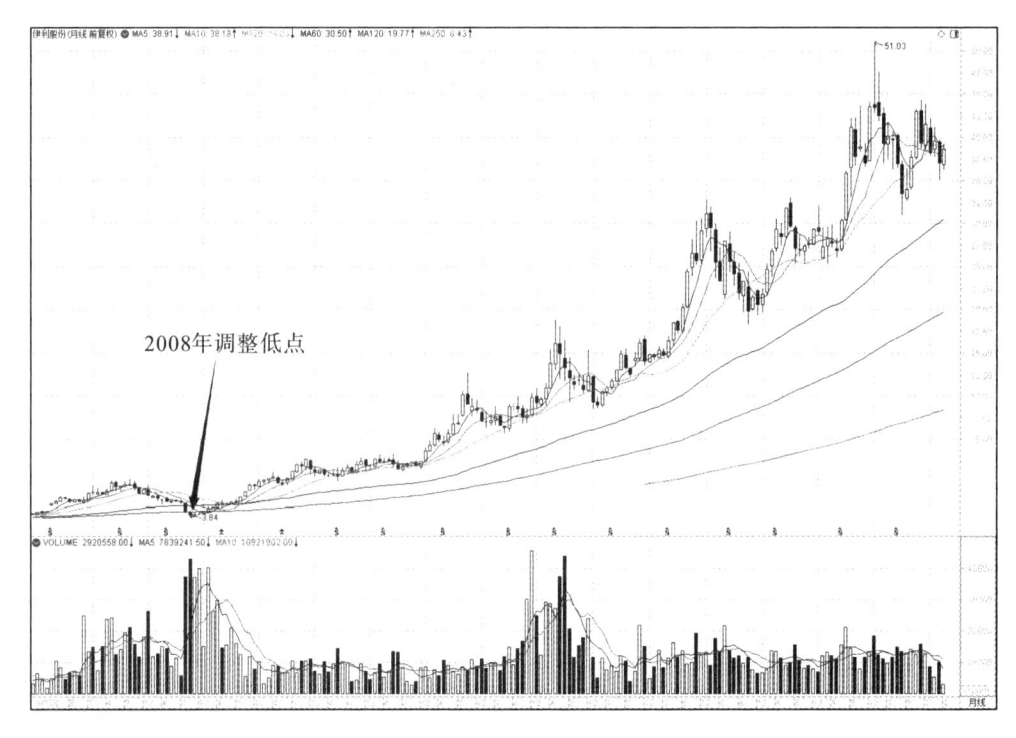

图 4-2-2 伊利股份 2006 年至 2022 年月 K 线图

第三节 集中投资原则

集中投资原则是巴菲特惯用的投资策略，具体来说就是经过精心分析和计算，最后选定少数几只具备稳定发展前景的股票，投入大部分资金买入，然后长期坚定持有。巴菲特靠着这个原则，在过去的几十年中持续不断地稳定获取了超过市场平均水平的收益，取得了举世公认的成就。

集中投资原则被价值投资者奉为圭臬，它之所以能够指导投资者不断地取得成功，一是因为买入的股票都符合前文叙述的安全边际原则和人弃我取原则，在这样的基础上买入股票获利的机会就已经很大了；二是集中投资原则告诉我们，把所有的资金买入少数几只符合要求的股票，这样就避免了过多的选股，也就减少了可能犯错的机会。

从市场方面来说，好的股票永远都是稀缺品种，好的股票暴跌到低于内在价值的机会那就更少了，所以巴菲特常年都是持有大量的现金，就是因为看不到好股票出现低价买入的机会。所以，一旦市场上出现了这样千载难逢的机会，那就应该出重手大量买入。巴菲特说过一句话，"当天上下金子的时候，应该用大盆子去接，而不要用勺子"。这句话的意思就是说，当极度难得的市场机会出现的时候，应该毫不犹豫地大手笔买入，不要畏首畏尾。巴菲特是这样说的，同样也是这样做的，他在漫长的投资生涯中始终坚持长期持有大量现金等待机会，一旦发现好股票出现价格被低估，就像饿狼闻到了血腥味，猛扑上去，死咬住不放，而且无不是出重手大举买入。巴菲特有几只著名的重仓股，都是大量买入然后长期持有，如可口可乐、美国运通、富国银行、苹果公司等，它们都给巴菲特带来了超过10倍的丰厚回报。

由于好股票的稀缺，如果我们没有及时重仓买入，一旦错过机会就只能再去寻找其他投资标的，但是好机会不是随时都有的。市场上总是存在各种各样的陷阱，一些企业会将自己伪装成好的投资标的，投资者若因为认知偏差而误判形势，很可能错误地买入善于伪装的差股票。

投资者最容易出现的认知偏差就是确认偏差，具体表现为买入一只股票后，投资者就会自动过滤掉对这只股票不利的信息，选择性寻找利好股票的信息并深信不疑。《吕氏春秋》中讲了一个疑邻窃斧的寓言故事：有一个人丢了一把斧头，他怀疑是一个邻居偷了他的斧头，于是他看着这个邻居走路的样子像小偷，和他说话看他的表情像小偷，邻居的一言一行无不像是小偷的样子。后来，此人在家里找到了那把丢失的斧头，然后他再看原来怀疑的那个邻居，觉得他走路的样子不再像是小偷了，他的言谈举止也不像小偷了。

其实，这个邻居在斧头找到前后并没有任何变化，变化的是丢失斧头的人的心态，说穿了就是偏见。投资者在选股的时候，必然也会存在着这样那样的偏见，这些偏见最终都可能在潜移默化之中影响我们的投资活动。认知偏差的

最大危害在于，致使投资者不能获得客观认知。许多投资者在一波牛市之中赚到了钱，就会认为这都是自己的投资水平高超的表现，一旦投资出现了亏损，就会认为这是市场因素造成的而不是自身水平出了问题。投资者若不学会审视自己，投资者错后还奋不顾身地加大投入，认为只要市场转好自己就可以实现盈利，即使亏损也不会及时回头，则最终会造成自己亏损累累。

要排除各种认知偏差对我们的影响，就必须始终保持一个开放的心态，永远保持对市场的敬畏之心，不要觉得自己随随便便就能在市场上赚到钱。要坚持不断学习、提升自己，在进行投资的全过程中应该做到尊重事实，主要是学会分析财务数据。经过公开审计的数据是不会说谎的，只有数据支持的观点才可能是正确的。还要依靠逻辑思维，不能任凭自己的想象来投资。进行分析的时候，应该做到先进行论证，不轻易下结论，更不要先下结论再找证据。当然，还应该多听取不同的意见，真理总是越辩越明，多听多看才能有助于我们最快发现错误，然后才能及时改正错误。

总之，只要我们坚持价值投资的3个原则，保持开放而又坚定的心态，耐心等待好公司的低价买入机会，然后抓住机会重手买入，最后坚持长期持股不动摇，这样就可以把价值投资的原则真正运用到我们的投资活动中，帮助我们实现财富的稳定增值。

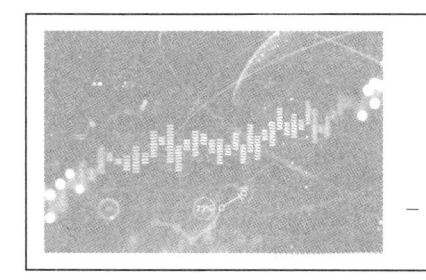

第五章
白马股趋势量能

江氏战法向来主张价值投资和技术分析相结合的路线，虽然价值投资的方法有左侧买入股票、越跌越买的操作思路，但是这种方法需要承受股价可能继续下跌很大幅度、很长时间的机会成本，而且在股价下跌过程中投资者面临着持有信心的巨大考验，所以我们不建议采用这种方法。江氏战法还是比较推崇趋势形成之后再进行买入的右侧交易方法。

前面我们已经分析了如何以价值投资的眼光选择长线白马股，下面我们主要讲解如何对目标个股的走势进行分析。技术分析的核心问题，就是如何判断股票的趋势，一旦判断出一只长线白马股形成了上升趋势，就可以寻找机会进行投资了。本章主要分析如何使用趋势线来判断一只长线白马股是否形成了上升趋势，以及通过分析个股量能研判趋势的发展方向是延续还是反转。

第一节 趋势线

我们选好了长线白马股的标的股票之后，首要问题就是分析其没有形成长

期上涨的趋势。如果股票形成了长期上涨趋势，紧接着要看股价处于什么样的位置，短期是面临调整还是即将加速拉升，这是两个完全不同的状态。如果股价短期面临调整，我们买入股票后会立即面对下跌，需要承受账面亏损的煎熬；如果股份即将加速拉升，我们买入后马上就可以享受股价拉升带来的利润，这也是我们梦寐以求的最佳买点。下面我们具体分析几种趋势线。

一、初始上升趋势线

上升趋势的形成必然是从下跌趋势的结束开始，所以我们可以重点关注那些下跌趋势的个股。在下跌趋势中，股价必然是一波一波的下跌，每一波下跌股价就会再创新低，在此过程中我们都不应该买入股票。直到某一次下跌股价再创新低之后反弹，出现一个反弹小高点，随后再次回调，股份却不再创新低，然后股价重新向上拉升，此时提升的高点超过了上一波反弹的小高点，出现这样的趋势，基本可以确定下跌趋势结束了，股份形成了一个新的上升趋势。

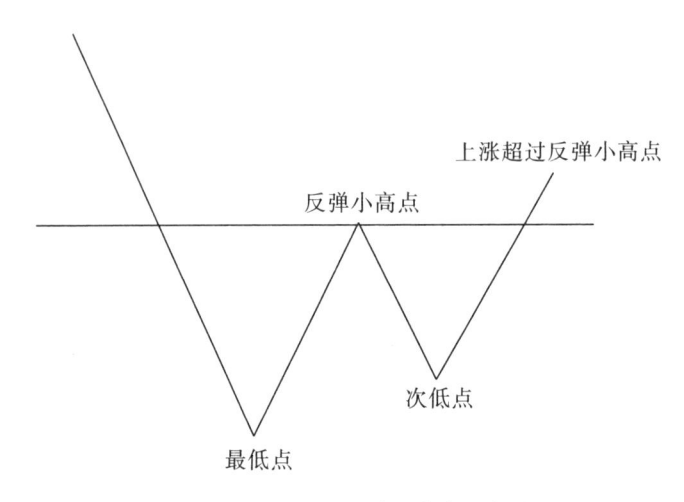

图 5-1-1 初始上升趋势线示意图

图 5-1-1 是股价下跌趋势结束、上升趋势开始的反弹走势图。这里有四个重点：一是股价出现创新低的最低点，二是反弹出现小高点，三是再次回调的次低点不再创新低，四是重新上涨超过反弹小高点。符合这四点，就可以初

步确定上升趋势形成了。我们可以从股价的最低点到次低点画一条直线，这就是新的上升趋势的趋势线，我们叫它初始上升趋势线，未来股价很可能会沿着这一条趋势线向上运行，也就是说股价回调碰到这一条趋势线都会有支撑。下面我们来看案例。

图 5-1-2 三一重工 2015 年 8 月至 2019 年 2 月周 K 线图

图 5-1-2 是三一重工（600031）的周 K 线图，图中时间跨度为 2015 年 8 月至 2019 年 2 月。由于长线白马股的运作周期都很长，我们在分析长线白马股的趋势的时候，至少要用周 K 线来进行分析判断。三一重工的股价从 2015 年高位暴跌后不断创新低，到了 2016 年 2 月初跌至 3.07 元，此后股价出现了一轮两个多月的反弹直至出现 4.6 元的反弹小高点，然后股价经过 5 周下跌再次回调到了 3.36 元，但没有再创新低，此后股价逐步向上拉升，终于在 2016 年 11 月拉升超过了 4.6 元的反弹小高点。此处可以确定股价下跌趋势结束，上升

趋势开始了，图中画出了最低点和次低点的连线，也就是上升趋势线。此后，该股在2018年底回调但是没有跌破上升趋势线，随后展开了一轮大牛行情。

二、加速上升趋势线

初始的上升趋势线形成后，随着股价上涨，股价可能会加快上涨的步伐，随着股价走高，其回调低点也离初始上升趋势线越来越远，这样一来我们需要重新判断上升趋势。我们以加速上涨开始的一个调整低点和后续回调的低点连线，画出一条加速上升趋势线，对后市的上涨行情进行研判。

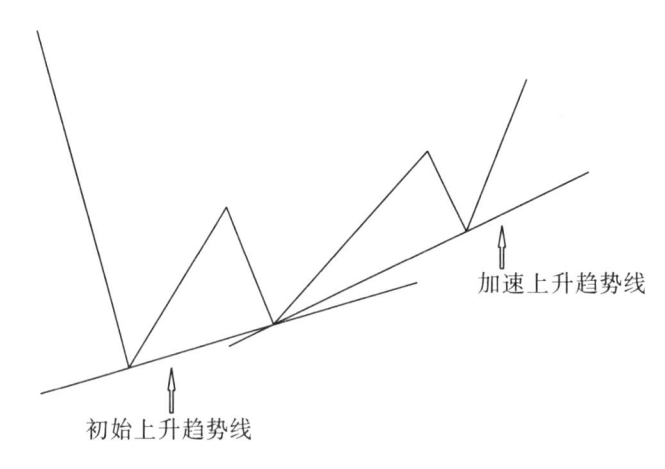

图 5-1-3 加速上升趋势线示意图

图 5-1-3 是股价初始上升趋势线和加速上升趋势线的示意图。走势的重点是，股价回调的低点越来越高，股价上涨的高点也越来越高，第三次回调的低点再没有回到初始上升趋势线的附近，股价加速拉升，初始上升趋势线已经不能准确预判后市的股价波动了，这时候我们就需要画出新的加速上升趋势线，因为这才是后市股价回调的第一支撑线。

当然，初始上升趋势线在后市依然对股价具有支撑作用，如果后市股价跌破了加速上升趋势线，那么初始上升趋势线就是下一个支撑位。下面来看一个实战案例。

第五章 白马股趋势量能

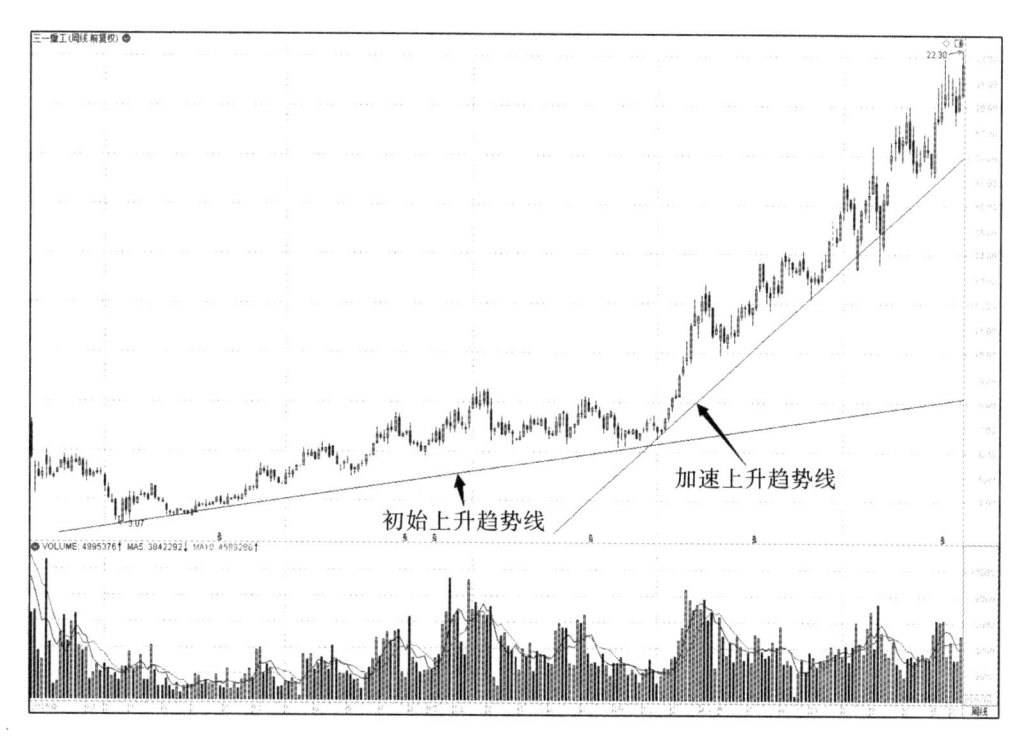

图 5-1-4 三一重工 2015 年 8 月至 2020 年 8 月周 K 线图

图 5-1-4 是三一重工（600031）的周 K 线图，图中时间跨度为 2015 年 8 月至 2020 年 8 月。可以看到，股价从底部缓慢上涨，初始上升趋势线是主要支撑位，但是股价从 2019 年初开始加速拉升，此后股价回调低点都离初始上升趋势线很远，这时候我们就可以将股价开始加速拉升的低点和后面调整的一个明显低点相连，画出新的加速上升趋势线，此后股价回调在加速上升趋势线附近得到了支撑，很快又继续拉升。

三、上升通道线

股价在形成上升趋势之后还有一种情况，那就是股价调整时每当下跌到上升趋势线附近就得到支撑，然后反转向上拉升，但是股价向上拉升到了离上升趋势线一段距离的位置，遇到了阻力不再上涨，转而向下回调或者横盘等待上升趋势线往上运行一段后，股价继续上涨。最关键的是，股价每次拉升的高点都离

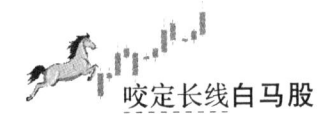

上升趋势线有一段相同或者差不多的距离，我们将每次股价拉升的高点进行连线，这条连线必须和下方的上升趋势线平行，这样两条平行线就形成了一个通道，这个通道就称为上升通道线，或者简称上升通道。下面我们来看一个例子。

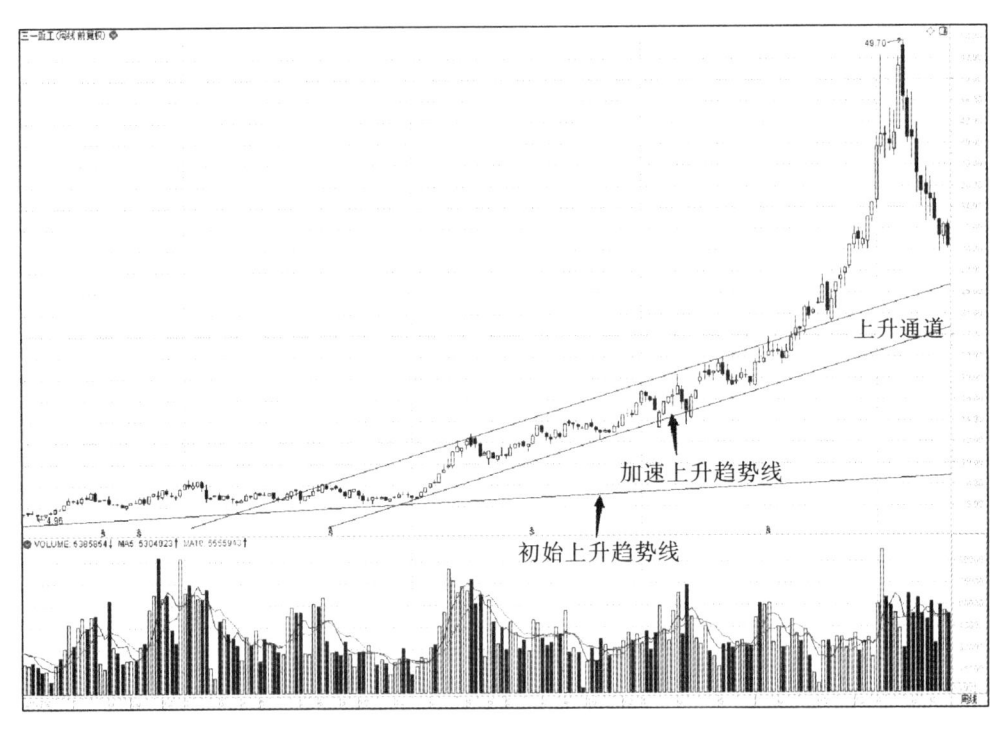

图 5-1-5 三一重工 2017 年 4 月至 2021 年 4 月周 K 线图

图 5-1-5 是三一重工（600031）的周 K 线图，图中时间跨度为 2017 年 4 月至 2021 年 4 月。我们还是以三一重工为例，初始上升趋势线仍然保留，后面的加速上升趋势线也和前面保持不变，我们在加速上升趋势线上方画了一条平行线，这是股价几次拉升高点的连线，两条平行线形成了上升通道。三一重工的股价沿着这条上升通道运行了一年半之久，最后股价突破上升通道，再次加速拉升，这也是长线白马股的一种典型的主升浪走势，后面还会详细论述。

四、水平形态线

上升趋势形成之后，股价肯定不会一直不停地拉升，在连续上涨一段时间之后，股价往往会进行调整，以修复技术指标，这时候在 K 线形态上就会显示出一种横盘整理的态势。在横盘整理的区间里，股价的调整低点差不多都在同一位置附近，股价的上升高点也差不多都在同一高度，这样我们就可以在股价调整的低点、高点分别画一条水平线，这两条线就叫水平形态线。

一般来说，股份不可能一直横盘震荡，后期股价要么向下突破、要么向上突破水平形态线。如果股份向上突破水平线，就会展开新一轮的拉升行情，水平形态线的上沿就会成为后市股价回调的支撑位。下面我们来看一个例子。

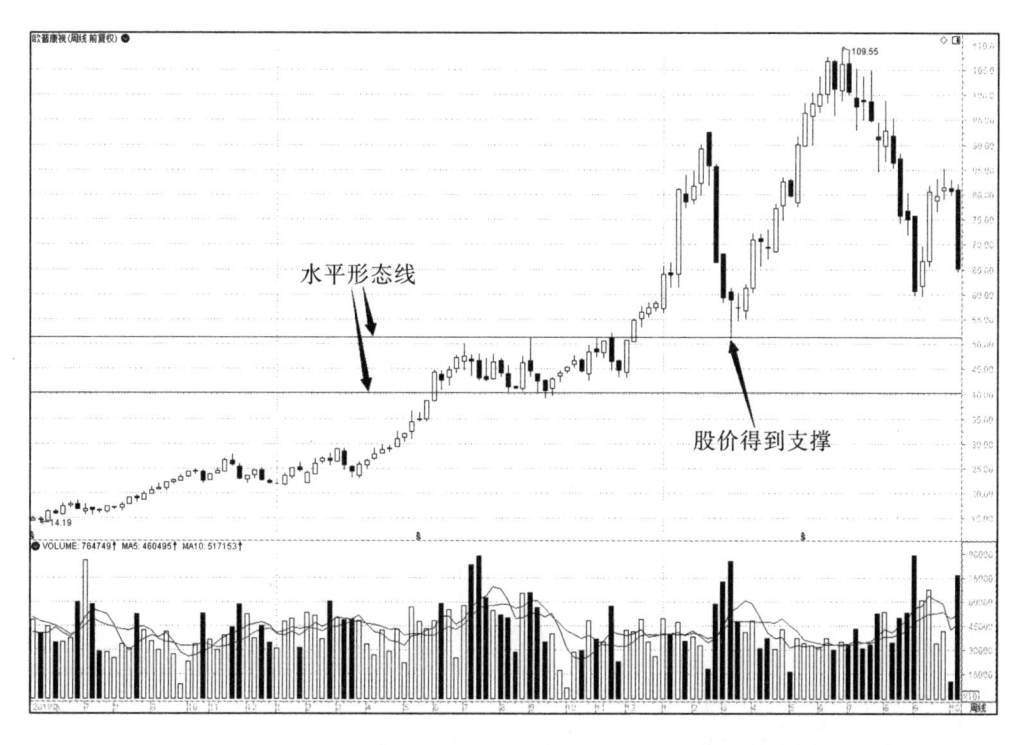

图 5－1－6 欧普康视 2019 年 5 月至 2021 年 10 月周 K 线图

图 5－1－6 是欧普康视（300595）的周 K 线图，图中时间跨度为 2019 年 5 月至 2021 年 10 月。欧普康视是在创业板上市的我国医疗用光学器械的龙头公司。可以看到，该股经过连续大涨后在 2020 年 6 月进入一个横盘调整区域，股价在上至 51 元附近、下至 40 元附近的区域反复震荡了半年左右，其间股价每

次跌到 40 元附近就会得到支撑，然后反弹，而向上拉升到 51 元附近又会遇阻回落到水平形态线之内。2020 年底，股价一举向上突破了水平形态线，从此展开了一轮拉升，股份最终翻倍。

该股在大涨之后又迎来了一轮大跌，到了 2021 年 3 月股价最低跌到了 51 元附近，刚好跌到了水平形态线上沿位置，股价在这里得到了强力支撑，迅速翻身向上大涨，很短时间就再创新高，又走出了一轮翻倍的行情。

五、收敛形态线

在上升趋势中，股价的调整除了走出水平形态线之外，更常见的是另一种形态——收敛形态线。和水平形态线的特点不同，收敛形态线出现在股价调整的阶段中，股价调整的低点连线和股价拉升的高点连线不是两条平行线，这两条线的距离开始的时候较大，越往后就越小，在形态上呈现出"收敛"的特征。如果股价震荡整理的时间足够长，这两条线就会交叉在一起，同时股价向上突破，这样收敛形态线就会演变形成三角形形态；如果两条线收敛的角度很小，就会很长时间也不能交叉，最后股价向上突破后，收敛形态就会演变形成旗形整理形态。收敛形态线的最后，往往股价会选择向上突破，展开新一轮的拉升行情。下面我们来看一个典型收敛形态线的例子。

图 5－1－7 是格力电器（000651）的周 K 线图，图中时间跨度为 2015 年 10 月至 2018 年 9 月。格力电器作为我国空调行业的龙头公司，也是我国家电行业的三大巨头之一，该股在连续拉升到 30 元附近后，进行了 3 个月左右的震荡整理，这段时间内股价的波动幅度逐渐收窄，将股价的高点和低点分别连线，就形成了一个典型的收敛形态线。最后，股价向上突破了收敛形态线的上沿，又展开了新一轮的拉升行情。

图 5-1-7 格力电器 2015 年 10 月至 2018 年 9 月周 K 线图

下面我们来看一个典型的三角形整理形态的例子。

图 5-1-8 是海螺水泥（600585）的周 K 线图，图中时间跨度为 2017 年 1 月至 2020 年 10 月。海螺水泥从 2017 年一直震荡上涨到 2019 年 4 月，股价开始反复回调震荡，但是股价回调的低点逐步抬高，股价拉升的高点在差不多相同的位置，这就形成了一个典型的三角形整理形态，在三角形的末端股价选择了向上突破，又继续震荡上涨，后面股价的上涨过程中，屡次回调到三角形的一条延长线的时候都得到了支撑，很快继续拉升。

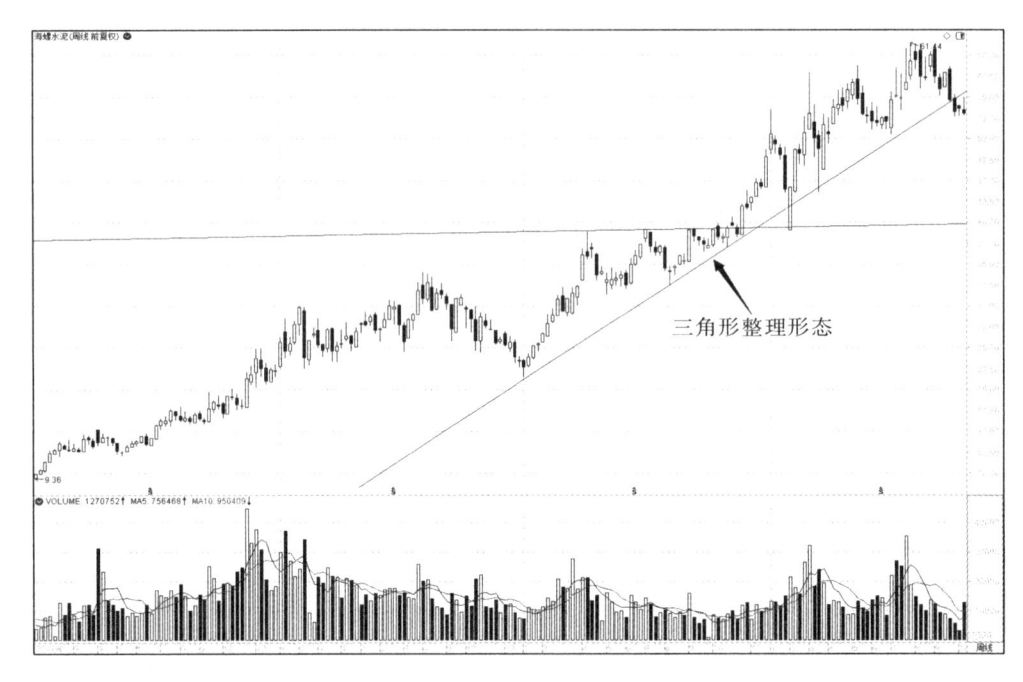

图 5-1-8　海螺水泥 2017 年 1 月至 2020 年 10 月周 K 线图

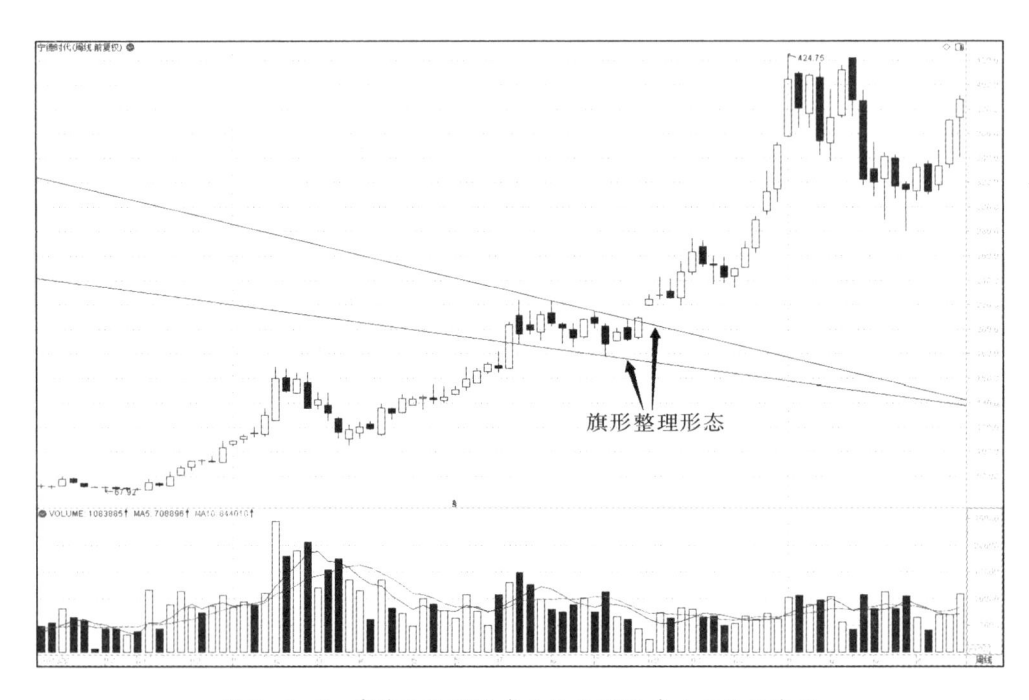

图 5-1-9　宁德时代 2019 年 8 月至 2021 年 4 月周 K 线图

最后，我们来看一个典型的旗形整理形态的例子。

图 5-1-9 是宁德时代（300750）的周 K 线图，图中时间跨度为 2019 年 8 月至 2021 年 4 月。宁德时代在经过了两波拉升之后，在 2020 年 7 月开始回调整理，在调整阶段股价的高点越来越低、低点也逐渐降低，股价震荡整理出现了一连串的小阴小阳 K 线，看起来就像一面旗帜，这就是旗形整理形态。最终股价向上突破，并展开了新一轮的大涨。

第二节　上升趋势线破位

通常来说，上升趋势形成以后，股价一般都会走出一轮或大或小的连续上升行情，作为长线白马股来说，一般可以保持 3~7 年的大牛走势，累计涨幅可达 10 倍以上。任何股票都不可能无限制地一直涨下去，股价一旦见顶之后，接下来就是以何种方式下跌的问题了。

既然股价开始上涨趋势可以判断，那么股价的见顶是不是也会出现趋势破位供我们判断并规避呢？答案是肯定的。我们只要研究明白了上升趋势的结束和破位，就可以及时卖出股票从而规避后市下跌。下面我们分两步来分析股价的见顶和破位。

一、上升趋势线破位

上一节我们分析了如何画上升趋势线，随着股价的上涨，在阶段性见顶之后，股价会回调，并明显跌破上升趋势线，这种情况就是上升趋势线的破位，我们应该学会识别这种形态并注意相应的风险。下面来看看上升趋势线破位的示意图。

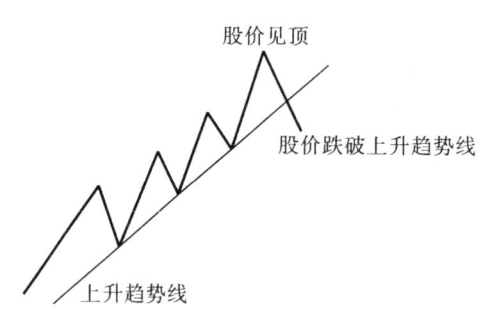

图 5-2-1 上升趋势线破位示意图

图 5-2-1 是上升趋势线破位的示意图。重点是股价前面一直沿着一条上升趋势线震荡向上运行，然后股价见顶之后开始回落并直接跌破了上升趋势线。我们看一个实战案例。

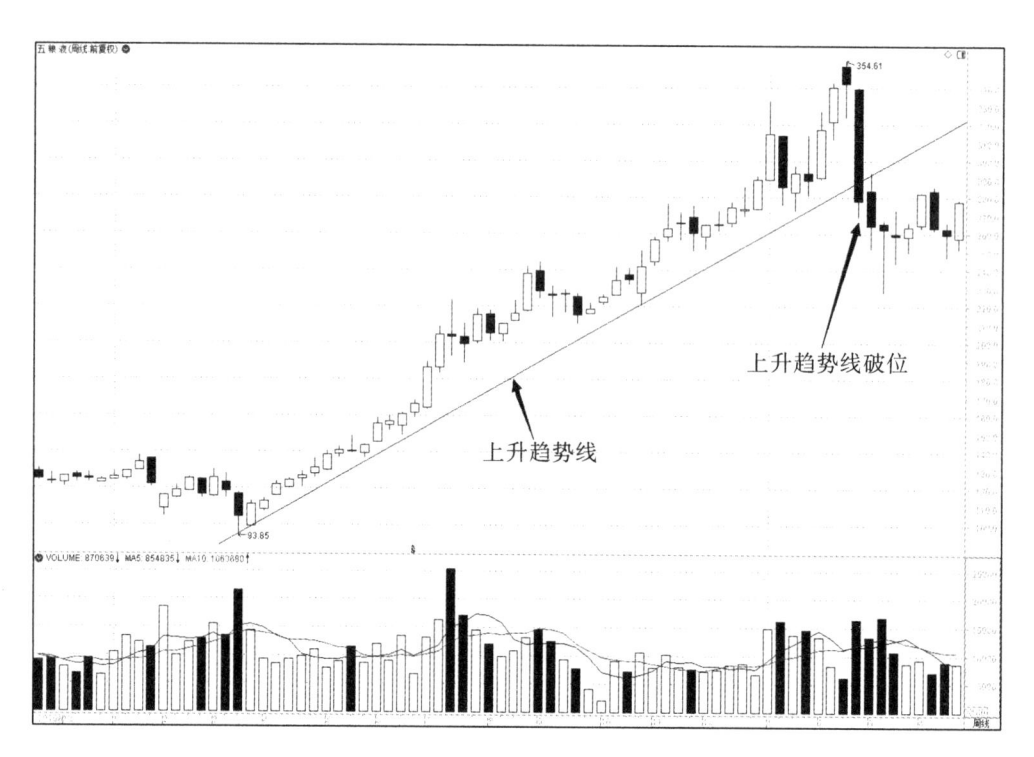

图 5-2-2 五粮液 2019 年 11 月至 2021 年 4 月周 K 线图

图 5-2-2 是五粮液（000858）的周 K 线图，图中时间跨度为 2019 年 11

月至 2021 年 4 月。可以看到，五粮液从 2020 年 3 月开始展开了一波陡峭的拉升，可以画出一条非常明显的上升趋势线。在经过接近一年左右的持续拉升之后，股价涨幅达到了 260% 以上，最终股价见顶开始回落，在 2021 年 2 月跌破了上升趋势线，此后股价很长时间也没有回到这一条上升趋势线的上方，这就是明显的上升趋势线破位。

那么，这种情况是不是预示着股价就必然见顶了呢？也不尽然。股价跌破了最近一条上升趋势线之后，有可能只是大涨行情中的一次修整，在经过一段时间的震荡整理之后可能还会向上突破，这样后市就可能演变为水平形态线或者收敛形态线的整理。要准确判断股价是否见顶，还需要观察后市会不会出现顶部形态破位。

二、顶部形态线破位

要判断股价彻底走完了上升趋势，就需要等待股价构筑顶部形态并破位向下。顶部形态线的结构其实和股价见底的形态是相反的，这样在见顶的同时，会形成了一条下降趋势线。下面我们来看顶部形态破位的示意图。

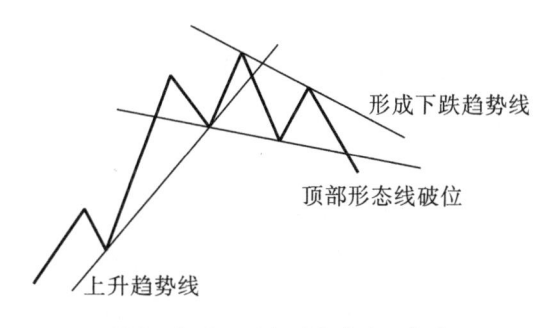

图 5-2-3　顶部形态破位示意图

图 5-2-3 是顶部形态线破位的示意图。股价前面一直沿着一条上升趋势线震荡向上运行，但是股价见顶之后向下跌破了上升趋势线，并跌到了一个调整低点，我们将这个调整低点和股价见顶之前的最后一个回调低点进行连线，这条线就是顶部形态线。如果此后股价反弹向上，但不能再创新高，然后股价

再度下跌，跌破了顶部形态线，即可判定股价真正见顶了。

如果股价没有顶部形态线，而是反弹向上继续震荡，就可能演变为收敛形态线，未来股价还有进一步上涨的可能；但是顶部形态线一旦破位，基本宣告大牛行情的彻底结束。下面来看一个实战案例。

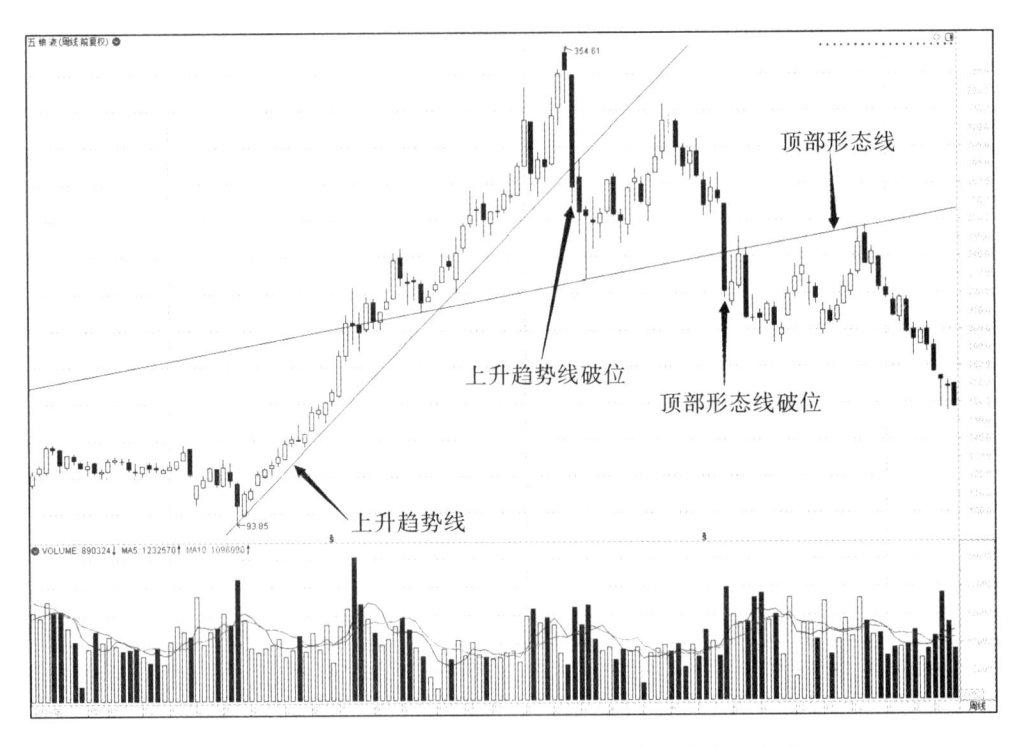

图5-2-4　五粮液2019年8月至2022年3月周K线图

图5-2-4是五粮液（000858）的周K线图，图中时间跨度为2019年8月至2022年3月。可以看到，五粮液从上升趋势线破位之后又迎来一波反弹，但是股价不能再创新高了，此后股价再度跌下跌，不仅跌破了上一轮下跌的低点，也跌破了顶部形态线，这就预示着股价的长期上涨行情彻底结束了。

虽然此后股价走势还有反复，但是顶部形态线已经构成了强阻力，股价三次反弹未能站上顶部形态线，之后开始了连续下跌。

第三节　趋势量能特征

股市中有一句俗语，叫"量在价先"，成交量对股票来说就是涨跌的动力之源，没有成交量的推动，股价就难以出现大幅波动，江氏战法对个股成交量的研究非常重视，认为成交量是研判股价波动趋势的一大利器。

对于长线白马股来说，成交量尤其重要，因为大趋势的延续和转折无一不是主力资金的买卖在发挥关键作用，我们通过对一段时间成交量的分析，可以了解主力是在加仓还是在减仓，从而提前预判股价趋势的变化。

判断股价趋势和成交量之间的关系，主要通过一段时间内价格的涨跌和成交量的增减之间的关系来进行分析，在分析长线白马股成交量的时候最好在日K线周期上面进行，因为周K线和月K线的每一根K线代表的时间周期都不尽相同，节假日可能和平时差距很大，这就会造成成交量意外的缩小，影响我们的判断，日K线每天交易时间都一样，在相同的时间段才能真正看出成交量的增减。

量价关系非常重要，股价在上涨时的放量和下跌时的放量有着完全不同的意义。主力资金对长线白马股的操作是有着长期的周密计划和部署的，主力资金必然会在相对低位大规模进行建仓，然后逐步推高股价，最后在相对高位分批派发，主力资金的这些动作都会在股价的波动和成交量的变化上留下蛛丝马迹。下面我们对股票在上涨和下跌时的成交量变化的原因，以及对股价趋势的判断分别进行分析。

一、上涨阶段成交量分析

1. 股价上涨，成交量同步放大

江氏战法认为，在股价的上涨阶段，成交量有规律的放大是一种量价配合

良好的关系，成交量有规律的放大是指股价拉阳线的时候成交量放大，阳线越大成交量也就越大，下跌阴线的时候成交量就缩小，下跌越多成交量就越小。这种走势说明，一段时间内主力资金在积极买入拉升股价，才会出现量价齐升的局面，经过连续拉后股价上涨过快，偏离均线太远的时候，主力会适当调整股价但是并没有大举卖出股票，所以股价越跌成交量越小，这是一种修复过度的技术指标、清洗短线投资者的手段，一般来说股价回到短期均线附近就完成了修复，洗盘结束后股价还将继续拉升。

这种量价关系往往会出现在长线白马股的长期上涨大趋势刚刚确立不久及在突破重要历史阻力位的时候，是多头趋势最为健康的上涨形态，投资者在看到这种状况的时候，可以在股价缩量回调到短期均线附近的时候果断买入，跟上主力资金的步伐，轻松实现赢利。下面我们来看一个典型的案例。

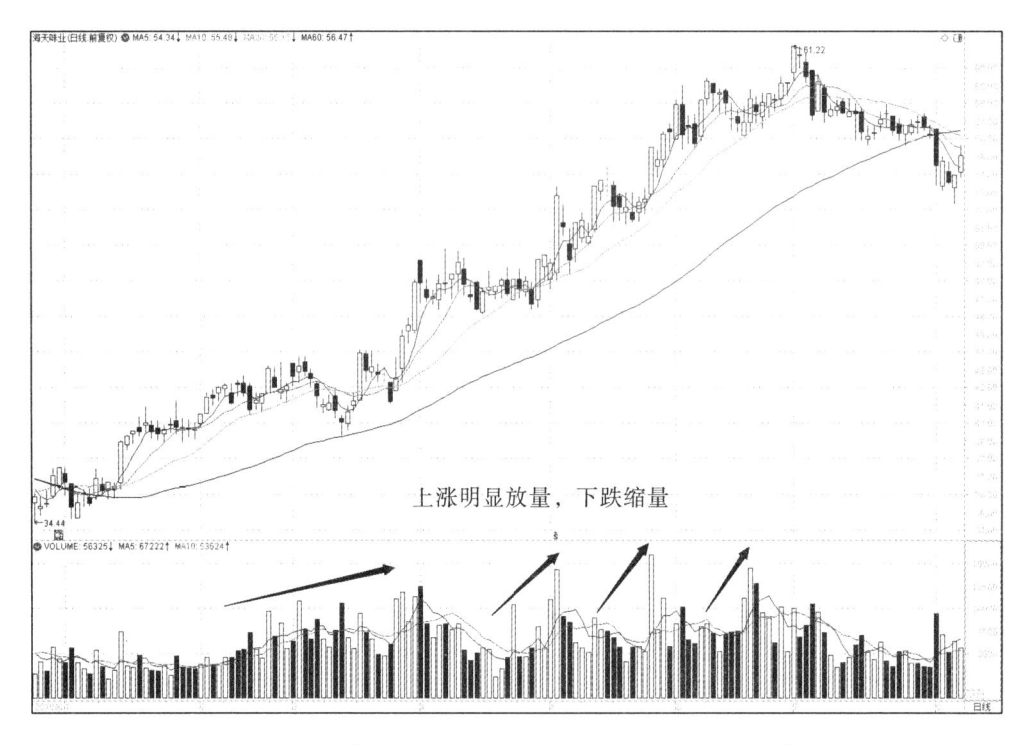

图 5-3-1　海天味业 2018 年 12 月至 2019 年 8 月日 K 线图

图 5-3-1 是海天味业（603288）的日 K 线图，图中时间跨度为 2018 年 12 月至 2019 年 8 月。在此之前海天味业已震荡上涨好几年，但是它的股价总体来说还不算很高，作为我国调味品行业的龙头公司，它的股价还有很大的上涨空间。可以看到，在这一段时间内成交量明显在上涨的时候放大、下跌的时候缩小，这是一种良性的量价配合关系，主力资金不断买入并推高股价，我们只要在股价回调短期均线附近的时候逢低买入，就可以很容易跟上主力的步伐，实现可观的赢利。

2. 股价上涨，成交量无太大变化

这种情况一般出现在长线白马股一个波段上涨的中后期，经过前期的连续上涨和反复洗盘，市场上的短线投资者基本都已经卖出了股票，剩下的都是坚定看好并持有股票的投资者，所以股价的上涨不会引发大量的卖出。

此时，主力资金已经控制了大部分的自由流通股票，但是此时的股价还远远没有达到主力的预期目标价，所以主力也不会大规模卖出股票。这个阶段市场普遍看好股价还会继续上涨，但是由于股价连续上涨后，已经有了一定涨幅，真正敢于买入的投资者不多，主力的主要想法就是不断推高股价。所以这种情况下，股价的上涨反而是最为强劲的。有时，长线白马股会在大盘持续低迷的时候走出不断拉升的行情，此时只有胆大的短线投资者敢于跟进，所以成交量看起来变化不大，一切显得波澜不惊。此时，有经验的投资者会在股价缩量回调到短期均线附近时跟进，与主力资金分享大牛股的红利。下面我们来看一个典型的案例。

图 5-3-2 是泸州老窖（000568）的日 K 线图，图中时间跨度为 2020 年 6 月至 2021 年 3 月。泸州老窖从 2020 年 3 月开始了一波持续一年的拉升，2020 年 7 月有一波连续的放量拉升，开启了暴涨的序幕。但是进入 2020 年 8 月后，股价继续连续震荡拉升，成交量没有再出现明显的放量，而是维持小幅度上涨放量、下跌缩量，每当股价回调到短期均线附近形成一个阶段性的低点后，又会迎来新一波拉升，在这个阶段我们只要在回调的时候逢低买入，就可以分享

这一波特大行情的收益。最后，股价出现了放量大跌，才标志着上升趋势的结束。

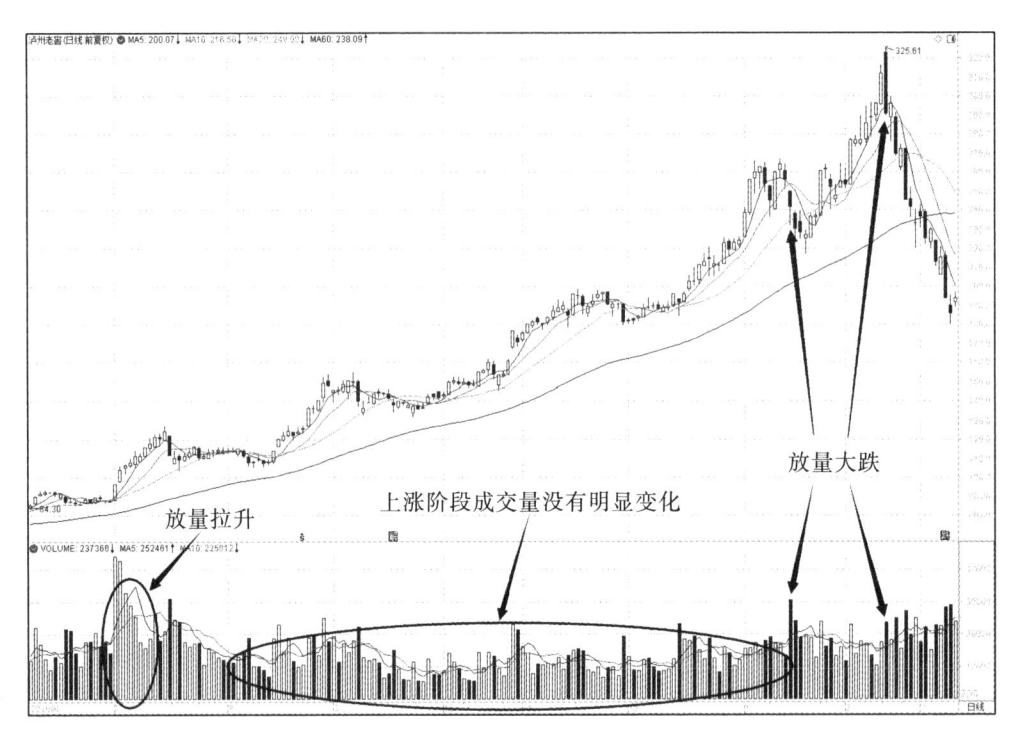

图 5-3-2　泸州老窖 2020 年 6 月至 2021 年 3 月日 K 线图

3. 股价上涨，成交量缩小

第三种情况和第二种情况比较类似，但更加极端，经常出现在长线白马股的一个波段上涨的末期。经过了前期的放量上涨和中期的平量上涨，市场各方都看到了股价连续大涨带来的巨大收益，许多投资者终于忍不住想要参与进来分一杯羹，而此时身在其中的部分投资者是坚定看好的长线投资者，也不会轻易卖出股票，所以主力资金只需要很少的资金就可以拉动股价继续上涨，由于此时买入的资金远大于卖出的资金，所以成交量总体处于缩小趋势。在这个阶段，有大量的新进投资者买入该股，他们买入不是因为长期看好公司的发展，而是为了获取短线收益，他们成为新的不稳定因素，在这个阶段过后，股价就将迎来大的调整,要么大幅下跌,要么长时间的横盘震荡。这个阶段只要没有出现连续大阳线或者放量,我们就可以谨慎参与,一旦出现放量拉升,最好及时卖股出局。下面我们来看一个典型的案例。

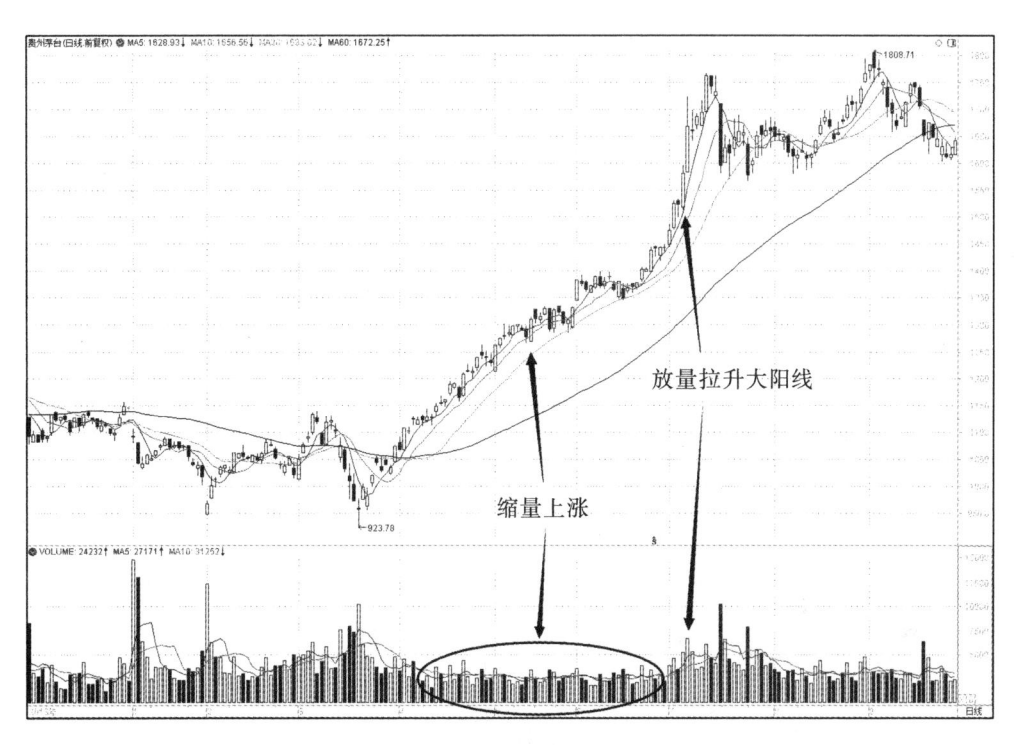

图 5-3-3 贵州茅台 2015 年 11 月至 2020 年 9 月日 K 线图

图 5-3-3 是贵州茅台(600519)的日 K 线图,图中时间跨度为 2019 年 11 月至 2020 年 9 月。经过前面几年的上涨,贵州茅台的涨幅已经非常巨大,但是进入 2020 年 4 月后,股价继续连续拉升,在此期间成交量一直维持较低水平,明显低于前期的平均值。这个阶段的股价上涨非常稳定,只要回调接近短期均线附近就会很快止跌企稳,并重新开始向上拉升。进入 2020 年 7 月之后,股价放量拉升,成交量达到前一阶段的两倍左右。股价连续拉出大阳线,这说明一轮上涨行情已经进入了最后的疯狂,这个时候我们就可以获利了结了。此后,股价果然结束了单边上涨,开始在高位宽幅震荡。

4. 股价续创新高，放出巨量

这是股价上涨到了最为疯狂的阶段才会出现的一幕，市场各方被之前股价的连续上涨所鼓舞，一致看好股价还会继续拉升，大量的短线投资者蜂拥买入股票，想要获取短期收益，此时股价的上涨会引发市场资金的热烈追捧，股价的下跌也会引来各方资金承接，这个时候就是主力出货的大好时机。主力资金一定会抓住机会大手笔卖出股票，造成K线收出高位大阴线或者带长上影线的十字星，同时放出非常罕见的巨量，这就是市场上经常出现的天量天价。

如果这时候还没有达到主力资金拉升股价的最终目标，那么主力在高位出货后会打压股价，再找机会在更低的位置慢慢买回股票，股价就会陷入一段时间的震荡调整当中；如果股价已经达到了主力拉升的最终目标，那么主力资金就会持续大笔卖出，紧接着股价就会出现连续暴跌。下面我们来看一个典型的案例。

图5-3-4 三一重工2020年8月至2021年5月日K线图

图 5-3-4 是三一重工（600031）的日 K 线图，图中时间跨度为 2020 年 8 月至 2021 年 5 月。经过一年多的连续上涨，三一重工的股价进入了最后的加速赶顶阶段，2021 年 1 月 13 日股价再创新高，但是当天经过激烈的搏杀后收出带长上影线的阴线，同时放出了历史罕见的天量，第二天再次收出大阴线，成交量仅次于前一天，连续两天的天量天价终结了连续拉升的势头，虽然在震荡整理后下一个月股价又再创新高，但是已经呈现强弩之末的态势，股价很快一泻千里。

二、下跌阶段成交量分析

1. 股价下跌，成交量连续放大

股价在连续下跌的情况下，成交量也连续放大，这种情况多见于股价下跌到了尾声最为疯狂的阶段，由市场恐慌盘密集抛售造成的。尤其是在股价经过了明显的 3 个波段或者 5 个波段的下跌之后，市场早已成为惊弓之鸟，持有股票的投资者处在崩溃的边缘，最后的杀跌成为压垮骆驼的最后一根稻草，大量投资者无奈割肉出局。这种情况股价的放量杀跌不会持续太久，一般都会在最后迎来一根放巨量的大阴线，然后股价见底，慢慢开始反弹。下面我们来看一个典型的案例。

图 5-3-5 是贵州茅台（600519）的日 K 线图，图中时间跨度为 2021 年 1 月至 10 月。可以看到，贵州茅台在股价见顶之后展开了明显的三浪下跌，到了三浪下跌的后半段，成交量连续密集放大，说明大量的恐慌盘集中抛售手中的筹码，到了 2021 年 8 月 20 日这一天，股价再创新低，成交量超过此前一段时间的最高值，当天收出一根十字星 K 线，股价在放巨量的同时见底，后市出现了超过 50% 的反弹行情。

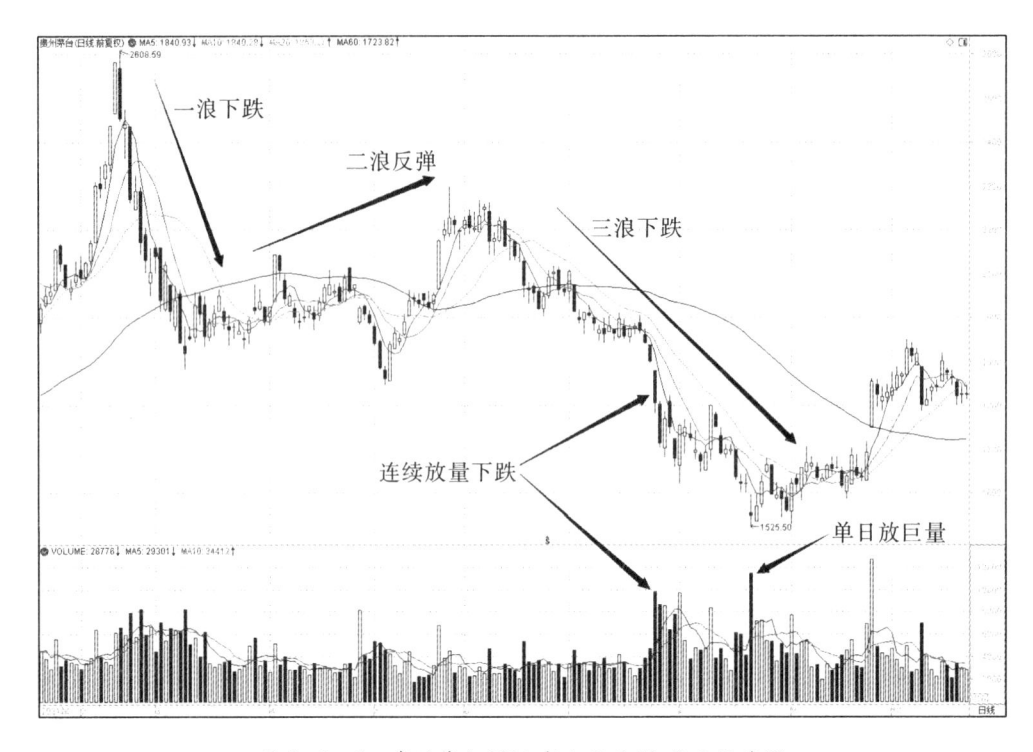

图 5-3-5 贵州茅台 2021 年 1 月至 10 月日 K 线图

2. 股价下跌，成交量无太大变化

随着股价的持续下跌，成交量并没有明显放大或者缩小，这说明股价经过前期的下跌大部分投资者已经被套牢在高位了，市场行情非常冷清，此时大部分筹码都不参与交易了，只有少量的短线投资者在维持交易，每天成交量不多，才出现这种走势。下跌趋势大概率还会维持下去，只有再次出现放量下跌之后，股价才有可能止住下跌的势头，或者后市出现明显的放量反弹，也有可能扭转这种状况。下面我们来看一个典型的案例。

图 5-3-6 是爱尔眼科（300015）的日 K 线图，图中时间跨度为 2021 年 12 月至 2022 年 5 月。此前，爱尔眼科已经从历史高位 72 元附近跌至 35 元附近，进入 2022 年 3 月之后，股价再次连续下跌创新低，此时成交量没有出现明显的放大或缩小，说明大部分筹码已经套牢。到了下跌的最后一天，成交量放出历史少见的巨量，说明这一天有许多恐慌性抛盘。紧接着的两天股价又出现

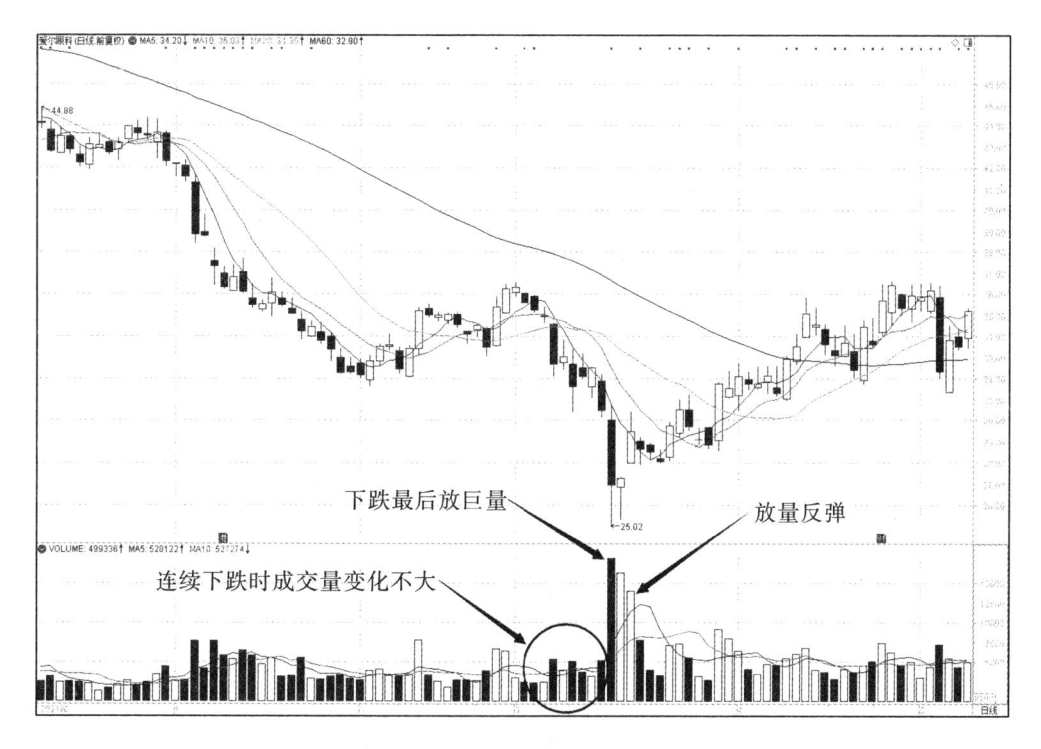

了放量反弹，预示着股价短线见底，后市开始反弹。

图 5-3-6 爱尔眼科 2021 年 12 月至 2022 年 5 月日 K 线图

3. 股价下跌，成交量缩小

这种情况一般会出现在股价经过长期下跌之后，市场低迷到了极点，大部分投资者都被套牢在高位，主力已经出货或者还没到建仓的位置，股价处于无人问津的尴尬境地。这种情况下股价大概率还会维持长时间的无量阴跌，直到出现连续密集放量才会彻底扭转颓势，如果只是单日的放量反弹，往往都是昙花一现，股价反弹后还会连连阴跌。下面我们来看一个典型的案例。

图 5-3-7 是包钢股份（600010）的日 K 线图，图中时间跨度为 2021 年 8 月至 2022 年 5 月。包钢股份 2021 年 9 月初见顶之后，股价开始了反复震荡下跌，进入 2021 年 12 月后，股价的下跌明显缩量，说明大部分投资者都已经被套牢，交易低迷。2022 年 2 月 25 日，出现了单日放量反弹，但是好景不长，

没有连续放量的支撑，股价难以继续反弹，最后还是选择了继续下跌，同时成交量也继续萎缩，下跌看不到尽头，这种走势没有参与的价值。

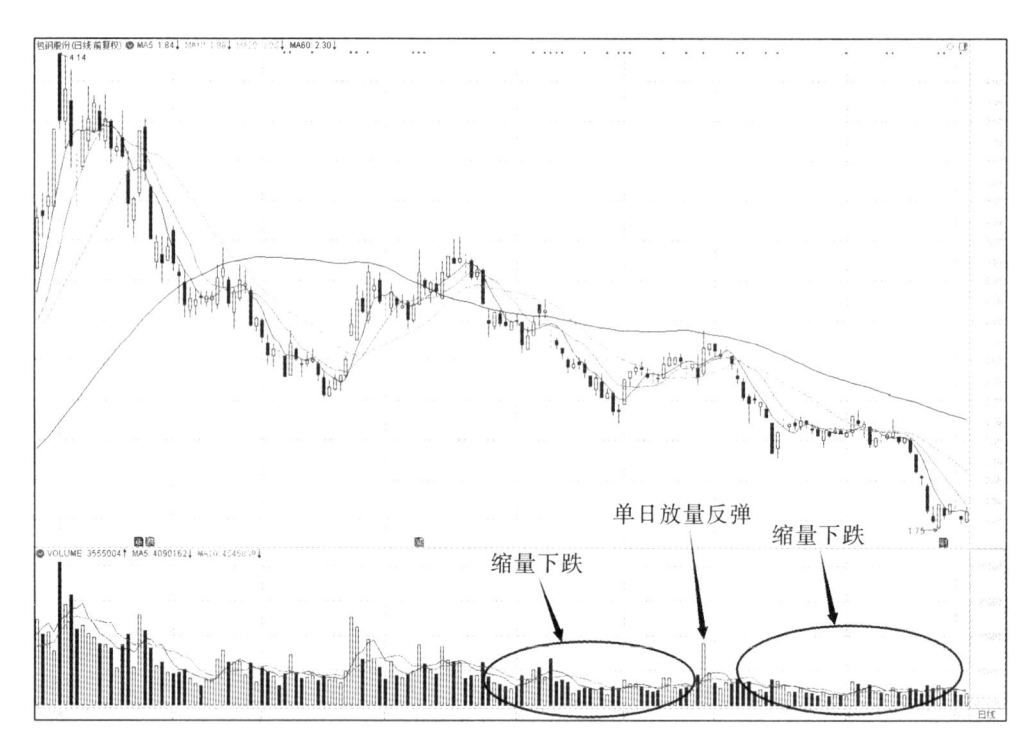

图 5-3-7 包钢股份 2021 年 8 月至 2022 年 5 月日 K 线图

4. 股价迭创新低，成交趋于地量

股价在经历了长期反复下跌后，成交量持续低迷，市场一片死寂，最后股价再次创新低之时也没有激起一点波澜，成交量反而萎缩到了一段时间的最小值，也就是地量。这种情况是下跌趋势进入尾声的标志，说明此时就连短线投资者也没有兴趣参与交易了，留下来的全部都是套牢的投资者，此时套牢者也不打算割肉了，到了这个地步，股价已经跌无可跌，新的转机就在酝酿之中。

这种走势要真正见底还需要出现放量拉升，或者连续温和放量走强，这两种走势都是主力资金出手买入的标志，但是股价见底之后，还会经历复杂的洗盘过程，离持续上涨的阶段还很远，所以暂时没有参与价值。下面我们来看一个典型的案例。

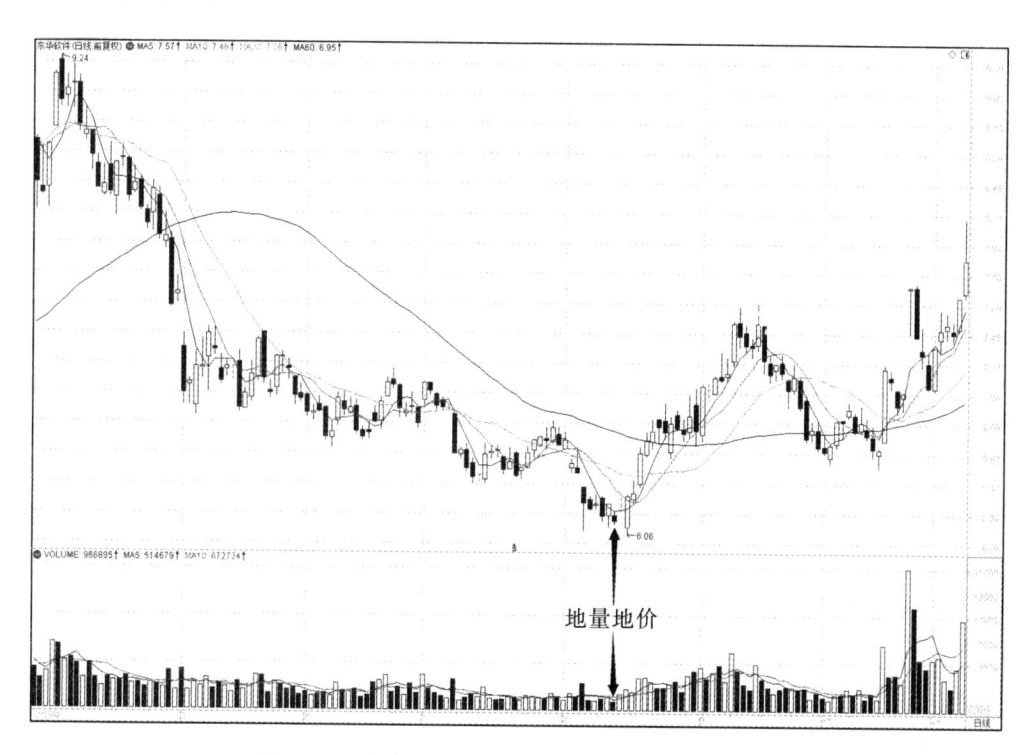

图 5-3-8　东华软件 2019 年 3 月至 11 月日 K 线图

图 5-3-8 是东华软件（002065）的日 K 线图，图中时间跨度为 2019 年 3 月至 11 月。东华软件在 2015 年见顶之后股价反复下跌，进入 2019 年 4 月后，股价再一次连续下跌，其间成交量不断萎缩，显示人气低迷到了极致，2020 年 8 月再次创出新低，成交量在 2019 年 8 月 13 日这一天创下了很长一段时间内的地量，这一天的收盘价也是一段时间内的最低点。

通常来说，出现地量地价之后，意味着股价的下跌已经到了尾声，股价此后很快就出现了连续放量的中阳线，见底后展开了反弹。不过，需要提醒的是，这种反弹最好不要参与，价值不是很大。

第六章
江氏三周期看盘

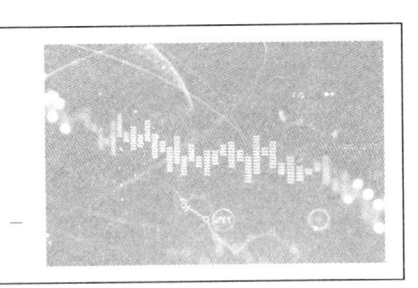

我们投资长线白马股，不仅仅是因为长线白马股的基本面因素非常优秀，还需要判断其走势是否形成了长期上涨的趋势，只有股价的长期上涨才能给投资者带来丰厚的收益，因此，如何判断长线白马股的趋势就非常重要了。

进行股票投资的第一步，要明确操作的行情级别，这一点非常重要，因为任何一轮上涨行情都不是一直往上涨的，其中必然会伴随一定的小周期下跌阶段，小周期下跌阶段中又会有更小周期的上涨阶段。判断行情的难点就在于，小周期的下跌是上涨途中的正常回调，还是大趋势破位下行的开始，这就需要使用江氏三周期看盘的方法来进行判断。

江氏三周期看盘是我们独创的天机核心操盘方法，其具体原理是将道氏理论、波浪理论以及缠中说禅理论在实战中进行结合运用，对不同级别周期的行情进行精准判断，在行情的每一次波动中给出具体的趋势反转条件，从而能够指导我们判断每一次回调的性质，做到在趋势破位的时候及时止损，同时在正常回调的时候坚持持有或者逢低买入股票。

上一章，我们讲解了在股价开始上涨的时候画出趋势线，来确定上升趋势已经形成，这一章我们将介绍江氏战法中，根据均线系统来判断上升趋势的方法，我们把这两种方法结合起来，就能够准确地确定长线白马股的上升趋势。

道氏理论告诉我们，股票的走势分为主要趋势、中期趋势和短期趋势，这也是我们对股票走势进行判断的基本思路，因此我们可以找到三个K线周期来分别判断这三种趋势。

江氏三周期看盘要求我们首先确定操作股票的三个周期，也就是大周期、主周期和小周期，然后再把这三个周期结合起来进行综合判断，从而确定股票运行在何种级别的趋势之中，这样我们才能明确下一步如何操作。

在实战中，股票运行的K线周期从大到小很多，许多人只看日K线趋势，但是日K线周期只是股票运行的短期趋势，对长线白马股来说，整体大趋势需要在更长周期的K线上面才能够准确把握。根据江氏战法的实战经验，长线白马股由于主力运作的时间最长、趋势性行情也最大，所以它的大周期是季K线、主周期是月K线、小周期是周K线。

第一节　大周期看盘方法

根据江氏战法，长线白马股的大趋势是季K线上面的趋势，判断大周期是否形成了上升趋势，是我们把握长线白马股的第一步，必须在判断大周期形成上升趋势之后，才能考虑对个股进行投资，以确保投资标的能够很快给我们带来丰厚的收益，而不是陷入漫长的等待之中。

如果季K线形成了多头趋势，简单来说，就是我们一般看盘的4根均线，也就是5季均线、10季均线、20季均线、60季均线形成了多头排列，那么就代表大周期形成了上升趋势。多头排列的意思是，最小周期的均线在最上方，越大周期的均线依次排列在下方，具体来说就是5季均线在最上方，下面依次

是10季均线、20季均线和60季均线，一般来说这4根均线的运行方向应该保持向上，只有最上方的5季均线在调整的时候允许短暂向下运行，但是一般在跌到10季均线附近就会很快转为向上运行，这就是标准的上升趋势了。

长线白马股的上升趋势一旦形成，就可能保持很长时间的持续上涨，给持有这些个股的投资者带来丰厚的收益。需要特别注意的是，因为季K线的时间周期特别长，它的均线所需要的时间也非常长，60季均线要求股票上市时间至少15年以上，20季均线需要股票上市时间至少5年以上，这样的话，很多个股因为上市时间较短，可能没有60季均线甚至没有20季均线，但是只要上市时间有了两年半以上，就会出现10季均线。只要一只个股有了10季均线，我们也可以根据仅有的2根或者3根季均线来进行判断，即只要已经出现的2根或者3根季均线形成了多头排列，也算是大周期形成了上升趋势。下面我们来看一个典型长线白马股的例子。

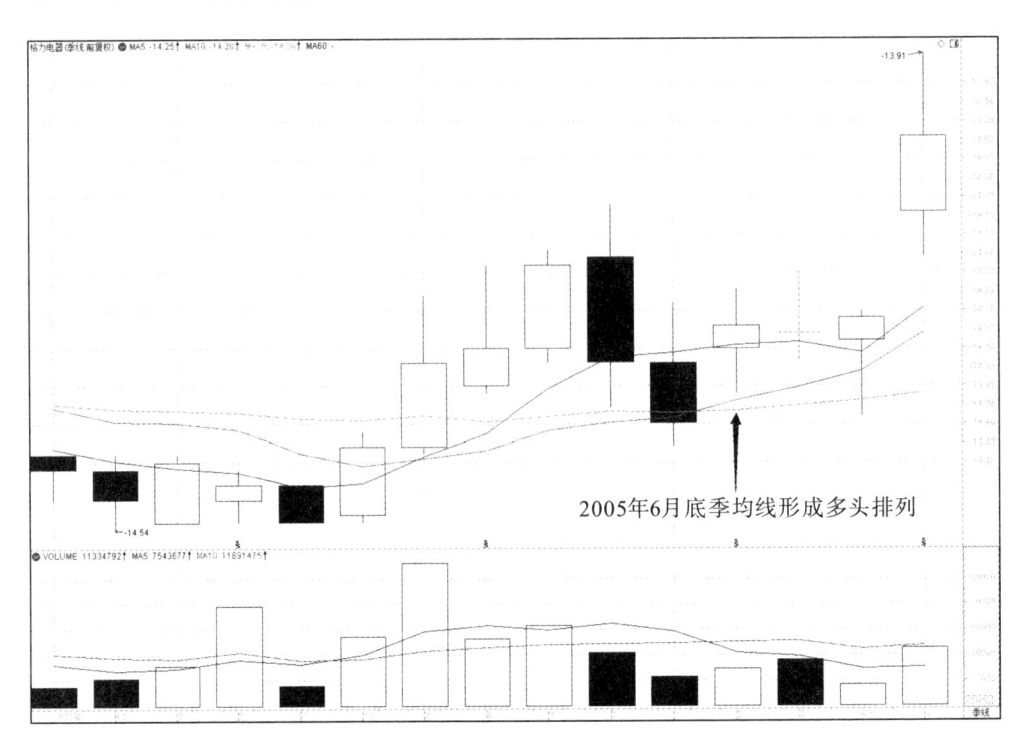

图6-1-1 格力电器2002年9月至2006年3月季K线图

图 6-1-1 是格力电器（000651）的季 K 线图，图中时间跨度为 2002 年 9 月至 2006 年 3 月。可以看到，格力电器的季 K 线图上出现了 3 根均线，随着股价的重心缓慢上移，3 根均线在 2005 年 6 月底形成了多头排列，然后到 2006 年 3 月底一直保持多头排列，股价也逐步走高。下面我们再来看它后面的走势。

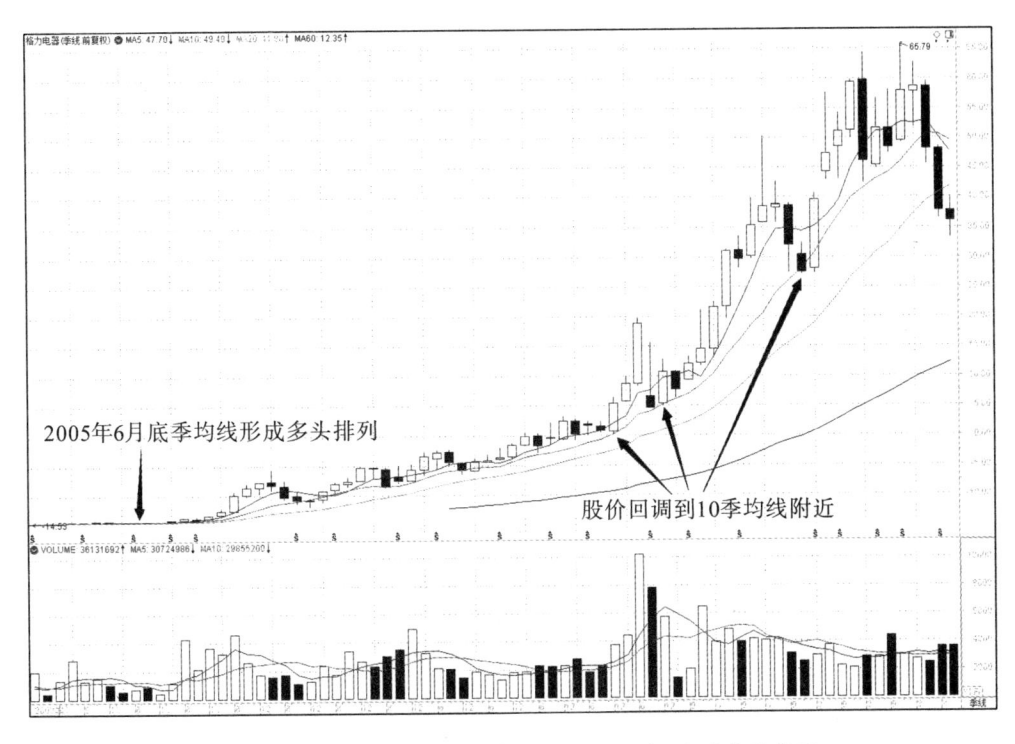

图 6-1-2　格力电器 2003 年 6 月至 2021 年 12 月季 K 线图

图 6-1-2 是格力电器（000651）的季 K 线图，图中时间跨度为 2003 年 6 月至 2021 年 12 月，截图为复权后的股价走势。可以看到格力电器走出了一波超长时间的大牛行情，从 2005 年 6 月底季均线形成多头排列之后，股价基本一路上涨，其间股价也经历了多次的回调，但是在回调到 10 季均线附近都得到了强力支撑，股价又迅速开启新一轮的上涨，直到 2021 年 9 月底股价跌破 20 季均线之后才宣告这一轮大牛市的结束，累计上涨的时间超过了 15 年！

股价复权后，2013年之前的股价都成为负数，这说明格力电器历年的分红非常大方，导致我们难以计算它的股价历史涨幅，但是从这个图上我们可以看出，这只股票带给投资者的回报有多么的丰厚。下面再来看一个典型的长线白马股的案例。

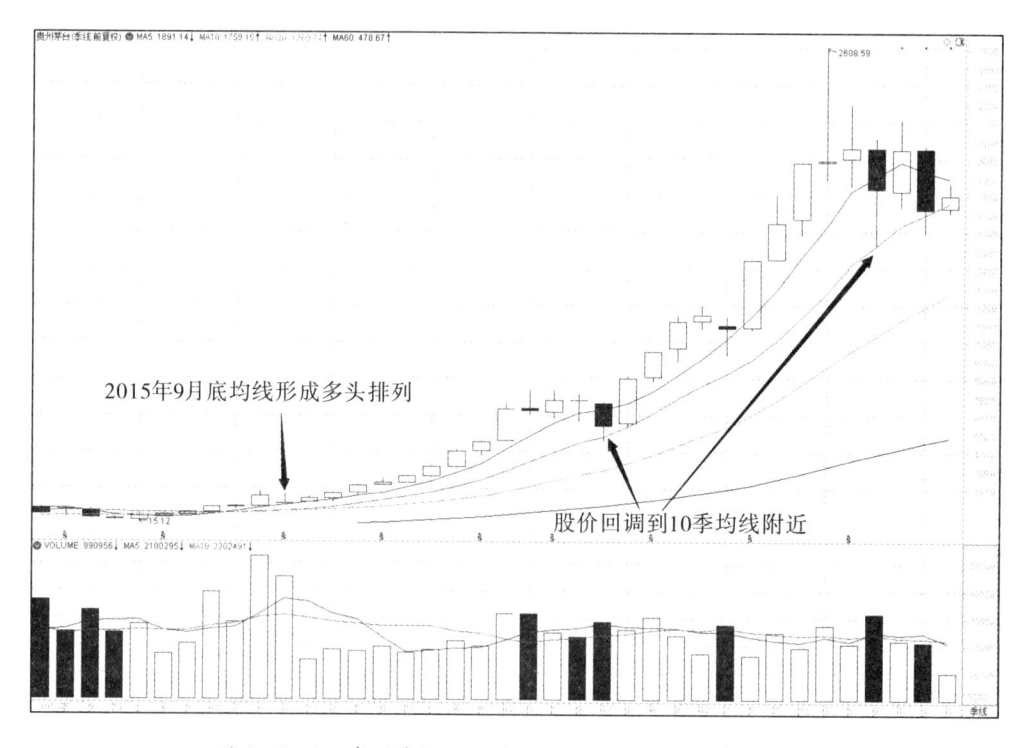

图6-1-3 贵州茅台2013年3月至2022年5月季K线图

图6-1-3是贵州茅台（600519）的季K线图，图中时间跨度为2013年3月至2022年5月，至本书截稿时，最后一根季K线还没有收盘。贵州茅台是我国A股市场的大明星，它在很早以前就开始反复上涨，但是中途季均线的多头排列曾经被破坏了，最近一次形成大周期上升趋势是在2015年9月底，季均线再度形成了多头排列，那一根K线的收盘价为115.50元，然后股价基本都是一路上涨，其间2018年底到2019年初股价回调到了10季均线附近，但很快又转为继续上升。股份从2021年初拉升到2022年5月，股价涨到最高点

2608.59元才有所回落，从2015年9月底到最高点，股价累计上涨达2158.5%，这还没有计算历年的分红。

截至本书截稿，贵州茅台的股价虽然3次下探10季均线附近但是并没有收盘跌破，从季均线的多头排列开始股价累计上涨时间已经达到了6年多，但是还不能说这一轮行情彻底结束了。由此可见，长线白马股的在大周期上一旦形成了上升趋势，会带来多么丰厚的收益。下面我们再来看一个上涨时间稍短的股票案例。

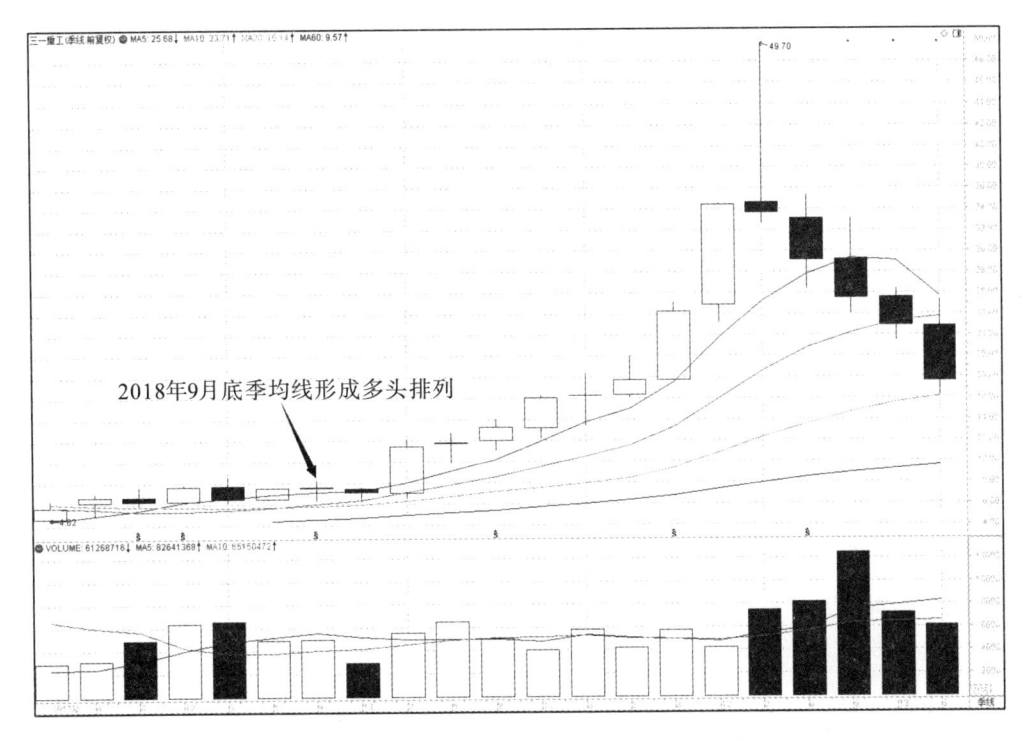

图6-1-4　三一重工2017年3月至2022年3月季K线图

图6-1-4是三一重工（600031）的季K线图，图中时间跨度为2017年3月至2022年3月。三一重工是一只周期性行业的个股，它的上涨时间在长线白马股之中算是比较短的，该股在2018年9月底季均线形成多头排列，此时股价为7.60元，随后股价略微回调到10季均线附近后，很快展开了强力拉升。一

直到2021年初见顶49.70元，股价累计上涨554%左右，上涨时间大概两年半左右，在这样短的时间内涨幅如此之高，已经非常可观。

第二节　主周期看盘方法

大周期上升趋势确定了之后，我们就需要研究目前股价处在哪个阶段，有没有买入的机会。大周期上升趋势已经形成了，但是大的上升过程之中股价也会有波段调整的阶段，尤其是长线白马股的运作周期非常长，如果在股价刚好进入波段调整的高点买入股票，那么就会承受很长时间的股价下跌和震荡的折磨，严重降低了投资的效率。同时，股价见顶之后，要在大周期上面等到破位信号，需要等到股价收盘跌破10季均线，此时股价已经出现了很大跌幅，我们必须承受很大的回撤。为了进一步分析研究股价运行的波段位置，同时分析寻找更快捷的见顶信号，我们就需要切换到更小一级的时间周期，这就是长线白马股的主周期——月K线。

在大周期季K线上面形成了上升趋势之后，我们再从主周期月K线上去分析股价所处的位置和阶段，就可以更好地规避上升途中的调整，更快地判断股价见顶，从而及时卖出股票。所以，最好的买入机会就是大周期和主周期形成共振向上的初期。另外，我们在主周期上面也能够更加快捷地分析出股价见顶的信号，在更高的位置成功逃顶。下面我们就来分别分析长线白马股在主周期上面的买入信号和卖出信号。

一、共振向上买入信号

大周期形成上升趋势之后，我们再切换到主周期，也就是月K线图上面，根据江氏战法，只要月K线上面20月均线和60月均线始终保持多头排列，具体来说就是20月均线在60月均线的上方，而且这两条均线的运行方向都是向上的，那么主周期就还是保持了上升趋势。当股价收盘跌破 5 月均线就意味着股价进入了一波调整，只要调整没有造成股价跌破 60 月均线，或者造成 20 月均线向下死叉 60 月均线，就可以看作正常的回调。

那么，什么时候可以确定股价的调整结束，开启新一轮的拉升呢？

江氏战法告诉我们，当上一根 K 线收盘在至少一根均线的下方，一根新的 K 线再次站上 4 根月均线上方的时候，就代表调整结束了，新一轮拉升就会开始，这就是江氏战法的长线白马股主周期共振买入信号。下面我们来看一个例子。

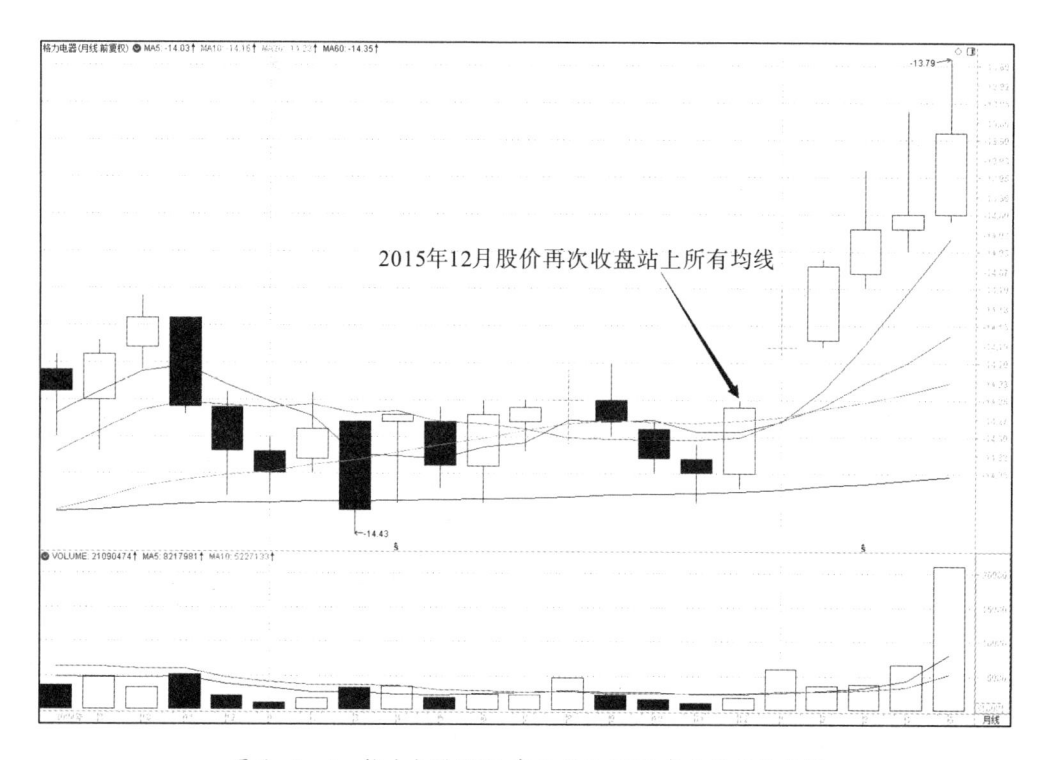

图 6-2-1　格力电器 2004 年 8 月至 2006 年 5 月月 K 线图

图 6-2-1 是格力电器（000651）的月 K 线图，图中时间跨度为 2004 年 8 月至 2006 年 5 月。图 6-1-1 显示 2005 年 6 月底格力电器的季均线形成了多头排列，但是从月 K 线上面看，2005 年 9 月、10 月和 11 月，这 3 个月股价都

是下跌的，在主周期上面不应该此时买入，等到 2005 年 12 月，股价走出一根大阳线，一举站上了所有均线的上方，上一根 K 线明显处于 3 根均线的下方，同时的 20 月均线和 60 月均线明显是多头排列的，季均线上面前文也已经说过是多头排列，那么在 2005 年 12 月收盘的时候，就是江氏战法的共振买入信号。可以看到，在发出共振买入信号之后，股价立即展开了连续拉升。下面我们再来看格力电器在后面的上升趋势中有没有出现更多的共振买入信号。

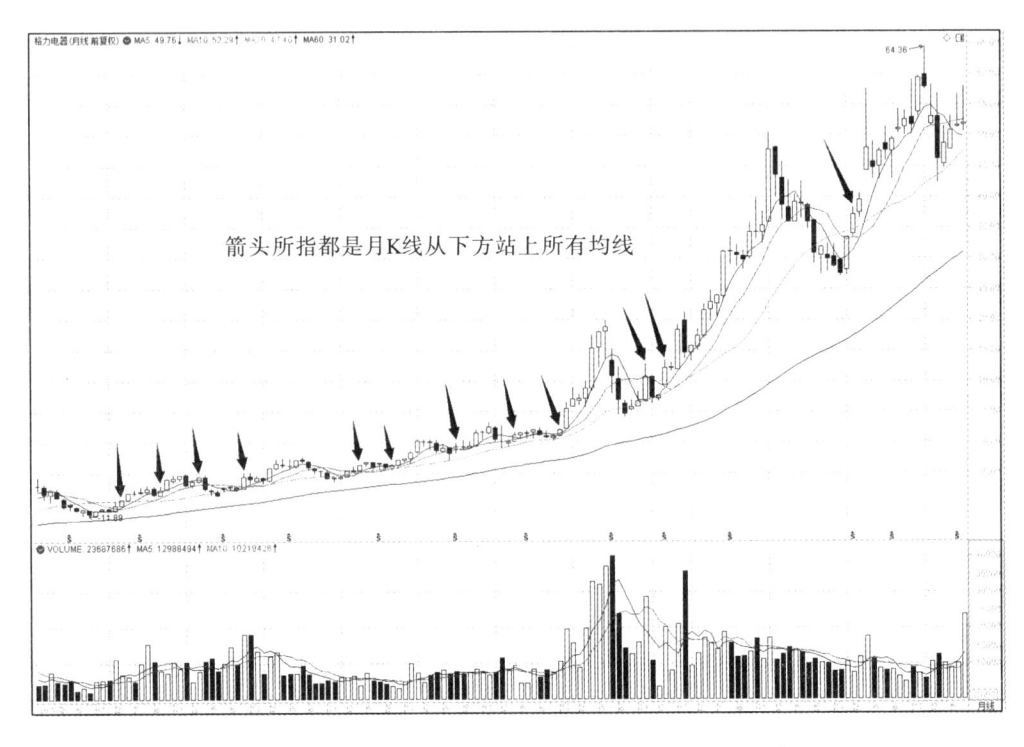

图 6-2-2　格力电器 2008 年 2 月至 2020 年 7 月月 K 线图

图 6-2-2 是格力电器（000651）的月 K 线图，图中时间跨度为 2008 年 2 月至 2020 年 7 月，前面的图 6-1-2 显示了在这一段时间格力电器的季均线都始终保持多头排列。图 6-2-2 中用箭头指出了每一次股价重新站上所有均线之上，一共有 12 处。可以看到，几乎每一轮新的大涨开始时，江氏战法都发出了共振买入信号。在所有这 12 个共振买入信号之中，只有 2 个信号买入后下一

个月出现了较大的下跌，跌破了至少一根均线，另外的 10 个共振买入信号出现后或多或少有拉升，其中 2012 年 9 月、2014 年 11 月、2016 年 9 月、2019 年 2 月这 4 个共振买入信号出现之后都很快出现了连续大涨行情，投资者买入后都可快速获得大幅盈利。

下面我们再来看贵州茅台的共振买入信号。

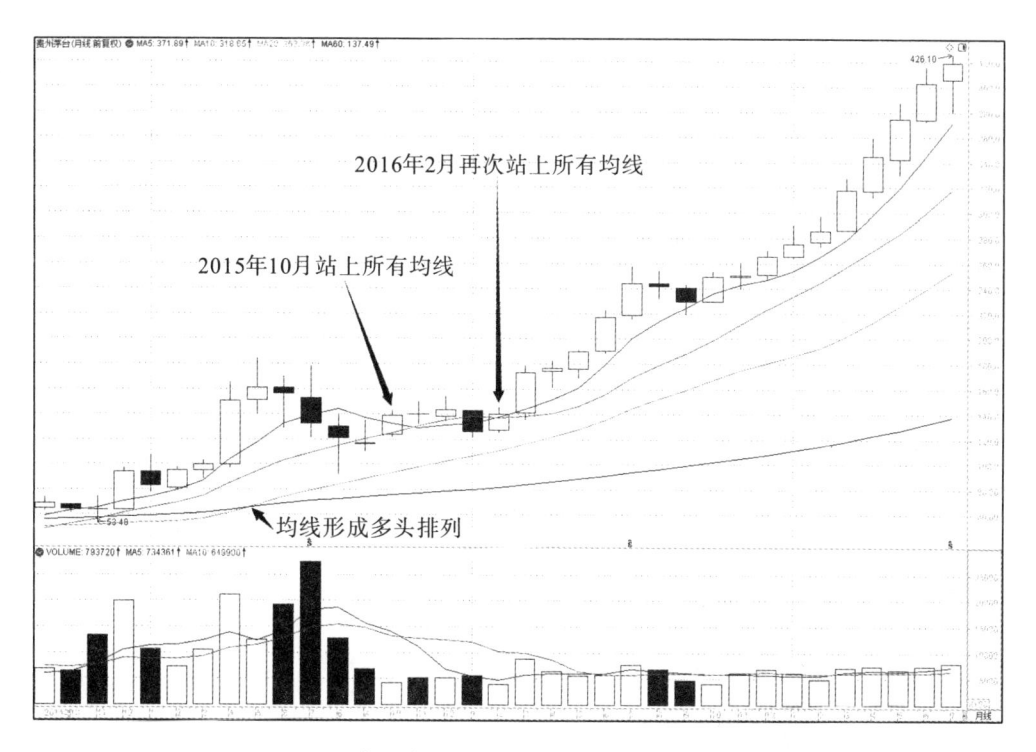

图 6-2-3 贵州茅台 2014 年 9 月至 2017 年 7 月月 K 线图

图 6-2-3 是贵州茅台（600519）的月 K 线图，图中时间跨度为 2014 年 9 月至 2017 年 7 月，前面的图 6-1-3 显示了从 2015 年 9 月底开始贵州茅台的季均线都始终保持多头排列。我们从月 K 线上看，2015 年 10 月这一根 K 线收盘站上了所有均线，出现了江氏战法的共振买入信号，但是接下来的两个月股价出现了小幅上涨后，第三个月又重新跌破了两条均线，所以这个共振买入信号失败了。紧接着，2016 年 2 月再次收出阳线并站上所有均线，这又是一个共

振买入信号，这一次信号发出之后股价就开始一路拉升，持续上涨了近两年才开始调整。这两个共振买入信号虽然失败了一个，但是亏损幅度只有10%左右，而成功的信号，盈利幅度达到400%以上，所以参考共振买入信号，仍然是非常成功的。下面我们再来看贵州茅台在后面的连续上涨过程中是否给出了共振买入信号。

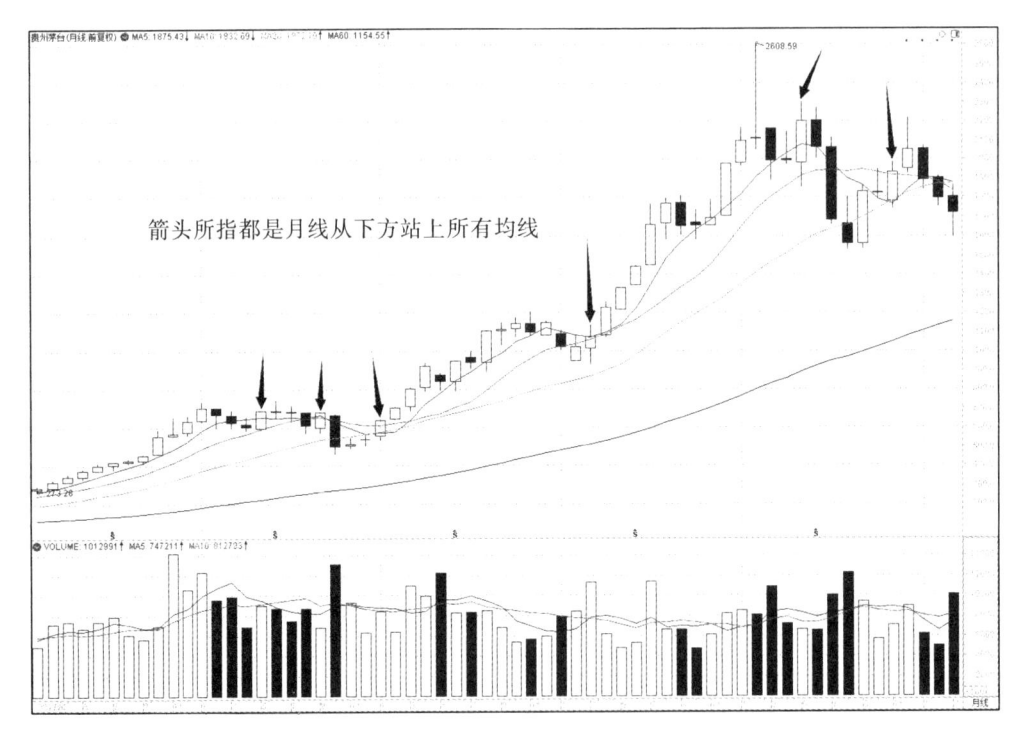

图6-2-4 贵州茅台2017年2月至2022年3月月K线图

图6-2-4是贵州茅台（600519）的月K线图，图中时间跨度为2017年2月至2022年3月，前面的图6-1-3显示了这段时间贵州茅台的季均线都始终保持多头排列。可以看到，图中用箭头指示了所有的共振买入信号，一共6个信号。其中2019年1月和2020年3月的买入信号都是非常好的信号，及时抓住了两波最大的行情。加上图6-2-4中未标出的2016年2月的买入信号，可以说贵州茅台重要的三波上涨行情全部都出现了共振买入信号，投资者参考共

振买入信号可抓住这只个股的全部主要机会。

但是，图6-2-4上另外4个买入信号就不太好了，其中前面2个信号都是在2018年的调整过程中发出的，发出信号后股价没有出现太大的上涨就下跌了，但是总体下跌幅度还不算太大。2021年5月的买入信号也是失败的，究其原因和2018年的2个失败买入信号都差不多，那就是发出买入信号之前只有一条或两条K线收盘跌破至少一根均线，这就说明股价调整的时间太短，震荡洗盘的时间远远不够。2021年11月的买入信号发出后，下一个月还有所上涨，但是紧接着的一根月K线再次跌破均线，所以也是失败的，但是亏损幅度不大。

总体来看，贵州茅台的共振买入信号数量不多，但是三波最大的上涨行情都出现了共振买入信号。除了这三次成功买入信号，其他信号都是失败的，但失败后的亏损幅度都不大，成功的买入信号盈利幅度仍然远远大于亏损幅度。

下面我们再来看看前面分析过的三一重工有没有发出共振买入信号。

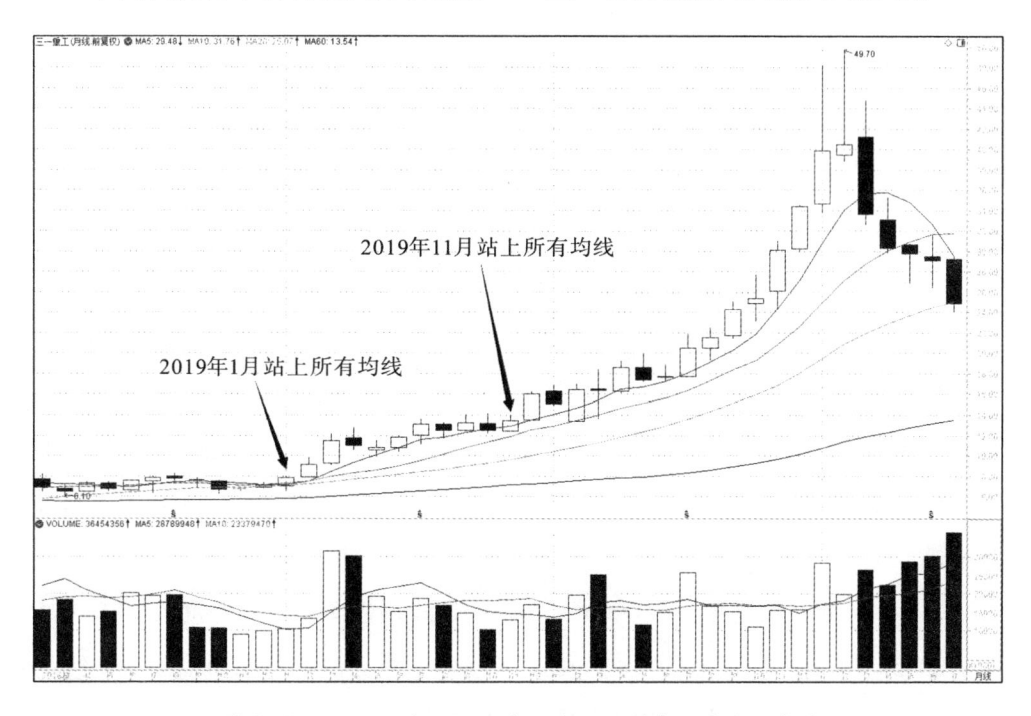

图6-2-5　三一重工2018年2月至2021年7月月K线图

图6-2-5是三一重工（600031）的月K线图，图中时间跨度为2018年2月至2021年7月，前面的图6-1-4显示了从2018年9月底开始三一重工的季均线都始终保持多头排列。可以看到，三一重工在整个大周期上升趋势之中，主周期上面仅仅发出了两次共振买入信号，一次在股价刚启动的2019年1月，此前股价经过3个月整理，走势始终在至少一根均线下方，最终在2019年1月站上所有均线，确立一轮大牛市行情开始，股价后面连续上涨8个月，收盘都没有跌破一根均线。到了2019年10月股价终于出现小幅下跌，收盘在5月均线下方，但是紧接着的2019年11月股价再次站上所有均线，发出第二次共振买入信号，这一次的信号非常成功，股价连续拉升直到阶段性见顶。

从这个例子可以看出，长线白马股如果上涨的时间较短，中途调整的过程也会很短暂，能够发出的共振买入信号也相对较少，但是信号的成功率很高。

二、主周期卖出信号

上一章我们阐述了股价见顶的画线判断方法，主要是股价跌破上升趋势线和顶部形态线，那是需要我们自己画线的一种方法。这里，我们介绍江氏战法的均线卖出信号。前面的共振买入信号主要发生在股价收盘站上所有均线的时候，那么卖出信号则反过来，如果股价收盘跌破任何一条均线就应该卖出，这样做的好处是，可以最大限度规避后市股价可能下跌带来的潜在损失。

当然，按照上述方法卖出股票也可能被正常的调整洗出去，但是没有关系，因为下一次股价收盘再次站上所有均线的时候，又会触发共振买入信号，我们再次买入就可以了，一般来说损失都不大，一旦股价继续下跌，带给我们的损失就会更大，所以均线卖出信号综合来看仍然是合算的。先来看看一个均线卖出信号的案例。

图6-2-6是格力电器（000651）的月K线图，图中时间跨度为2007年6月至2015年1月，前面的图6-1-2显示了在这一段时间格力电器的季均线都始终保持多头排列。图中标注向上的箭头代表共振买入信号，而向下的箭头代

表均线卖出信号，由于均线卖出信号和共振买入信号的条件设置刚好相反，也就是说卖出信号和买入信号必然是一一对应的关系，发出了一个买入信号后下一个必然发出卖出信号，不可能连续发出两个买入信号，也不可能连续发出两个卖出信号。图中一共标出了11对买卖信号，其中大部分情况是刚刚出现卖出信号，下一个月马上又出现买入信号，或者反过来，若根据信号操作我们就会反复买卖，并且经常造成一定亏损。

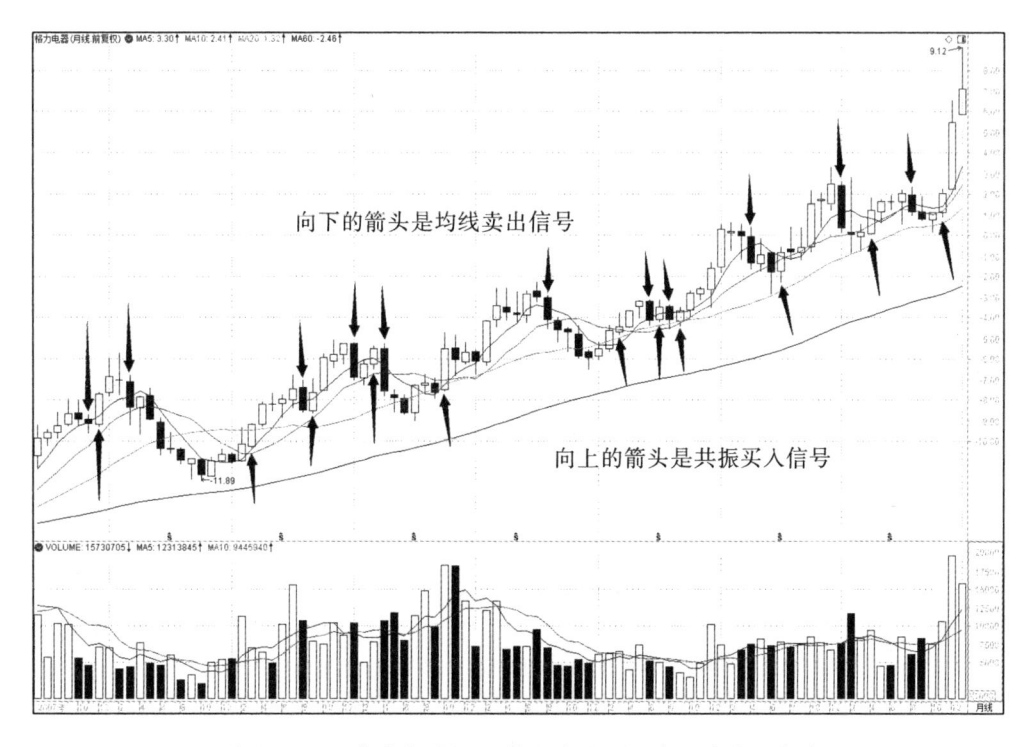

图6-2-6　格力电器2007年6月至2015年1月月K线图

值得注意的是，其中也有2对买卖信号非常成功，若按这2对买卖信号操作可规避股价的调整，其中一对是2008年5月的卖出信号和2009年3月的买入信号。虽然2008年5月至2009年3月之间股价并没有下跌多少，但是规避了长达9个月的调整，为我们节省了大量的时间成本。还有一对是2011年8月的卖出信号和2012年3月的买入信号，同样为我们规避了6个月的调整，同时还能以更便宜的价格买回股票。

总体来说，在上升趋势不流畅的阶段，主周期买卖信号可能会频繁出现，导致我们反复买入又卖出，大多数信号都会造成一定的亏损，但是其中最大的调整也会被同时规避，亏损不会太多，同时也不会漏掉任何一波大的上升波段。下面我们再看看格力电器在2015年以后的买卖信号。

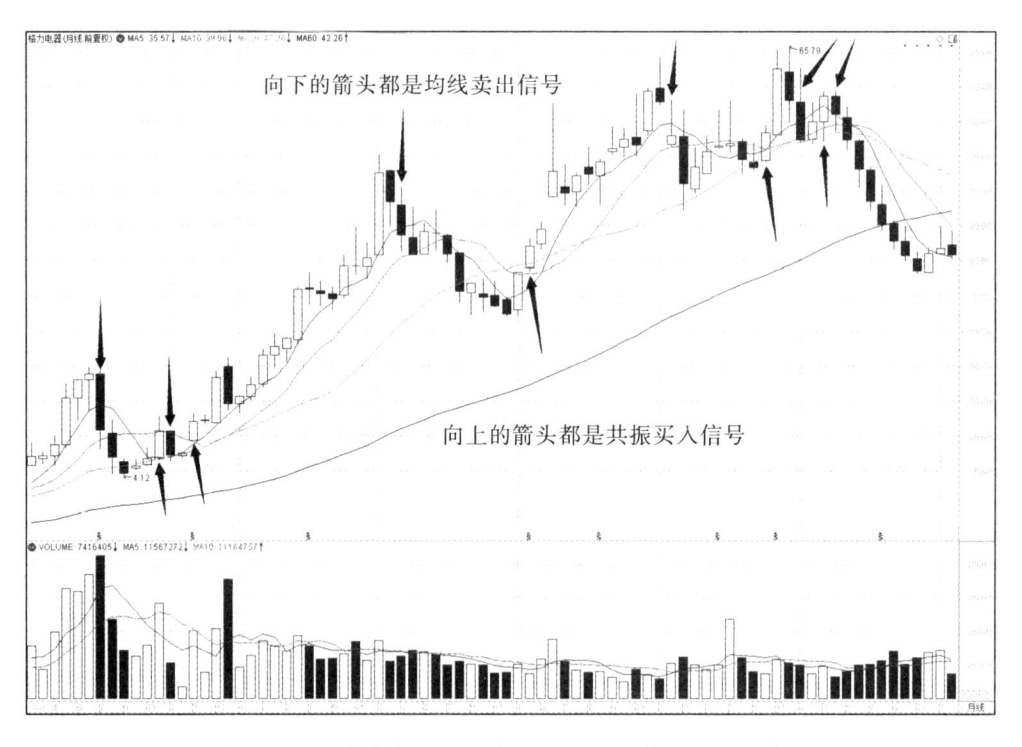

图6-2-7 格力电器2015年1月至2022年2月月K线图

图6-2-7是格力电器（000651）的月K线图，图中时间跨度为2015年1月至2022年2月，前面的图6-1-2显示了在这一段时间内，格力电器的季均线都始终保持多头排列。图中标注向上的箭头代表共振买入信号，向下的箭头代表均线卖出信号。可以看到，这7年的时间内一共发出了5对半买卖信号，图中最后一个卖出信号出现后股价见顶了，买入信号也就没有出现。其中会造成亏损的有2对买卖信号，卖出信号出现之后不久股价又开始拉升，出现买入信号。但是有3对买卖信号能够让我们成功地规避连续调整的波段，节省大量

的时间成本。而最后一个卖出信号就非常好了，它及时提醒我们在股价破位大跌之前卖出股票，成功逃顶。

总结一下，在长线白马股的上涨后期，江氏战法买卖信号可以规避股价在高位宽幅震荡带来的大部分调整波段，并且最关键是，参考卖出信号可以在股价见顶后大幅下跌之前提醒我们及时逃顶。

第三节　小周期看盘方法

对长线白马股来说，小周期就是周K线以及更小的K线周期，常用的主要是周K线和日K线。在大周期和主周期没有形成共振向上拉升，小周期也就处于调整之中，这时候小周期一定是处于复杂的调整阶段，长线白马股也就没有大的操作价值，应该放弃操作。此时，我们应该耐心等待，直到大周期和主周期都形成了向上共振拉升，然后再使用小周期的上升通道来寻找买卖点。下面我们分别阐述小周期看盘的买入和卖出方法。

一、小周期买入方法

当大周期和主周期形成了共振向上拉升，也就是前文所说的主周期出现了共振买入信号之后，如果我们没有及时在第一时间买入股票，可以等待在股价上涨一段时间后回调到一个低点，然后将这个调整低点和股价最近的启动低点相连，画出一条上升趋势线，当股价再次回调到这条上升趋势线并得到支撑的时候，就是小周期买入的最佳时机。

小周期买入的优点在于，可以规避主周期上面那些失败的买入信号，因为主周期上的失败买入信号一般来说上涨力度很弱，股价很快调整向下，这样就无法画出上升趋势线，小周期上没有买入机会。小周期买入方法的缺点，就是要放弃掉一段上涨的利润，盈利幅度不如主周期上面发出共振买入信号就立即买入，但是在比较复杂的调整阶段，使用小周期买入方法，我们可以避免频繁的失败操作，因此不失为一种非常好的办法。下面我们来看看使用小周期买入方法的案例。

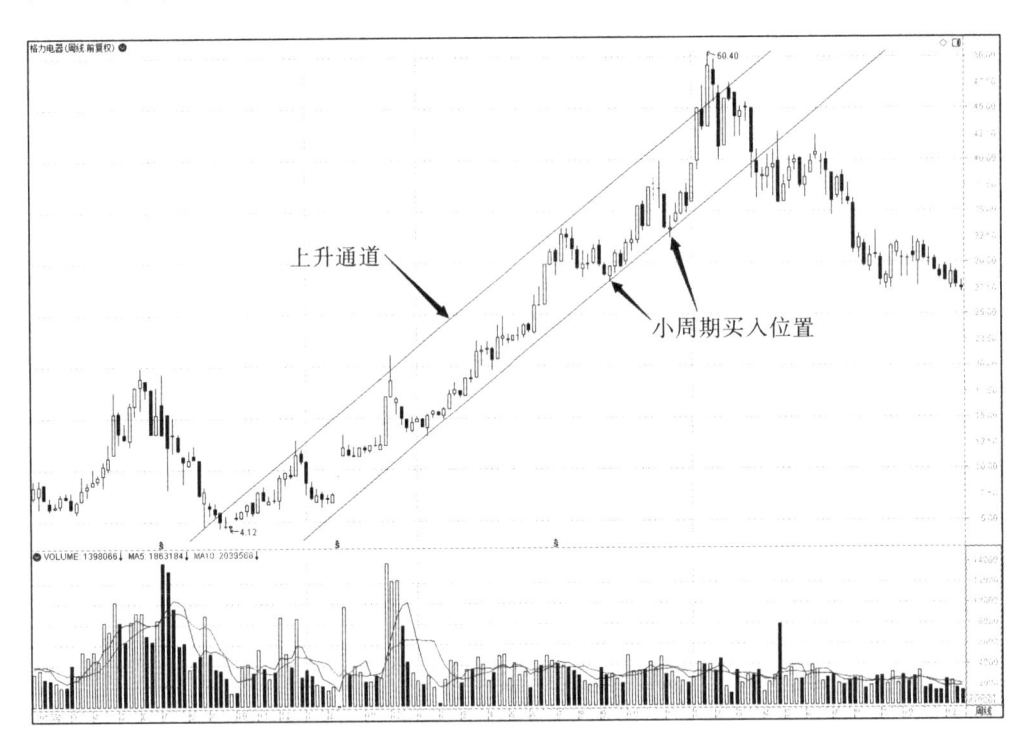

图 6-3-1　格力电器 2015 年 1 月至 2018 年 12 月周 K 线图

图 6-3-1 是格力电器（000651）的周 K 线图，图中时间跨度为 2015 年 1 月至 2018 年 12 月，前面主周期已经确定了 2016 年 9 月发出了共振买入信号，在周 K 线图上面我们可以从 2016 年 9 月以后，寻找两个股价调整的低点，然后将它们相连，画出一条上升通道，后市股价经过一段上升之后，再次回到上升通道下沿的时候就是小周期买入的机会。图中标出了两次小周期买入的位置，可以看到小周期买入位置出现之后，很快股价就有一波快速的拉升，投资者可以快速获利。下面我们再来看看一个小周期买入机会的案例。

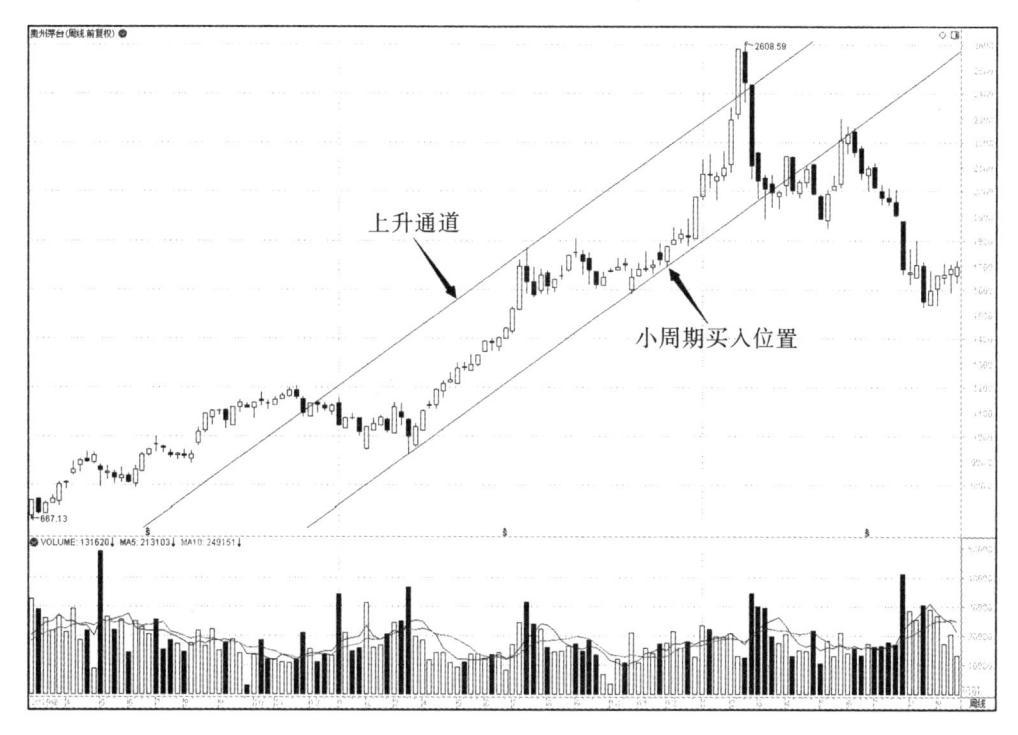

图6-3-2　贵州茅台2019年3月至2021年9月周K线图

图6-3-2是贵州茅台（600519）的周K线图，图中时间跨度为2019年3月至2021年9月，前面主周期已经确定了2020年3月发出了共振买入信号，在周K线图上面我们可以从2020年3月以后，寻找两个股价调整的低点，然后将它们相连，画出一条上升通道，后市股价经过一段上升之后，再次回到上升通道下沿的时候，就是小周期买入的机会。图中标出了小周期买入的位置，可以看到小周期买入位置出现之后，股价很快就开始持续大幅拉升，最后更是加速拉升，直至脱离了上升通道的上沿，涨幅较大，投资者获利颇丰。

二、小周期卖出方法

当我们使用小周期买入方法买入股票之后，如果股价开始加速拉升，短期内拉升到了上升通道的上沿附近，股价后市极有可能还会回调到上升通道之

内，应该逢高分批卖出部分股票，等待股价回到上升通道下沿得到支撑后再买入。如果股价向上拉升突破了上升通道的上沿，这是股价进入短期加速赶顶阶段的特征，应该分批全部卖出手中的股票。如果股价没有拉升到上升通道的上沿，反而跌破了上升通道的下沿，那么意味着上升趋势被破坏了，此时应该卖出股票。下面我们先来看小周期卖出方法的案例。

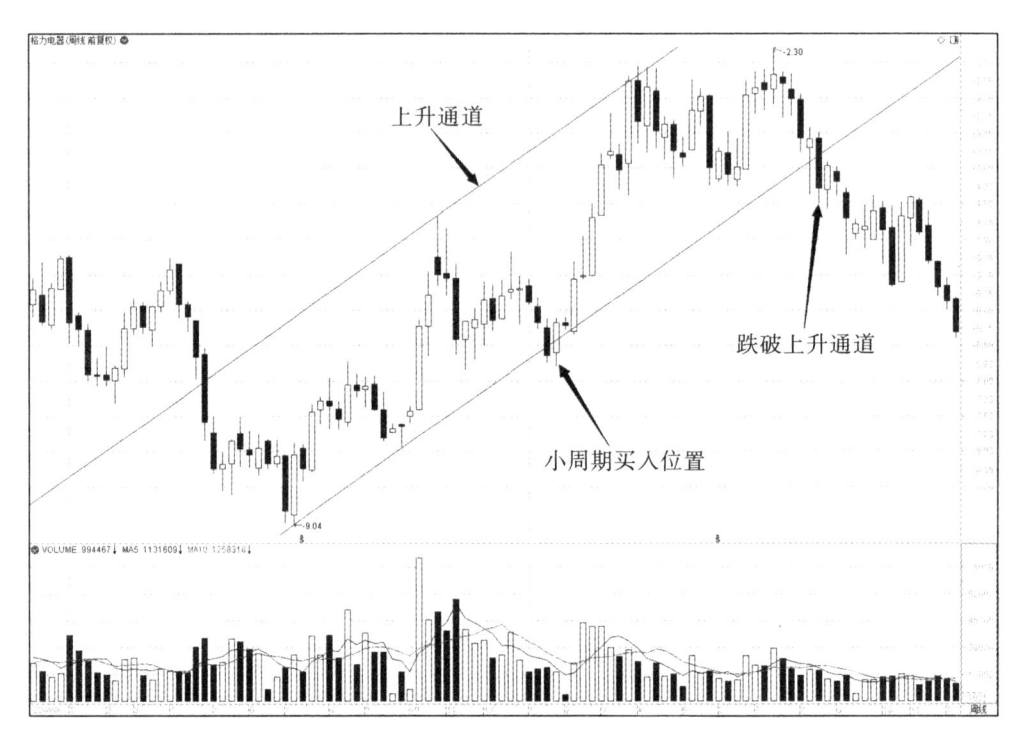

图6-3-3 格力电器2009年12月至2011年12月周K线图

图6-3-3是格力电器（000651）的周K线图，图中时间跨度为2009年12月至2011年12月，前面主周期已经确定了2010年以后，10月发出了共振买入信号，在周K线图上面，我们可以从2010年以后，寻找两个股价调整的低点，然后将它们相连，画出一条上升通道，后市股价经过一段上升之后，再次回到上升通道下沿的时候，就是小周期买入的机会。图中标出了股价回到上升通道下沿的小周期买入的位置，可以看到小周期买入位置出现之后很快就有

一波连续大幅拉升,投资者可快速获利。

不过,值得注意的是,股价在拉升到上升通道上沿附近震荡,在这里股价遇到强阻力,此时应该分批卖出部分股票。此后,股价经过一段时间的震荡跌破了上升通道,这就意味着小周期的上升趋势结束了,所以应该卖出全部股票。下面我们再来看一个小周期卖出的案例。

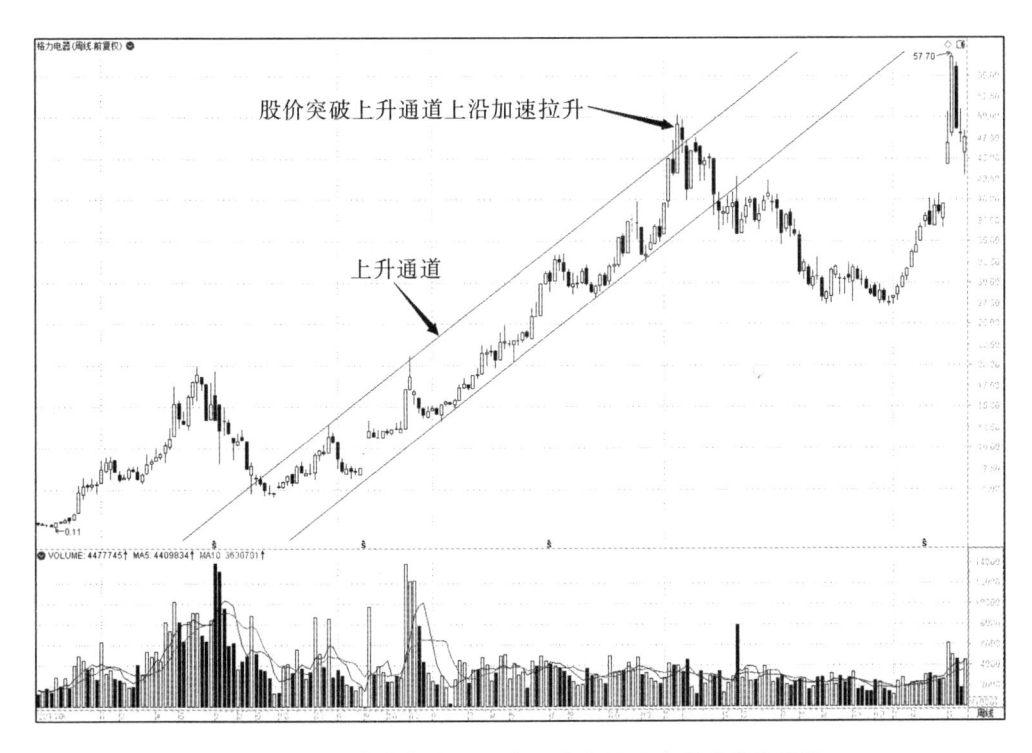

图6-3-4 格力电器2014年9月至2019年5月周K线图

图6-3-4是格力电器(000651)的周K线图,图中时间跨度为2014年9月至2019年5月,前面主周期已经确定了2016年9月发出了共振买入信号,在周K线图上面我们可以从2016年初期,寻找两个股价调整的低点,然后将它们相连,画出一条上升通道,后市股价经过一段上升之后,再次回到上升通道下沿的时候,就是小周期买入的机会。前面的图6-3-1中标识了两个小周期买入的位置,股价在进入2018年初之后开始加速拉升,到达上升通道上沿附

近，最后股价还向上突破了上升通道的上沿，此处里是股价的强阻力，再加上股价最后突破了上升通道，所以应该卖出全部股票。我们再来看一个小周期卖出案例。

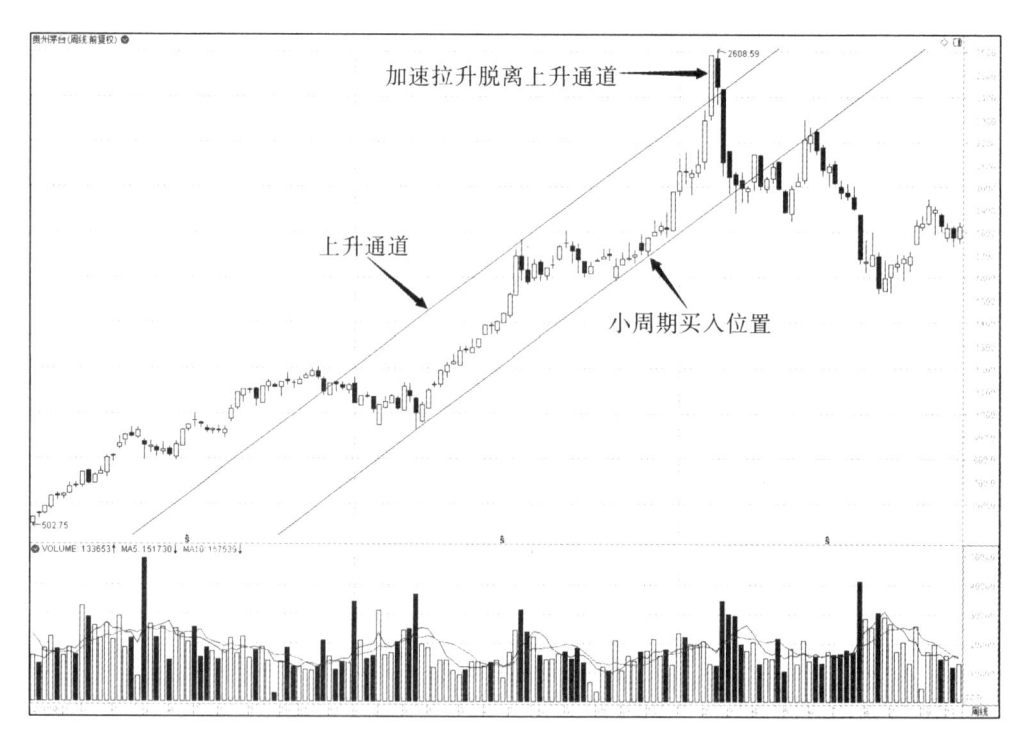

图6-3-5 贵州茅台2018年12月至2021年11月周K线图

图6-3-5是贵州茅台（600519）的周K线图，图中时间跨度为2018年12月至2021年11月，前面主周期已经确定了2020年3月发出了共振买入信号。在周K线图上，我们可以从2020年寻找两个股价调整的低点，然后将它们相连，画出一条上升通道，后市股价经过一段上升之后，再次回到上升通道下沿的时候，就是小周期买入的机会。图中标出了小周期买入的位置，可以看到小周期买入位置出现之后，股价很快就开始持续大幅拉升，最后更是加速拉升脱离了上升通道的上沿，此时应该卖出全部股票。

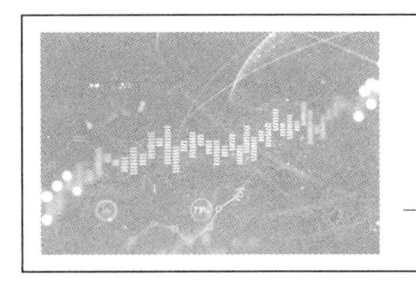

第七章
白马股的卖点把握

长线白马股经过长期上涨之后，此时即使股票的内在价值再高，也可能已被市场高估了。随着长线白马股的股价逐步走高，公司的价值会被市场反复炒作，这会让更多人的认可并跟进买入，这样就会形成正向反馈，股价的继续上涨不断刺激更多的人看好，让更多的投资者入场，从而促进股价进一步上涨，最后市场陷入极度疯狂，股价严重偏离其内在价值，此时就是我们离场的最佳时机了。

高位卖出股票和低位买入股票都需要和整个市场反向操作，需要我们具备独立思考和判断的方法，以及相信自己判断的坚定信心。长线白马股的卖点具有一些相似的共同点：首先，股价经过了长期上涨后，累计涨幅非常巨大，从最低位算起都有数倍甚至10倍以上的涨幅；其次，股价有一个明显的从匀速上涨到加速拉升的过程；再次，股价到达一个严重被高估的位置，各项估值指标都非常高；最后，市场各方舆论都一致看好，看空言论基本消失。

不过，具体到不同的长线白马股，又有几种不同类型的卖点，下面我们分

别讲解。

第一节 周期性股票的卖点

周期性股票是股市中数量最多的类型，是指公司的经营发展明显随着国民经济周期的盛衰而波动的股票。最典型的周期性股票是资源股，如煤炭、钢铁、房地产等行业。当整体经济形式上升时，这些股票的价格也会随之上升；当整体经济走下坡路时，这些股票的价格也会随之下跌。另外，券商股和证券市场的周期高度相关，也是经典的周期性股票。熊市时券商业绩低迷，股价接连下跌，令投资者唯恐避之不及；牛市来临后，券商股盈利剧增，股价又会一飞冲天，成了投资者追捧的香饽饽。周期性股票多为投机性的股票。

周期性股票的估值分析比较特殊，其特点在于：对于别的股票而言，低市盈率代表公司盈利良好，股价也处在低位，未来大概率还会上涨；但周期性股票的情况恰恰相反。当周期性股票业绩极佳，市盈率下降时，往往代表着公司的经营业绩已进入景气度高潮，后面就将迎来下行周期了，此时很多投资者看到业绩优良可能就会选择买入并持有，但正确的做法应该选择卖出。相反，对于大多数股票而言，高市盈率代表高估值，股价将会下跌，但对周期性股票而言却是好事，当周期性股票的业绩连续数年疲软时，就是经济周期的低谷，这是极佳的买入良机。

经典案例之一：中国石油

巴菲特投资港股中国石油的卖出点选择，属于经典案例。关于巴菲特在2003年买入中国石油的原因在第四章已经详细分析了，在此不再赘述。巴菲特从2007年7月12日开始，以12港元左右的价格分批减持港股中国石油，直到10月19日将旗下公司持有的中石油股票全部清仓。巴菲特对中国石油大概投入了5亿美元的资金，卖掉后总共盈利约40亿美元。

第七章 白马股的卖点把握

那么，既然他认为中国石油是一家好公司，为什么又要卖掉它的股票呢？首先，这是因为港股中国石油价格已经大幅上涨。下面我们来看看当时港股中国石油的走势。

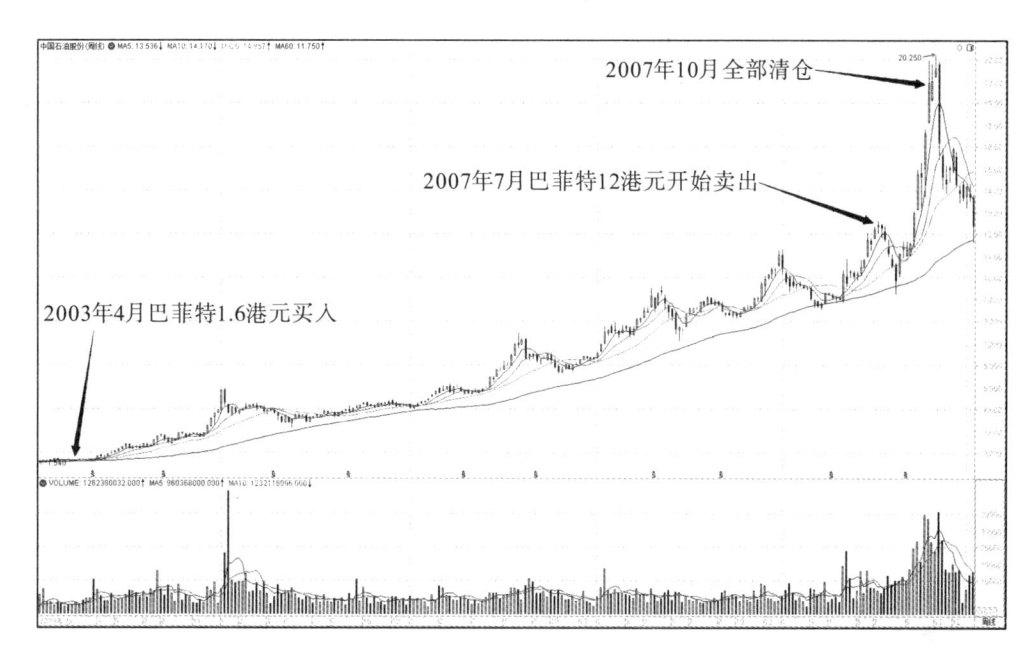

图 7-1-1 港股中国石油 2003 年初至 2008 年初周 K 线图

图 7-1-1 是港股中国石油（00857）的周 K 线图，图中时间跨度为 2003 年初至 2008 年初。可以看到，巴菲特以 1.6 港元的价格建仓港股中国石油，到了 2007 年 7 月股价站上了 12 港元，累计涨幅已经达到了 650%，到了 2007 年 10 月股价最高超过了 20 港元，最高涨幅已经超过了 1000%，符合了长线白马股累计涨幅巨大的特征。涨幅过高是需要考虑卖出股票的一个重要原因，但是仅仅这一个原因还不足以让巴菲特坚决卖出股票，还要考虑其他因素。

在被问到为什么卖出中国石油的时候，巴菲特说："有很多这样很好的企业，其实我希望买更多，而且本应该持有更久。但石油的利润主要依赖于油价，如果石油在 30 美元一桶的时候，我们很乐观，如果到了 75 美元，我不是说它就要下跌，但是我就不像以前那么自信……现在，石油的价格已经超过了

75美元一桶。"言下之意,当时的巴菲特认为油价已经上涨到了非常高的位置,油价继续大涨的可能性较小,石油公司的利润继续大幅增长将会很困难,所以他选择了此时卖出股票。下面我们来看看那一段时间国际原油价格的走势。

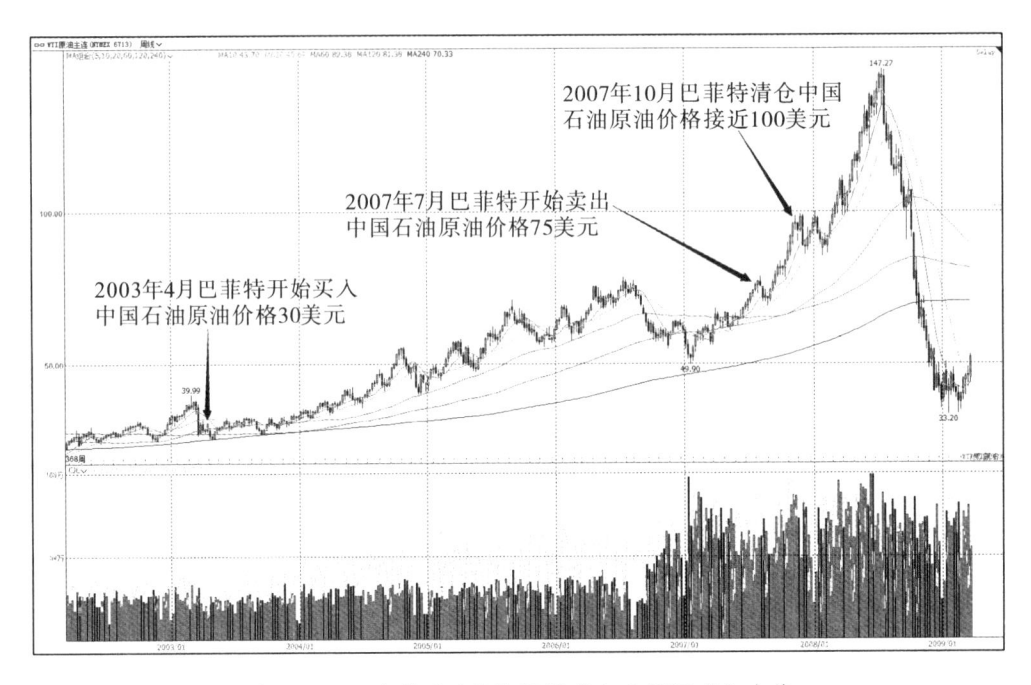

图7-1-2 纽约原油价格2002年初至2009年初走势

图7-1-2是纽约原油价格走势的周K线图,图中时间跨度为2002年初至2009年初。可以看到,纽约原油价格的走势确实如巴菲特所说,从2002年开始展开了一轮持续上升,2003年4月巴菲特买入港股中国石油的时候原油价格在30美元附近,经过4年以后到了2007年7月原油价格创新高到达75美元,此时巴菲特开始分批减仓中国石油港股,到了2007年10月原油价格接近100美元的时候就全部清仓了。

但是如果只看原油价格的走势,我们发现进入2008年后,油价还在疯狂拉升,最终达到147美元才见顶回落,巴菲特对原油价格达到75美元就难以继续大幅上涨的判断显然并不准确,但是他为什么选择在2007年11月之前全部清仓港股中国石油呢?还有一个影响股价波动的重要因素巴菲特没说,那就是中国石油将在 2007 年 11 月 5 日回归 A 股上市。

中国石油回归 A 股对公司来说当然是重大利好，因为公司可以高溢价发行新股，从而募集一大笔资金，这就大幅提高了每股净资产，降低了公司的负债率，但是这样也造成了市场极度亢奋，带来了中国石油的港股价格短期暴涨。在中国石油回归 A 股之前，其港股暴涨已经脱离了它前 4 年的上涨通道，出现了明显的加速拉升，这是长线白马股的典型见顶特征。下面我们来看看当时港股中国石油的走势图。

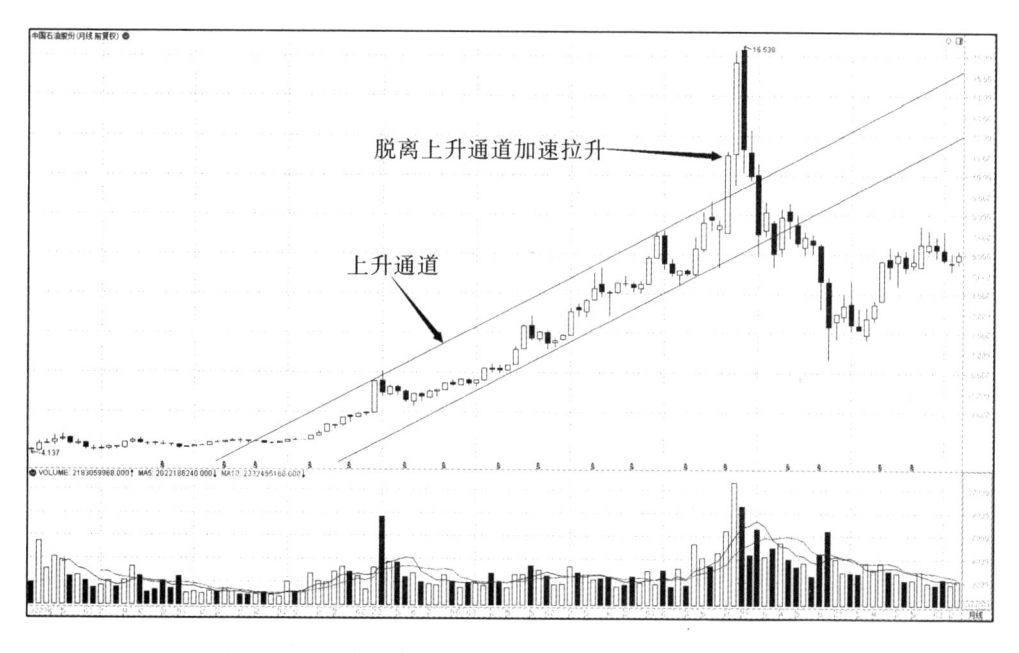

图 7-1-3　港股中国石油 2008 年上市至 2010 年月 K 线图

图 7-1-3 是港股中国石油（00857）的月 K 线图，图中时间跨度为 2000 年上市至 2010 年。可以看到港股中国石油从 2003 年下半年开始进入了一个标准的上升通道之中，股价达到了上升通道的上轨附近往往都会回调，在上升通道内部整理一段时间，然后再继续上涨。但到了 2007 年 9 月，一根大阳线突然冲破上升通道的上轨，下一个月继续收出大阳线，整根阳线都收在上升通道的上轨以上，这就是典型的加速拉升，长线白马股一旦出现这种走势，往往预示

着短线见顶，此时应该坚决卖出股票。

事实上，港股中国石油价格在 2007 年 11 月 1 日就见到了历史最高点，到了 11 月 5 日回归 A 股上市的时候，港股价格已经很难继续上涨了，反而收出大阴线并开启了一轮暴跌。2008 年后即使国际原油价格继续暴涨，港股中国石油的价格却反而跌到了 10 港元以下，直到今天再也没能回到历史高位。

总结港股中国石油的见顶特征不难发现，其完全符合长线白马股的典型见顶特征：第一，4 年时间累计涨幅超过 10 倍；第二，有一个明显的从匀速上涨到加速拉升的过程；第三，股价严重高估市盈率经过计算达到了 24 倍左右；第四，市场舆论全面看多，当时因为回归 A 股，国内各大媒体连篇累牍地对中国石油进行分析报道，无一例外地看好，并将其渲染为"全球最大市值公司""亚洲最赚钱公司"，投资者被不断鼓动买入港股中国石油。

另外，它的见顶又有周期性股票的特征，那就是经济周期，国际原油价格走势已走到周期性高位。但是，港股中国石油的市盈率指标并不像一般周期性股票那样，它在低位巴菲特买入的时候市盈率只有 3 倍，这是因为中国石油上市的时候全球股市都处于低迷时期，加之当时在香港上市的国内大型央企很少，市场对其的估值非常之低，所以市盈率就极低了。

经典案例之二：三一重工

除了巴菲特卖出港股中国石油的经典操作，在 A 股市场上也有类似的经典案例。

图 7-1-4 是三一重工（600031）的财务分析数据。从 2016 年至 2021 年的年报数据中可以发现，公司 2016 年至 2021 年基本每股收益分别为：0.0267 元、0.2733 元、0.7907 元、1.374 元、1.8401 元和 1.4287 元。通过股票软件我们可以查到，三一重工从 2016 年至 2021 年每年底的股价分别为：4.63 元、7.63 元、7.06 元、16.03 元、34.38 元和 22.80 元，根据这组数据可以计算出该股 2016 年至 2021 年的市盈率分别为：

2016 年市盈率 = 4.63 ÷ 0.0267 = 173.41；

第七章　白马股的卖点把握

2017年市盈率 = 7.63 ÷ 0.2733 = 27.92；

2018年市盈率 = 7.06 ÷ 0.7907 = 8.93；

2019年市盈率 = 16.03 ÷ 1.374 = 11.67；

2020年市盈率 = 34.38 ÷ 1.8401 = 18.68；

2021年市盈率 = 22.80 ÷ 1.4287 = 15.96。

☆财务分析☆　◇600031 三一重工　更新日期：2022-04-23◇　港澳资讯　灵通V8.0
☆【港澳资讯】所载文章、数据仅供参考，使用前务请仔细核实，风险自负。☆
★本栏包括【1.财务指标】【2.报表摘要】【3.异动科目】【4.环比分析】★

【1.财务指标】
【主要财务指标】

财务指标	2021-12-31	2020-12-31	2019-12-31	2018-12-31	2017-12-31	2016-12-31
审计意见	标准无保留意见	标准无保留意见	标准无保留意见	标准无保留意见	标准无保留意见	标准无保留意见
净利润(元)	120.3336亿	154.3469亿	113.2592亿	61.1629亿	20.9225亿	2.0346亿
净利润增长率(%)	-22.0369	36.2776	85.1764	192.3302	928.3514	4001.1288
扣非净利润(元)	102.9128亿	139.478亿	104.1168亿	60.3749亿	17.8658亿	-3.135亿
营业总收入(元)	1068.7339亿	1000.5471亿	762.3284亿	558.215亿	383.3509亿	232.8007亿
营业总收入增长率(%)	6.815	31.2488	36.6654	45.6147	64.6691	-0.8107
加权净资产收益率(%)	19.95	29.55	27.16	21.45	8.69	0.89
资产负债比率(%)	53.0191	53.8297	51.2069	55.9441	54.7146	61.8996
净利润现金含量(%)	98.9269	86.9939	104.9249	172.1125	409.3435	1597.1188
基本每股收益(元)	1.4287	1.8401	1.374	0.7907	0.2733	0.0267
每股收益-扣除(元)	1.2218	1.6628	1.2631	0.7806	0.2334	-0.0412
稀释每股收益(元)	1.4284	1.8374	1.3664	0.7466	0.2674	0.0267
每股资本公积金(元)	0.6057	0.6233	0.92	0.2414	0.1369	0.0781
每股未分配利润(元)	5.7423	4.9295	3.5389	2.5358	1.9726	1.7891
每股净资产(元)	7.4996	6.6898	5.5958	3.9889	3.2736	2.9317
每股经营现金流量(元)	1.4017	1.5827	1.4103	1.3495	1.1169	0.427
经营活动现金净流量增长率(%)	-11.287	12.9177	12.889	22.9132	163.5677	20.4876

图7-1-4　三一重工2006年至2021年财务分析

由此可见，三一重工在2016年的时候市盈率高达173.41倍，这是一个极高的数值，对一般的股票而言，这一市盈率表明该股没有任何投资价值。然后到了2017年，随着公司基本每股收益增长到上一年的10倍，市盈率大幅下降到了27.92倍，但是这个指标仍然属于没有明显投资价值的范围。进入2018年后基本每股收益再次大幅增长两倍多，而股价反而有所下跌，因此市盈率降到了8.93倍，进入了一个极具投资价值的区间。2019年，该股股价翻倍，基本每股收益增长了七成多，市盈率增长到11.67倍，仍具有投资价值。2020年，

股价继续翻倍大涨，基本每股收益也继续增长，但增速已经明显放缓，市盈率增长到了 18.68 倍，还在具备投资价值的范围内。2021 年，股价在这一年的 2 月见顶后开始大幅下跌，基本每股收益也出现了下降，市盈率降低到了 15.96 倍，仍然属于很有投资价值。

但是，以上的市盈率是否具备投资价值，都是按照一般行业的思维进行分析的，而三一重工所属的机械工程行业属于典型的周期性行业。前面说过，周期性行业的企业特点和一般的行业企业完全相反，在它们市盈率很高的时候是处于行业低谷时期，这时候的股价也处于波动的低谷，因此具备很高的投资价值，此时应该买入股票；等到它们的市盈率降低到了理论上具有投资价值的范围内，反而处于行业的高峰时期，此时的股价也处在波动的高峰，因此反而不具备投资价值，应该卖出股票。

事实也是如此。在市盈率最高的 2016 年，三一重工股价也是处在最低的位置，此后的 2017 年和 2018 年公司业绩开始飞速增长，但是股价的上涨速度远远落后于业绩上涨的速度，市盈率同时大幅降低。到了 2019 年和 2020 年，股价每年都上涨超过一倍，市盈率也一直处在理论上具备投资价值的区间，也就是 20 倍以下。进入 2021 年后业绩开始下滑，股价也在年初达到了历史的高点。这是按照周期性行业的特点寻找卖出时机的方式，下面我们再来看三一重工的走势方面的卖出信号。

图 7-1-5 是三一重工（600031）的月 K 线图，图中时间跨度为 2016 年初至 2022 年初。可以看到，三一重工的股价在 2016 年初下探出现一个最低点后，开始缓慢上涨，2017 年和 2018 年总体虽然有所上涨，但是幅度不大。进入 2019 年，三一重工的股价开始进入了一个加速上涨的通道，图中画出了一个明显的上升通道，2019 年全年和 2020 年上半年股价基本沿着这个上升通道震荡向上。从 2020 年 9 月开始，股价突破了上升通道的上沿，开始加速拉升，随后的 5 个月股价在前面已经大幅上涨的基础上再次翻倍，走出一个明显脱离上升通道的加速拉升行情。

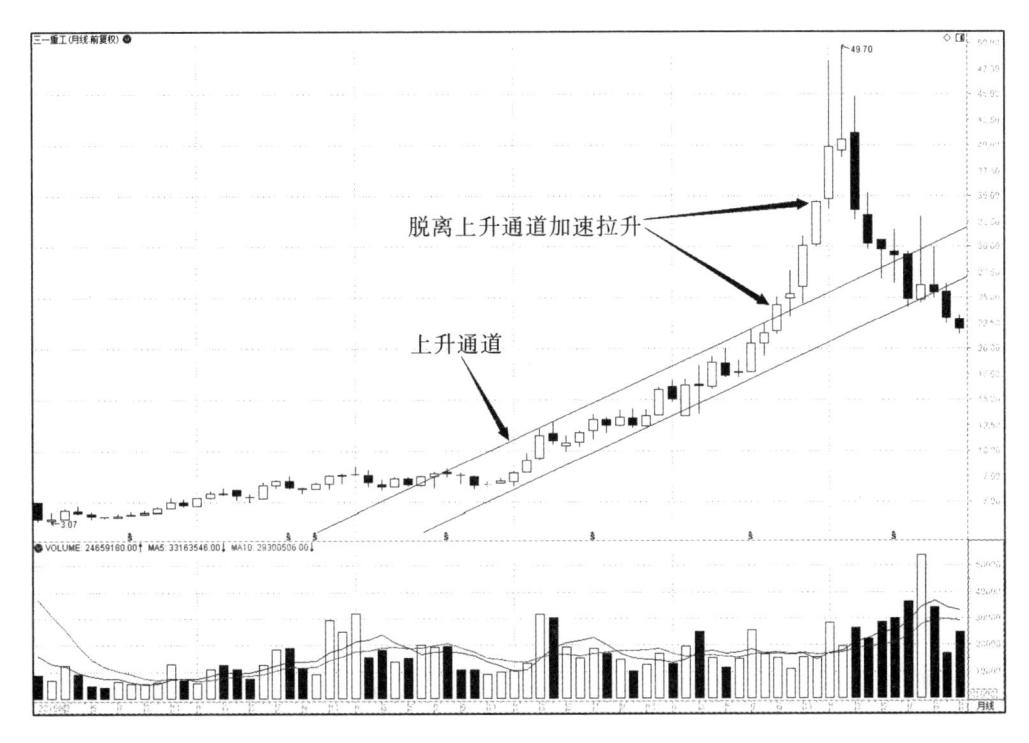

图 7-1-5　三一重工 2016 年初至 2022 年初月 K 线图

前面已经说过，长线白马股的见顶特征就是上涨的末期有一个明显的加速拉升的过程，三一重工的走势也完全符合这一点，所以这也是一个比较明确的卖出信号。另外，三一重工 2016 年的最低点复权价只有 3.07 元，2021 年最高价已经上涨到了 49.70 元，累计涨幅已经高达 1500% 以上，这也符合长线白马股累计涨幅非常巨大的标准了。当三一重工的股价见顶的时候，也就是 2021 年春节前后，市场铺天盖地一片看好，各大媒体都在不厌其烦地吹捧所谓的核心资产，其中就包括工程机械行业的龙头股三一重工，几乎听不到任何不同的声音，这也完全符合长线白马股的见顶特征。

此时，我们可以在股价脱离上升通道并大幅上升之后卖出股票。例如，从股价脱离上升通道算起，继续上涨 20% 以上我们就开始分批卖出，当然我们可能没有卖在最高点，但是总体来说卖在历史高位区域。另外，我们还可以从更小的周期来进行观察，辅助选择更好的卖出信号。

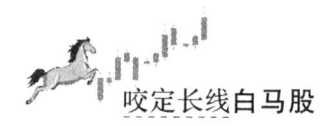

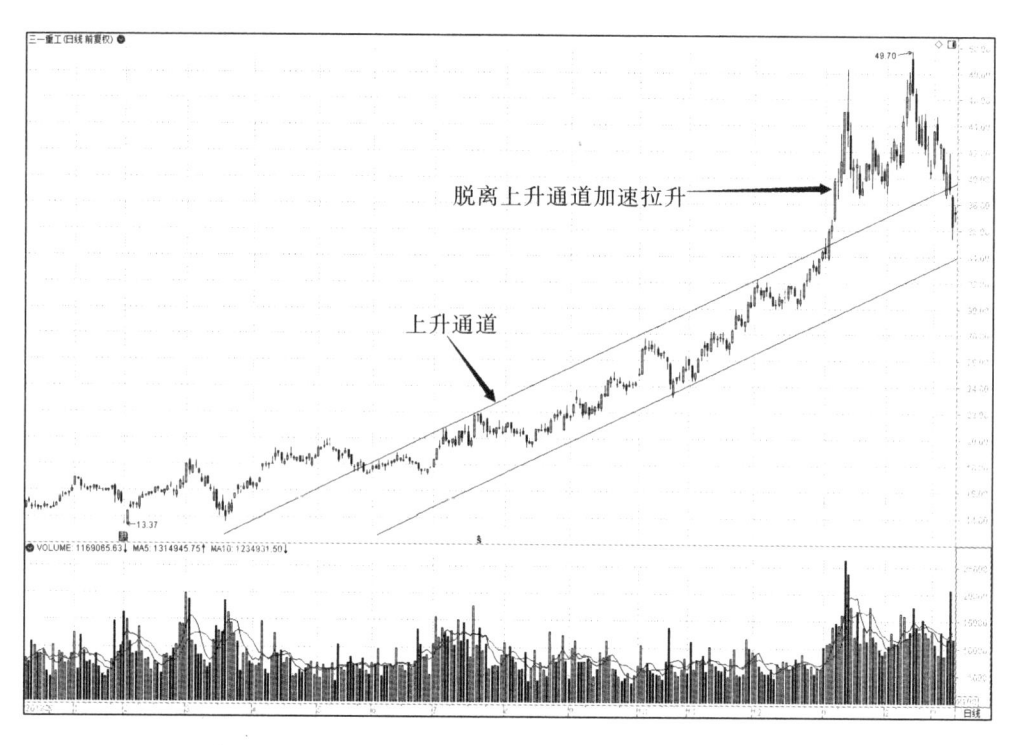

图 7-1-6 三一重工 2019 年 12 月至 2021 年 3 月日 K 线图

图 7-1-6 是三一重工（600031）的日 K 线图，图中时间跨度为 2019 年 12 月至 2021 年 3 月。可以看到，在日 K 线图上三一重工的股价在 2020 年 6 月开始进入了一个较为明显的上升通道，一直到 2020 年底始终在这个上升通道之内运行。到了 2021 年初，股价开始脱离上升通道，加速拉升，日 K 线图上也出现了明显的加速拉升的信号，这也是一个明确的卖出信号。进入 2021 年后，长线白马股的几个见顶特征都纷纷出现了，此时我们就应该选择分批卖出股票。

第二节　板块集中爆发后的卖点

出现最多长线白马股的不是周期性股票，而是消费类股票。这一类股票主要包括三大类：第一，食品饮料板块，包括白酒、乳业、调味品等；第二，耐用消费品板块，如家电、服装等；第三，另类消费行业，如医药、旅游等。

从历史经验来看，消费类股票出现了大量的长线白马股。这一类股票的见顶特征除了长线白马股的共同特征之外，还有一个自身独有的特点，那就是一只龙头股带动整个板块集体暴涨，最终整个板块集体见顶。最强的长线白马股往往都是一个板块的龙头股，最开始只有龙头股能够不顾大盘波动，走出独立上涨的行情，随着龙头股上涨，市场上认可的声音越来越多，跟风买入的投资者也越来越多，当龙头股的累计涨幅远远超过市场平均水平之后，就会成为市场争相追捧的明星股，其业务得到所有投资者的认可。此时，龙头股的涨幅已经远远超过同行业的其他个股，很多没有买入龙头股的投资者不愿在高位买入龙头股，于是退而求其次，买入那些和龙头股相同行业板块但是涨幅远远小于龙头股的股票，这样就会造成整个行业板块全面上涨的局面，板块的上涨通常都会有一个从匀速上涨到加速拉升的过程，到了最后，整个板块就会陷入疯狂，板块内的公司不管业绩好坏、行业地位如何都会上涨，大多数前期涨幅落后于龙头股的边缘股票也会全面爆发，最后阶段的其他个股涨幅往往都会大于龙头股。随着整个板块集体疯狂，行业内的个股价格全部被严重高估，这时的市场往往会完全忽视风险，不断看好，最终后股价到达顶点，狂欢之后随即迎来长期持续地暴跌。

最近几年，A股市场上的白酒板块非常生动地演绎了一次板块全面爆发、集体见顶的大戏。下面我们来仔细分析这一标志性事件的来龙去脉。先来看看2013年至2022年这10年来大盘的基本走势。

图7-2-1是上证指数（999999）的月K线图，图中时间跨度为2013年至2022年。可以看到，这10年来上证指数走出了大幅震荡的走势。2014年下半年至2015年上半年，出现了10年内最大的一轮牛市；2015年下半年行情迅速崩盘并出现"股灾"，此后市场总体波动幅度都不大；从2016年初低点温和反弹至2018年初；随后持续大跌至2019年初探明阶段性低点；此后震荡回升，在2020年初至2021年底，出现了较长时间的温和上涨；进入2022年后再次连续下跌。下面我们再看看相同时间段内白酒板块的龙头股贵州茅台的走势。

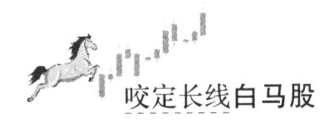

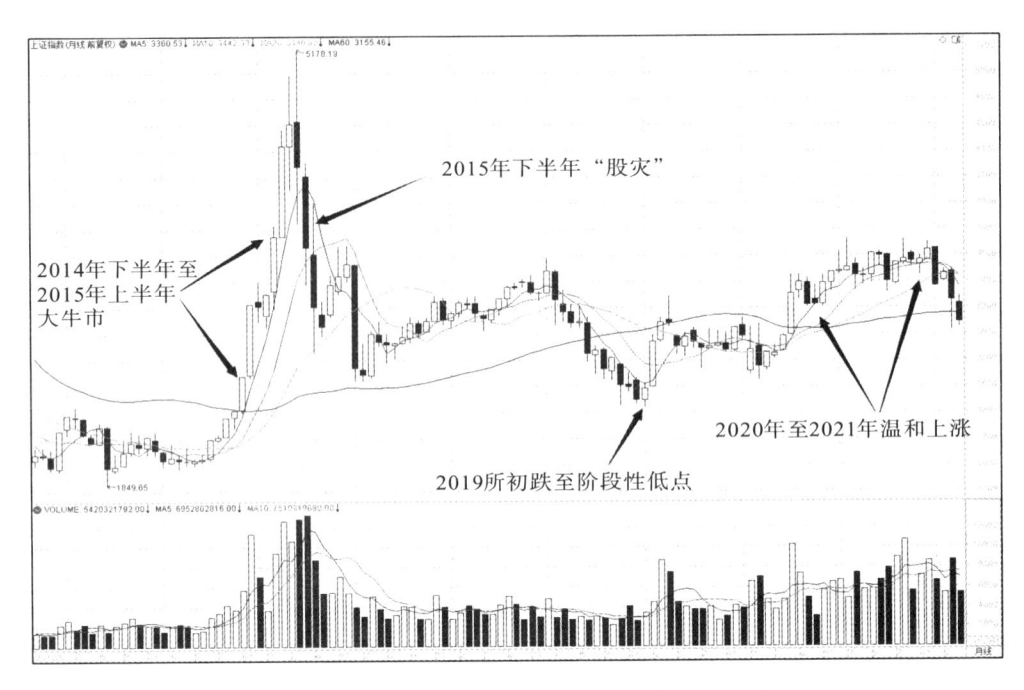

图 7-2-1 上证指数 2013 年至 2022 年月 K 线图

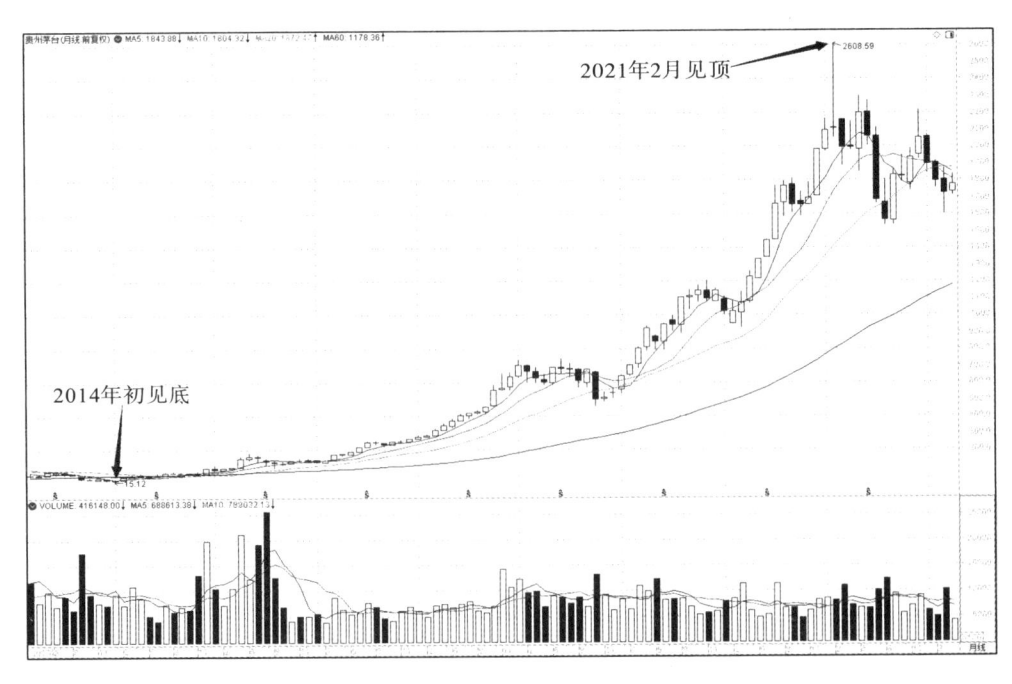

图 7-2-2 贵州茅台 2013 年至 2022 年月 K 线图

图 7-2-2 是贵州茅台（600519）的月 K 线图，图中时间跨度为 2013 年至 2022 年。可以看到，这 10 年来贵州茅台的股价基本是一路向上，在 2014 年初见底（复权价 15.12 元）后，展开了连续 7 年多的不断拉升，最终在 2021 年 2 月达到 2608.59 元高点才出现了回落。

从股价走势看，这是当之无愧的龙头股走势，在连续拉升的 7 年之间，贵州茅台完全不受大盘影响，即使是"股灾"时期，该股也在短暂下跌后迅速恢复上升，在上升过程中出现的回调最多持续 3 个月左右，再继续拉升，最终该股从 2014 年初低点上涨到 2021 年 2 月的最高点，累计涨幅达到惊人的 17100%，这还不算每年的分红，这个盈利比例在最近 10 年可以说傲视整个 A 股市场了。

如果我们只看最后一年的涨幅，也就是从 2020 年初的低点到最高点的涨幅，那么贵州茅台 2020 年初最低点在 923 元附近，最后一年的涨幅大概为 182%，最后一年的涨幅可以作为龙头股和同一板块其他个股涨幅的一个对比，来观察白酒板块整体是不是出现了全面爆发。下面我们来看白酒板块公认的老二——五粮液的走势。

图 7-2-3 是五粮液（000858）的月 K 线图，图中时间跨度为 2013 年至 2022 年。可以看到，这 10 年来五粮液的股价基本也是一路向上的，在 2014 年初见底（复权价 3.55 元）后也是展开了连续 7 年的不断拉升，最后在 2021 年 2 月达到 354.61 元见顶。五粮液作为行业老二，其走势和龙头股贵州茅台基本保持一致，简单计算，其间的累计涨幅大概是 9889%，这个数据和贵州茅台的 17100% 累计涨幅相比，差距很大。

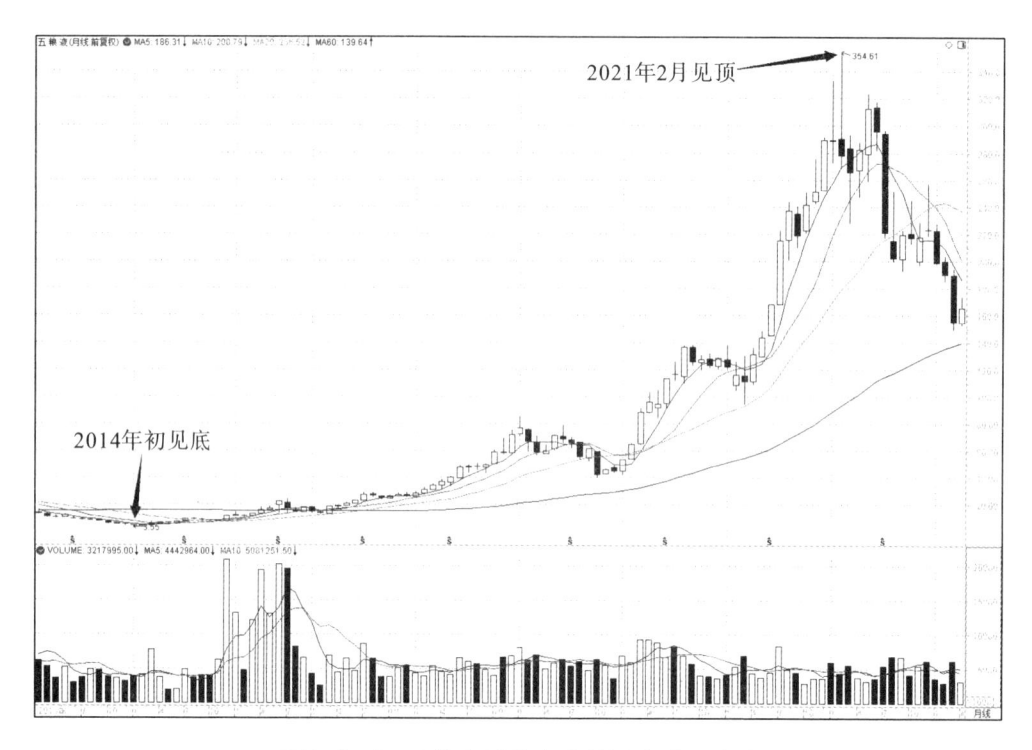

图 7-2-3 五粮液 2013 年至 2022 年月 K 线图

我们再看 2020 年初五粮液最低点大概在 93.85 元附近，从 2020 年初低点到最高点的涨幅为 278%，对比贵州茅台同期涨幅为 182%，五粮液同期涨幅明显超过了龙头股贵州茅台，说明前面几年五粮液的涨幅落后贵州茅台太多，所以最后一年众多投资者买入了五粮液，进而带动五粮液的涨幅明显超过龙头股。下面我们再来看一家白酒板块不起眼的公司的股价走势。

图 7-2-4 是老白干（600559）的月 K 线图，图中时间跨度为 2013 年至 2022 年。可以看到这 10 年来老白干的股价总体还是向上的，但是它的见底时间就比龙头股晚了半年，其在 2014 年 6 月见底（复权价 3.60 元）后大涨了一年，股价最高达到 20 元以上，此后的 5 年时间，其股价基本在 8~20 元之间反复震荡，在龙头股贵州茅台和行业第二五粮液不断拉升的同时，老白干只是反复震荡甚至重心还略有下降，在 2020 年初跌至 5 年最低点 7.80 元，然后在 2020 年至 2021 年初展开了一轮加速拉升，并在 2021 年 1 月提前龙头股见顶 36.65 元。

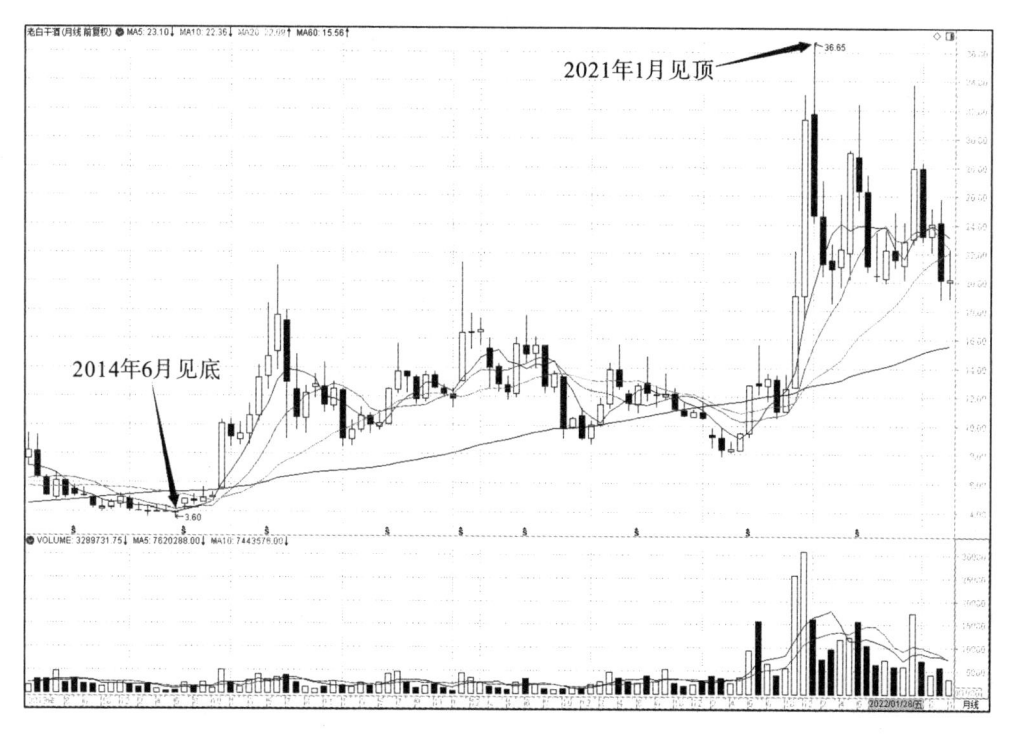

图 7-2-4 老白干 2013 年至 2022 年月 K 线图

通过计算，该股在相同时间段的累计涨幅为 9180%，看起来和五粮液的累计涨幅差不多，但是我们再计算老白干图中统计区间的最后一年的涨幅为 370%，比五粮液的 278% 又高了很多。由此可见，老白干的涨幅集中在相同区间内的第一年和最后一年，中间有 5 年时间股价总体没有上涨，这是因为板块边缘个股，一般在最后阶段加速补涨。下面再来看一只黄酒板块个股的走势。

图 7-2-5 是古越龙山（600059）的月 K 线图，图中时间跨度为 2013 年至 2022 年。可以看到这 10 年来古越龙山的股价总体宽幅波动，在 2015 年牛市的时候和大盘同时见顶，之后股价经历了大幅回落，跌破了 2014 年的最低点，到了 2018 年 10 月才见底。很显然，这一段时间该股的走势远远比不上白酒板块，但是到了 2020 年至 2021 年初，古越龙山开始出现了一波大涨，和白酒板块的最后见顶的时间一致，说明在最后一年拉升的时候，该股由于属于黄酒板块，和白酒板块有些关联，所以也受到市场资金的追捧。图中统计区间内的最

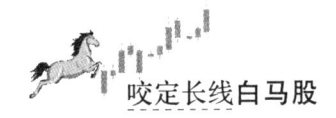

后这一年，古越龙山从2020年初的最低点6.87元涨到了2021年1月的最高点19.63元，涨幅达到185%，这个涨幅比不上五粮液和老白干，但是与贵州茅台的182%比还是不弱的，说明酒类板块在最后的阶段得到了市场的无差别追捧，连黄酒板块的古越龙山也能够出现不俗的涨幅，热点已经充分扩散到了整个酒类板块。这是一个板块整体进入全面爆发阶段的标志，也是板块最后的疯狂。此时，投资者应该毫不犹豫地卖出所有酒类板块的股票，以避免随时可能出现的全面下跌。

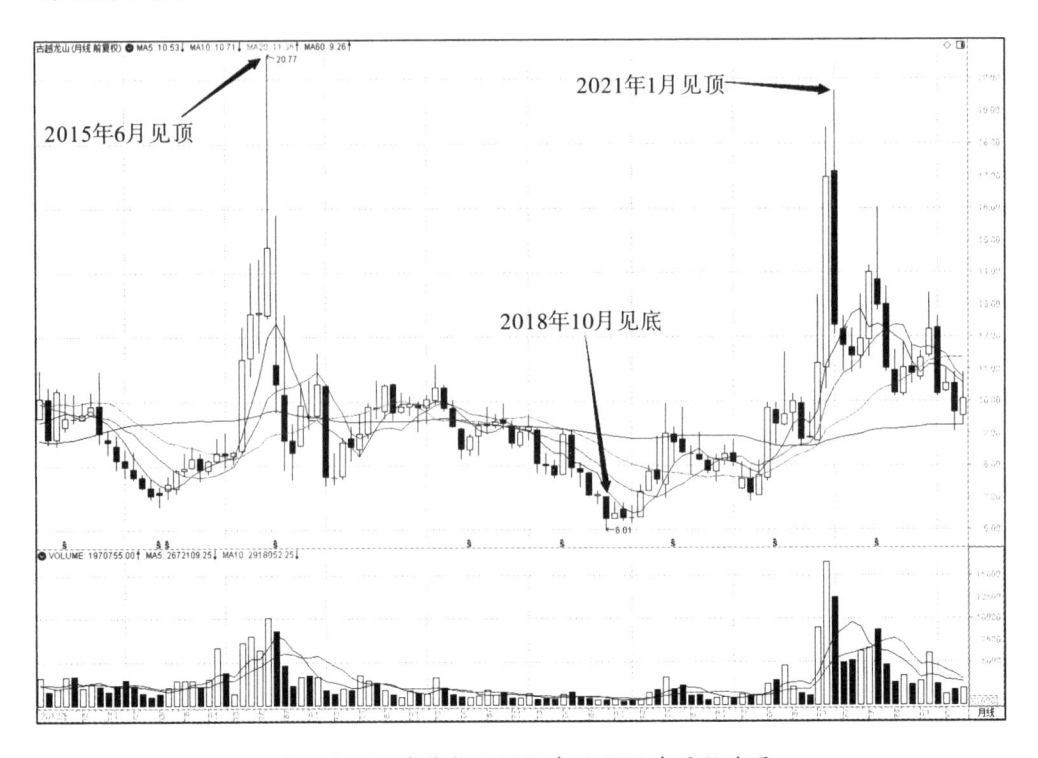

图 7-2-5　古越龙山 2013 年至 2022 年月 K 线图

第三节　股价泡沫化的卖点

泡沫化是一种经济现象，主要是指某种资产的价格不断上升，这种价格的上升，使得市场产生了价格还将进一步上升的普遍预期，从而吸引新的投资者继续买入这种资产，后续不断加入的投资者买入资产的目的，是坐等涨价从而获利，而不是出于判断这种资产具备投资价值。所以，按照经济学的定义，"泡沫"并不是在投资活动中产生，而是在追逐价差收益的投机活动中产生。由于资本市场中股票等金融衍生产品的价格变动非常频繁，造成买入价和卖出价之间存在价格差异，故旨在赚取价差收益的投机"泡沫"主要发生在股市之中。

长线白马股在低位的时候具有非常好的投资价值，但是当股价不断上涨之后，其投资价值也就逐步降低了，当股价出现泡沫化的时候，公司未来的发展被虚高的股价透支了，此时就是我们卖出股票的最佳时机了。

股价泡沫化的特征和长线白马股卖出的特点基本相同，那就是股价都有一个长期持续上涨的过程，在这个过程中市场一片看涨的声音，看空的言论基本消失了，股价到了极度被高估的程度，但是市场对此视而不见，反而为虚高的股价寻找各种理由，甚至幻想公司未来会有不切实际的业绩增长，市场也不断推波助澜，反复宣传看好的观点，在这种氛围下造成股价泡沫化，最终股价在疯狂中见顶。

股价泡沫化最突出的特征就是各项估值指标全部显示高估，无论是相对估值法的市盈率、市净率、市销率、市现率以及 PEG 估值法，还是绝对估值法的现金流贴现定价模型，都显示股价此时过高了。下面我们以 2021 年初炙手可热的白酒板块的第二龙头股五粮液为例来进行分析。

☆财务分析☆ ◇000858 五粮液 更新日期：2022-04-29◇ 港澳资讯 灵通v8.0
☆【港澳资讯】所载文章、数据仅供参考，使用前务请仔细核实，风险自负。☆
★本栏包括【1.财务指标】【2.报表摘要】【3.异动科目】【4.环比分析】★

【1.财务指标】
【主要财务指标】

财务指标	2022-03-31	2021-12-31	2020-12-31	2019-12-31	2018-12-31	2017-12-31
审计意见	未经审计	标准无保留意见	标准无保留意见	标准无保留意见	标准无保留意见	标准无保留意见
净利润(元)	108.2287亿	233.7707亿	199.5481亿	174.0216亿	133.8425亿	96.7372亿
净利润增长率(%)	16.0802	17.1501	14.6686	30.0198	38.3568	42.5849
扣非净利润(元)	108.4189亿	233.2773亿	199.9494亿	174.0593亿	133.9884亿	96.4233亿
营业总收入(元)	275.4816亿	662.0905亿	573.2106亿	501.1811亿	400.3019亿	301.8678亿
营业总收入增长率(%)	13.2511	15.5056	14.372	25.2008	32.6083	22.9915
加权净资产收益率(%)	10.36	25.3	24.94	25.26	22.8	19.38
资产负债比率(%)	18.1838	25.2387	22.9469	28.4791	24.3626	22.9099
净利润现金含量(%)	-31.4244	114.535	73.6581	132.8115	92.0288	100.9557
基本每股收益(元)	2.788	6.023	5.141	4.483	3.474	2.548
每股收益-扣除(元)	-	6.01	5.151	4.484	3.477	2.54
稀释每股收益(元)	2.788	6.023	5.141	4.483	3.474	2.548
每股资本公积金(元)	0.6911	0.6911	0.6911	0.6911	0.6911	0.2511
每股未分配利润(元)	20.4712	17.6829	15.3141	13.3023	11.2847	9.9251
每股净资产(元)	28.3108	25.5225	22.08	19.1392	16.3559	14.0502
每股经营现金流量(元)	-0.8762	6.8979	3.7867	5.9543	3.1733	2.5728
经营活动现金净流量增长率(%)	-161.7753	82.1632	-36.4041	87.6382	26.1226	-16.5053

图7-3-1 五粮液的财务指标

图7-3-1是某券商通达信软件上五粮液（000858）的财务指标数据，2021年初，五粮液的股价最高涨到354.61元，总股本为38.8161亿股，因为2021年初的时候上一年的经营数据基本确定了，我们以2020年底的数据来进行计算。下面是它的各项估值数据：

市盈率＝股价÷每股收益＝354.61元÷5.141元＝68.98；

市净率＝股价÷每股净资产＝354.61元÷22.08元＝16.06；

市销率＝股价÷每股销售额＝354.61元÷（573.2106亿元÷38.8161亿股）＝24.01；

市现率＝股价÷每股现金流＝354.61元÷3.7867元＝93.65；

PEG值＝市盈率÷（净利润增长率×100）＝68.98÷14.6686＝4.70。

可以看到，股价处于历史高位的时候，五粮液的各项估值指标都到了极高的程度，其中市盈率高达68.98倍，一般来说市盈率20倍以下被认为是具有投资价值，所以这个数字属于严重高估；市净率也达到了 16.06 倍，一般来说市净率小于 1 倍才是具有投资价值的价格，16 倍以上也说明有明显的泡沫；市销率也高达 24.01 倍，一般来说超过 10 倍就不具有投资价值了，这也是严重高估；市现率高达 93.65 倍，一般来说市现率和市盈率结合使用，并略小于市盈率是最好的，同时市场普遍的认识是市现率最好介于 0～25 倍之间是合理的，所以 93 倍以上的市销率属于严重高估了；PEG 值达到 4.70 倍，一般来说这个数字超过 2 就代表不具备投资价值了，故这个指标也是严重高估了。

由此可见，五粮液在 2020 年底的时候全部估值指标都显示当时的股价已经不具有任何投资价值了，在进入 2021 年之后，五粮液的股价又继续向上冲击了 20%，在 2021 年 2 月春节前后继续创新高，这时候的股价更高，泡沫也就更大了，下面我们来看当时的走势。

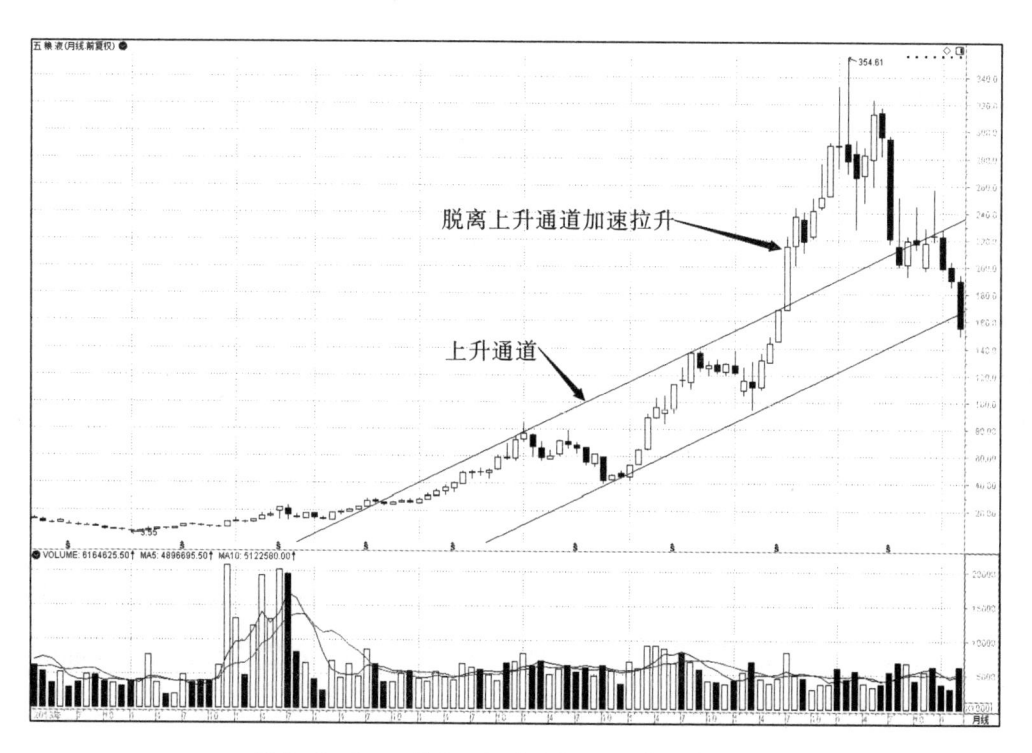

图 7-3-2　五粮液 2013 年初至 2022 年初月 K 线图

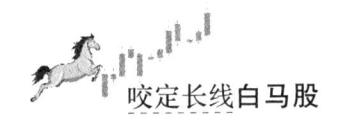

图 7-3-2 是五粮液（000858）的月 K 线图，图中时间跨度为 2013 年初至 2022 年初。可以看到，五粮液的股价在 2014 年初下探一个最低点后开始缓慢上涨，从月 K 线看 2016 年底开始进入了一个大的上升通道，开启了一轮长达 5 年的长牛行情。股价在 2020 年 6 月底之前一直运行在这个上升通道之中，从 2020 年 7 月开始，股价脱离上升通道并加速拉升，最终在 2021 年 2 月见顶回落。

我们再来看五粮液是否具备了长线白马股的其他见顶特征。从五粮液的走势来看，完全符合长线白马股最后阶段明显脱离上升通道且加速拉升的特征。从 2014 年最低点到 2021 年最高点按复权价格计算，股价累计上涨接近 100 倍，属于非常巨大的涨幅了，这一点也完全符合长线白马股的见顶特征。到了 2021 年春节前后，整个市场舆论完全到了极度亢奋的程度，由于白酒板块陷入整体疯涨，投入其中的投资者几乎全部盈利，没有买入白酒股的投资者也都跃跃欲试，生怕错过了机会。一众大小基金由于深度介入白酒板块，在 2020 年度盈利非常丰厚，这又刺激了更多的投资者买入基金，一度让市场上充斥着炒股不如买基金的言论，这样的市场氛围也完全符合长线白马股的见顶特征。

综合来看，2021 年春节前后是五粮液同整个白酒板块乃至一大批经过大涨后的白马蓝筹股的历史性高点。

第四节 行业饱和后的卖点

投资者经常说一句话，"投资股票就是投资未来"，这句话告诉我们，在选股的时候，最为看重的就是公司未来的发展前景，所以我们才会看到许多价格明显低估的股票上涨乏力。与此同时，却有许多价格明显被高估的股票不断上涨，这是因为市场预期这些股价被低估的公司未来没有增长空间了，而那些股价被高估的公司未来还有很大的发展空间，所以市场才愿意付出高价支持发展。

如果一个行业整体已经发展到了相对饱和的状态，那么这个行业中的公司若不能开创出新的业务增长模式，其发展空间就会慢慢抵达极限，就算公司的利润很高、股价估值很低，也已经没有新的发展空间，不能带来公司成长，它的股价也不会上涨。

A股市场上也有典型的饱和行业，那就是银行业，尤其是几家国有大型银行，它们发展达到饱和的最大特点就是主营业务收入增长乏力，净利润也增长乏力。下面我们以工商银行卖点进行分析。

☆财务分析☆ ◇601398 工商银行 更新日期：2022-04-30◇ 港澳资讯 灵通V8.0
☆【港澳资讯】所载文章、数据仅供参考，使用前务请仔细核实，风险自负。☆
★本栏包括【1.财务指标】【2.报表摘要】【3.异动科目】【4.环比分析】★

【1.财务指标】
【主要财务指标】

财务指标	2022-03-31	2021-12-31	2020-12-31	2019-12-31	2018-12-31	2017-12-31
审计意见	未经审计	标准无保留意见	标准无保留意见	标准无保留意见	标准无保留意见	标准无保留意见
净利润(元)	906.33亿	3483.38亿	3159.06亿	3122.24亿	2976.76亿	2860.49亿
净利润增长率(%)	5.7191	10.2663	1.1793	4.8872	4.0647	2.8032
扣非净利润(元)	893.77亿	3458.99亿	3140.97亿	3105.02亿	2955.39亿	2839.63亿
营业总收入(元)	2494.67亿	9427.62亿	8826.65亿	8554.28亿	7737.89亿	7265.02亿
营业总收入增长率(%)	6.5229	6.8086	3.184	10.5506	6.5089	7.488
加权净资产收益率(%)	3.055	12.15	11.95	13.05	13.79	14.35
资产负债比率(%)	91.0047	90.6877	91.2745	91.0593	91.5346	91.7926
净利润现金含量(%)	1331.9861	103.6011	493.0631	154.1329	243.2621	269.4867
基本每股收益(元)	0.25	0.95	0.86	0.86	0.82	0.79
每股收益-扣除(元)	-	0.94	0.86	0.86	0.82	0.78
稀释每股收益(元)	0.25	0.95	0.86	0.86	0.82	0.79
每股资本公积金(元)	0.4166	0.4169	0.4168	0.4183	0.4264	0.4263
每股未分配利润(元)	4.799	4.5472	4.2383	3.8398	3.3856	3.0795
每股净资产(元)	8.3681	8.15	7.48	6.93	6.3	5.73
每股经营现金流量(元)	3.3872	1.0126	4.3703	1.3503	2.0318	2.1629
经营活动现金净流量增长率(%)	97.0426	-76.8311	223.6672	-33.5426	-6.0622	222.2393

图7-4-1 工商银行的财务指标

图7-4-1是某券商通达信软件上工商银行（601398）的财务指标数据，2021年度工商银行的净利润达到了3483.38亿元，这是一个非常惊人的数据。我们可以对比一下，2021年度创业板1140家上市公司实现净利润合计1923.56亿元，也就是说创业板1140家公司的净利润加起来也只有工商银行净利润的

55%左右。2021年工商银行基本每股收益为0.95元，每股净资产为8.15元，营业总收入为9427.62亿元，总股本为3564.0626亿股，每股经营现金流量为1.0126元，而2021年底股价为4.63元，我们来计算一下工商银行的各个估值指标：

市盈率=股价÷每股收益=4.63元÷0.95元=4.87；

市净率=股价÷每股净资产=4.63元÷8.15元=0.57；

市销率=股价÷每股销售额=4.63元÷（9427.62亿元÷3564.0626亿股）=1.75；

市现率=股价÷每股现金流=4.63元÷1.0126元=4.57；

PEG值=市盈率÷（净利润增长率×100）=4.87÷10.2663=0.47。

可以看到，工商银行的各项估值指标都显示具有非常好的投资价值，其中市盈率仅4.87倍，这意味着投资它只需要4.87年就可以收回全部投资，这是非常具有诱惑力的数字。市净率仅为0.57倍，在市盈率这样低的情况下市净率还这么低，也是意味着投资价值非常明显。市销率仅仅1.75倍，这在整个沪深股市也是非常少见的，同样具备很高的投资价值。市现率4.57倍，也属于非常具有投资价值的区间。PEG指标0.47倍，通常低于1就是具有很强的投资价值了，这个数字意味着投资价值很高。

综合来看，工商银行的各项估值指标都显示该股被市场严重低估了，那么这是不是一个长线白马股的良好买入机会呢？工商银行的股价确实被严重低估了，未来很可能会出现修复性上涨的机会，但它并不能成为未来的长线白马股。

这一判断的根本原因是什么呢？其实并不复杂。该公司未来的增长空间已经很小了，几乎达到了极限。从2017年至2021年，工商银行的营业总收入和净利润的变化来看，增长速度已经非常小了，2017年至2021年的营业总收入增长率分别为：7.488%、6.5089%、10.5506%、3.184%和6.8086%，其中只有2019年的营业总收入增长率超过了10%，其余年份都是个位数增长。2017

年至2021年的净利润增长率分别为：2.8032%、4.0647%、4.8872%、1.1793%和10.2663%，其中也只有2021年度净利润增长率超过了10%，其余年份都维持个位数增长，而且前面4年净利润增长率都低于营业总收入增长率，只有2021年度高于了后者，说明工商银行净利润的增长已经越来越困难了。

我们可以思考一下，工商银行的主要业务模式就是吸纳公众存款，然后贷款给需要资金的市场主体，公司的利润主要就是存贷款利息之差，未来很长的时间内这个业务模式都难以出现根本性改变。虽然市场上一直有声音，认为未来的银行应该摆脱对存贷款业务的依赖，大力发展中间业务，开辟出业绩增长的新空间。但是对于工商银行这样的大型国有银行来说，和巨大的存贷款规模相比，中间业务的体量占比太小，不可能引发公司业务模式的彻底改变。工商银行等国有银行在民众心目中的地位是无可取代的，在未来银行存款可能出现一定风险的情况下，人们存钱的时候首先想到的必然是几大国有银行，工商银行作为全国乃至于全球最大的商业银行，肯定会成为居民存款的最大去处，所以工商银行拥有全国居民和企业存款的最大份额，这就奠定了公司存贷款业务在国内首屈一指的地位。

但是我们反过来想，工商银行目前已经取得了最大的存贷款市场份额，未来想要继续大幅扩大市场份额还有多少空间？答案当然是几乎没有了，工商银行目前基本达到了市场份额的极限。未来，随着我国逐步放开外资银行开展业务，必然会有更多的竞争者加入市场争夺之中。国内还有众多股份制银行和地方性银行，它们也在想尽办法争夺市场份额，工商银行未来能保住现有的市场份额就已经很不错了。同时，国家也不鼓励市场继续扩大存贷款规模，因为这属于间接融资模式，会带来还款风险，风险如果集聚太大就可能会引发系统性风险，所以国家大力鼓励直接融资的模式，也就是股票发行上市融资，这也会进一步压缩作为工商银行主营业务的存贷款规模，因此未来它的增长空间不会太大。

从另一方面来看，目前整个银行业的盈利非常丰厚，在整体国民经济中的占比太高了。根据近年麦肯锡的一份研究报告测算，中国金融行业的经济利润占到中国经济整体经济利润规模逾80%，而美国的该比例仅为20%多。虽然银行业利润增速从2011年的36.34%锐减到2015年的2.43%，呈现断崖式下跌，不良贷款则从2013年三季度开始告别过去连续多年的"双降"态势，出现大幅回升。由于利润规模过于庞大，即便不增长，其利润总量仍占全部经济利润的60%以上。这样的格局显然是畸形的，会对经济健康发展产生极为不利影响的。这是因为，在现行经济格局下，银行的利润越多，企业和居民的负担就越重，生产和生活的消费能力就越差。

根据2021年银行业的利润统计数据，银行业在这一年共实现利润超2.2万亿元。总体来说，银行业在2021年的赚钱能力是非常惊人的，银行业依然是中国目前最赚钱的行业。与之形成鲜明对比的是，2021年我国的实体经济却不容乐观，GDP的增速出现了快速下滑，许多实体工厂和实体门店的生意越来越差，2022年一季度的经济数据公布后也明显低于预期值。同时，银行这种超高的利润，还是在房地产业频繁爆出危机的情况下实现的。

银行的利润归根结底还是来源于实体经济，实体经济不好了，国家就要动用宏观调控进行调节，降低银行存贷款利息差，让银行业给其他行业的实体经济让利，以实现国家经济的发展平衡。此前，已有权威人士在媒体发文，呼吁银行业向实体经济大幅让利，以渡过目前的困难阶段。这样的措施过去国家也曾经实行过，因为大银行的存贷款利息差从本质上来说还是依靠国家政策垄断实现的盈利，并不是银行靠自身经营能力实现的，而存贷款利息都是央行可以控制的，要调节银行的存贷款利息差非常容易。国民经济一旦出现较大困难，市场呼声强烈，国家很可能进行干预，那么工商银行为首的银行业就会出现利润大幅下降。

工商银行近5年来营业总收入和净利润的增长速度都只能说是低速增长。一般来说，一家公司的营业总收入保持年均20%甚至30%的增长速度，才能算是成长性良好的公司，如果净利润也同时保持年均20%甚至30%的增长速度，那就可以算是优质成长性公司了。工商银行的成长空间已经逼近极限了，再加上未来可能出现的业绩波动，这就是它的股价维持这样低估值的主要原因。下面我们从走势上来看看工商银行的卖出点选择。

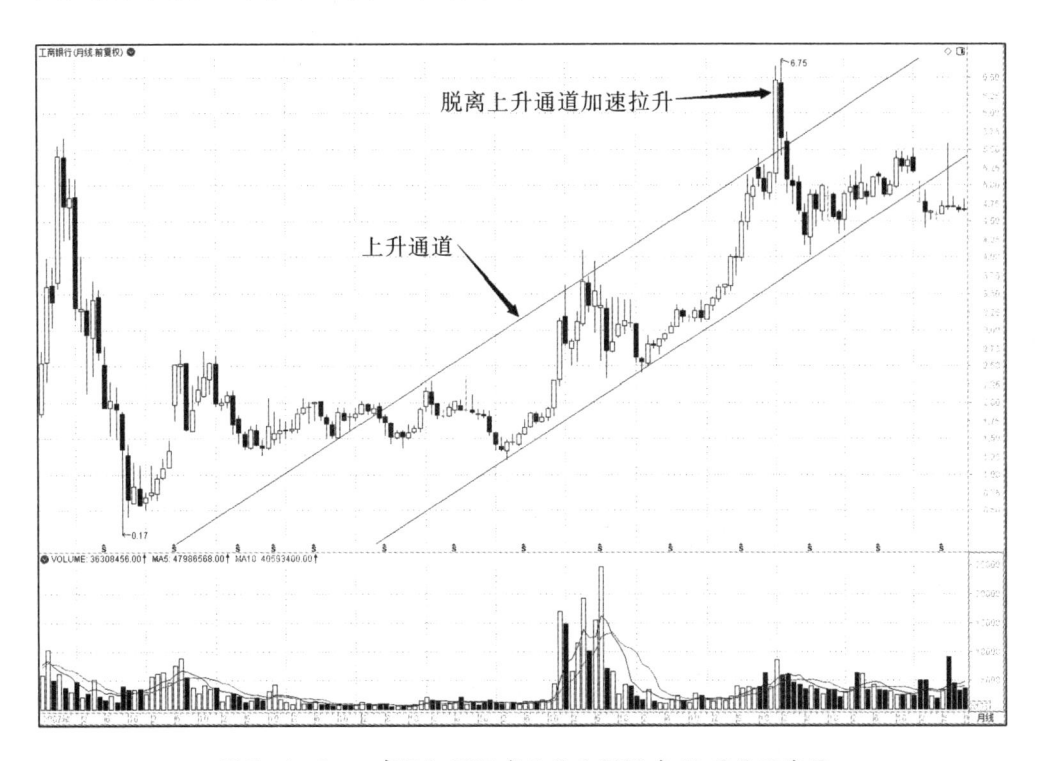

图7-4-2　工商银行2007年7月至2020年10月月K线图

图7-4-2是工商银行（601398）的月K线图，图中时间跨度为2007年7月至2020年10月。可以看到，工商银行的股价在2014年初跌至低点后开始逐步上涨，月K线上构成了一个大的上升通道，到了2018年1月股价强势突破上升通道上沿，股价出现了明显的加速拉升，这一点符合长线白马股的见顶特征。

不过，工商银行在当时的各项估值指标并不算高，我们可以查询到2017年底工商银行的股价为5.18元，基本每股收益为0.79元，每股净资产为5.73

元，营业总收入为7265.02亿元，总股本为3564.0626亿股，每股经营现金流量为2.1629元。

我们可以计算一下当时工商银行的各个估值指标：

市盈率＝股价÷每股收益＝5.18元÷0.79元＝6.56；

市净率＝股价÷每股净资产＝5.18元÷5.73＝元0.90；

市销率＝股价÷每股销售额＝5.18元÷（7265.02亿元÷3564.0626亿股）＝2.54；

市现率＝股价÷每股现金流＝5.18元÷2.1629＝2.39；

PEG值＝市盈率÷（净利润增长率×100）＝6.56÷2.8032＝2.34。

可以看到，在2017年工商银行的各项估值指标仍然具有非常好的投资价值。其中，市盈率为6.56倍，非常具有投资价值；市净率为0.90倍，处于低估状态；市销率2.54属于很低的水平，具有投资价值；市现率2.39倍就更具有投资价值；PEG值2.34倍，显得稍高，这是因为净利润增长率很低，这里就显示了PEG值的独特价值，再考虑公司净利润增长率，即可看出了工商银行的问题所在。

综合来看，工商银行的市盈率、市净率、市销率、市现率指标都非常低，显示具有投资价值，唯有PEG值显得较高，说明它的问题主要是增长速度太慢。从累计涨幅来看，工商银行2014年最低点复权价为1.20元，2018年最高点复权价为6.75元，累计涨幅为462.5%，考虑到工商银行每年甚至半年报都会推出丰厚的分红方案，所以这个盈利水平还是不错了，累计涨幅也基本符合长线白马股的见顶特征。

市场舆论方面，2018年大盘总体还不是很强，个股机会很少，银行股的逆势上涨也引起了当时市场的热烈反响，市场氛围基本也符合长线白马股的见顶特征。不过，工商银行股价见顶的主要原因还是公司增长率的逐步下降。工商银行在2011年的营业总收入增长率和净利润增长率都达到了25%左右，此后逐年下降，营业总收入增长率在2013年和2014年降到了10%左右，2015年后降低到了10%以下,再也难以突破10%以上。净利润增长率下降更快,2013年降到10%左右,2014年开始降到10%以下,此后几年基本都在10%以下,直到2021年才勉强回到10%左右。在公司业务增长乏力的大背景下,2018年股价明显出现了长线白马股的几个见顶特征,此时应该果断卖出股票。

后　记

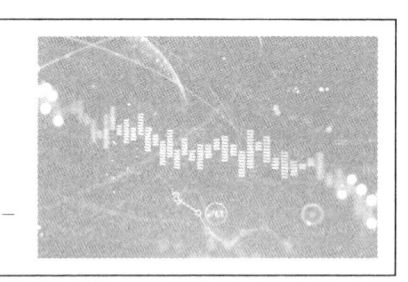

本书是江氏交易战法系列中主要讲述价值投资的专著,前几年已出版的几本书中,有些章节也有涉及价值投资的部分内容,但都是在讲解其他主题的时候附带提及,对价值投资的讲解不够深入详细。今天,价值投资可以说已经成为市场的主要投资流派,但是在鱼龙混杂的A股市场上,对价值投资的种种谬误仍在不断流传着,许多投资者对价值投资一知半解,却大言不惭地自称"价值投资的信徒",这些都是没有系统地学习价值投资理论造成的乱象。本人写作本书就是为了把"价值投资"这个火爆市场的概念系统地梳理一遍,并结合江氏交易战法进行论述,给投资者朋友提供一个以大家熟悉的语言,全面学习价值投资的读本,以此回馈广大投资者对本人的厚爱!

价值投资的内容虽然非常庞杂,但是总结下来就两个重点:好公司和好价格。只要牢牢把握住了这两点就基本理解了价值投资,本书也主要围绕着这两点进行论述。好公司这个要求看起来很简单,但是价值投资对好公司的定义是极其苛刻的:首先,必须要有稳定、突出的主业和成熟、正直的管理层,这样的公司财务报表才具有可信度；其次，最好是行业龙头级别的公司，拥有宽阔的护城河，利润率超过同行业的竞争对手；最后，还要求公司近几年的业务收入和利润都保持较快的增长速度，并且未来还有相当大的增长空间。

其实，用这个标准仔细衡量一下，市场上完全符合这几点要求的公司可谓凤毛麟角。本书第一章和第二章的前两节，主要就是讲解好公司的具体分析方法，其中包括财务报表的分析，这些都是我们进行价值投资必须掌握的基本技能。经常听到有投资者抱怨说："这只股票业绩这么好，但是股价却不涨，看来价值投资也不管用了！"这就是一种典型的误解。一家公司如果只在某一年的业绩非常好，可能是通过压低其他年份的利润来粉饰这一年的财务报表；如果一家公司通过重组或者收购别的公司带来业绩猛增，我们根本不能确定该公司未来是否可以保持这样的业绩；如果一家公司连年的业绩都很好，但是没有明显的增长速度，那这样的公司也算不上好公司。公司过去几年是否保持较高的增长速度，我们可以从财务报表上直观地看到，但是未来能不能继续保持增长，就需要我们进行合理预测。其实这也不难，只要仔细阅读公司资料中的已签订合同、手持订单、预收货款等数据，再结合行业整体运行态势，就可以大致判断出公司未来的业绩增长态势。所以，我们在筛选长线白马股的时候一定要注意这几个方面数据，只有完全符合条件，才是价值投资梦寐以求的长线白马股。

好价格这个条件就需要投资者使用各种指标来进行计算了。书中第二章第三节就是专门讲解股价估值的几种主流方法，在后面几章的案例分析中还有具体的计算过程。有志于价值投资的投资者必须完全理解股票估值的几种指标及其计算方法，并能够在分析股价的时候熟练运用。当我们经过对各种指标的计算、比较，发现好公司的股价被低估的时候，就应该果断出手，大举买入，作为长线白马股坚定持有。但是，从目前我国 A 股市场的基本情况来看，好公司计算出来的股价估值往往都不低了，这种情况也将是未来很长时间内我们不得不面对的。面临这个难题的不光只有我国的投资者，2021 年底的时候国内媒体

纷纷报道巴菲特旗下公司持有的现金再创新高，达到了创纪录的1492亿美元，相当于1万亿人民币左右，看来价值投资最著名的旗手也遇到了找不到合适投资标的问题。

巴菲特始终坚持必须在股价严重被低估的时候才能大举买入好公司，这样才能安心长期持有股票，但是当好公司的股价普遍都不便宜的时候，我们也应该有变通的方法，这就是本书引入江氏交易战法的原因。在一家好公司明显走出上升趋势的时候，我们可以根据江氏交易战法在上涨中途寻找介入机会，不一定非要在股价被低估的时候买入。书中第五章和第六章主要就是讲解如何在长线白马股的上升途中寻找买入机会，从而分享好公司带来的股价大涨的红利。

由于我国股市参与者众多，历来炒作之风盛行，近几年来那些优秀的好公司也被各路资金集中买入，股价也被疯狂炒作。当好公司的股价经过连续大涨之后，估值已经明显过高，就不再具备投资价值了，此时我们就应该选择卖出。本书第七章就主要讲述如何分类判断长线白马股的见顶特征，帮助投资者在高位卖出股票，从而完成价值投资的最后一步。

希望本书对鼓励投资者能够有所裨益，祝各位投资顺利！